어쩌다
가끔 미술관에 가는
사람들을 위한
현대미술

앞표지 이미지 마릴린, 세부, 앤디 워홀 ⓒ 2018 The Andy Warhol Foundation for the Visual Arts, Inc./Licensed by DACS, London/Hamburger Kunsthalle, Hamburg, Germany/Bridgeman Images.(본문 38쪽)
뒷표지 이미지 호박에 대한 나의 영원한 사랑, 세부, 쿠사마 야요이 ⓒ Yayoi Kusama. Courtesy Ota Fine Arts, Tokyo/Singapore/Shanghai' David Zwirner, New Yor and Victoria Miro, London/Venice(Photography Thierry Bal).(본문 160~161쪽)
장표지 이미지 샹 드 마르스: 붉은 탑, 세부, 로베르-들로네(본문 10쪽), 자전거 바퀴, 마르셀 뒤샹(본문 52쪽), 후안 그리스, 아메데오 모딜리아니(본문 162쪽), 다-댄디, 세부, 한나 회흐(본문 190쪽)

가끔 미술관에 가는 사람들을 위한
어쩌다 현대미술

초판 1쇄 2020년 6월 25일
3쇄 2022년 12월 20일

지은이 수지 호지
옮긴이 하지은

편집 이동은, 김수현, 성스레
미술 강현희, 정세라 **본문** 아울미디어
제작 박장혁 **마케팅** 사공성, 강승덕, 한은영

발행처 북커스
발행인 정의선
이사 전수현
출판등록 2018년 5월 16일 제406-2018-000054호
주소 서울시 종로구 평창30길 10
전화 02-394-5981~2(편집) 031-955-6980(영업)

ISBN 979-11-90118-13-2 (03600)

Insight Books

어쩌다 가끔 미술관에 가는 사람들을 위한 현대미술

수지 호지 지음
하지은 옮김

BOOKERS

목차

테마

기법

서문

파블로 피카소: "미술의 목적은 우리 영혼에서 일상의 먼지를 씻어내는 것이다."

모든 미술은 과거에 현대미술이었다. 대부분은 처음 나왔을 때 충격을 주었지만, 시간이 흐르면서 한때 현대미술이었던 이들은 오래되고 익숙해졌으며, 새로운 미술만이 현대적인 것으로 인정된다.

수백 년 동안 사람들은 화가들이 관습을 따를 거라고 기대했다. 17세기부터 19세기까지 유럽 전역에 생긴 공식적인 미술아카데미는 미술계에 큰 권력을 행사했고, 화가들은 성공하기 위해 실물과 똑같은 정확한 아카데미 미술양식을 고수했다. 그들은 또한 상류층과 중상류층의 취향을 반영한 역사, 종교, 신화, 초상 등 주제의 위계를 인정했다. 패션, 기술, 사회적이고 정치적이고 문화적인 사건들, 그리고 1850년대, 인쇄, 사진, 화학안료, 컴퓨터 같은 발명품 등이 영향을 미치면서 더 많은 화가들이 이러한 관습을 거스르는 미술작품을 제작하기 시작했다. 특권계층에 충격을 주었던 이들의 개념들은 사실주의, 입체주의, 표현주의, 아르테 포베라 같은 사조로 분류되었다.

19세기 중반과 1970년대, 이 사이에 나온 미술은 대개 현대미술로 알려져 있다. 그 이후로 나온 모든 미술은 '당대의 미술(컨템포러리 아트)'이라고 부른다. 이 책은 오늘날까지 일어난 변화와 발전들을 고찰하며 현대와 당대의 미술을 탐구한다. 또한 미술사조, 전개 양상, 미술적 혁신에 영감을 준 사건 외에도 미술작품, 개별 작가들의 접근방식과 기법, 주제, 의미, 재료 등을 살펴본다.

Movement 사조

앤디 워홀: "사람들은 항상 시간이 사물을 변화시킨다고 말하지만 사실은 당신 스스로 그것을 변화시켜야 한다."

미술사조는 특정 개념들을 공유한 작가들이 특정 기간 동안에 채택한 미술양식 혹은 접근방식이다.

매우 다양하게 나타나는 미술발전에 대한 이해를 돕기 위해 미술을 사조로 분류하는 것은 서양의 미술에만 존재한다. 어떤 사조에는 수많은 작가가 포함되기도 하고, 또 어떤 사조에는 단 몇 명뿐이다. 어떤 사조는 신중하게 형성된 단체로 구성되고, 어떤 사조에는 공통점이 거의 없는 개개인이 포함된다. 어떤 사조는 하나의 접근방식을, 또 다른 사조는 다수의 접근방식을 갖고 있다. 사조들은 한 장소에서 혹은 여러 장소에서 동시에 등장할 수 있다. 어떤 사조는 수십 년간 지속된다. 또 다른 사조는 곧 사라진다. 어떤 사조는 참여한 작가들이 스스로 명명하고, 다른 사조는 비평가들이 비판적으로 명명하며 또 회고적으로 명명되기도 한다.

대부분의 사조는 전위 작가들이 미술 전통을 깨뜨리면서 시작되었다. 추상표현주의에 대한 반응으로 1960년대 등장한 미국 팝아트의 경우처럼 어떤 사조는 다른 최근의 사조에 대한 부정적인 반응을 통해 형성된다. 다다에서 나온 초현실주의처럼 일부 사조는 과거의 사조에서 발전된다. 모든 미술사조는 특정 기간에 출현한다. 예를 들어 오늘날의 작가가 미니멀리즘 양식으로 그릴 수도 있지만 그 시기가 이미 지나갔기 때문에, 그 혹은 그녀는 미니멀리즘 운동에 속하지는 않는다. 20세기에는 어느 시대보다 더 많은 사조들이 출현했고, 대다수는 아직까지도 명확하게 분류되지 않았다.

Work 작품

폴 세잔: "미술에서 가장 매력적인 것은 화가 자신의 성격이다."

수많은 작품이 19세기 말에 제작되었지만 그 일부만 미술의 방향을 급진적으로 바꾸어 놓았다. 이 장은 그중에서 수백 년의 전통과 결별한 50개의 작품을 소개한다. 광범위한 주제를 다루는 회화, 조각, 판화, 설치작업, 다양한 재료로 만들어진 구성작품 등이 여기에 포함된다. 각각의 작품은 강력한 메시지를 표현하거나 혹은 새로운 방법들을 이용해 만들어진다. 각각은 독창성, 특별한 기교, 혹은 전위적인 특성으로 인해 선정되었다. 텍스트는 작가들이 개인적인 방식으로 작업한 이유, 그들의 목적, 그들의 미술에서 혁신적인 요소 등을 고찰한다. 미술의 역사를 결정적으로 변화시키기 전에, 수많은 미술작품은 처음에 충격적이거나 불손한 것으로 보였다. 그러나 그 이후에 거의 모든 작품이 미술의 발전 — 아마도 개념, 재료의 사용, 태도나 철학의 측면에서 — 에 더해졌고, 이후의 미술은 이를 바탕으로 발전하고 새로운 방향으로 전개되었다. 이러한 전위적인 작품들이 등장한 이유를 파악할 수 있도록 각각의 작품은 작가, 시대, 장소, 사건, 재료, 방법의 맥락에서 논의되고 고찰된다.

Themes 테마

프란시스 베이컨: "예술가의 일은 항상 신비함을 더하는 것이다."

테마는 숨어있는 관심, 종종 모호한 개념, 대체로 분명하게 진술되기보다 암시적이고, 다양한 시대의 다양한 화가들에 의해 다양하게 묘사되며, 인간의 보편적인 관심사인 경우가 많다.

테마는 주제와 다르다. 예를 들어 프리다 칼로의 〈가시목걸이와 벌새가 있는 자화상〉(1940)의 주제는 초상이지만 테마는 정체성이다. 클로드 모네의 〈양산을 든 여인〉(1875)의 주제는 그의 아내와 아들이지만 테마는 빛이다. 때로는 작가가 작업을 시작하기 전에 테마가 결정되고 때로 의도치 않게 발전된다. 어떤 테마는 특정 시대나 특정 장소에서 인기가 있지만 다른 어떤 것은 더 보편적이다. 테마는 종종 삶, 사회, 인간 본성에 대한 메시지이므로 그것을 탐구하거나 연구함으로써 작가들을 더 많이 이해할 수 있게 된다.

Techniques 기법

카지미르 말레비치: "기교와 기법은 어디에나 있다. 예술성과 형태도 어디에나 있다."

작가들이 경계를 허물고 용인되는 것에 대한 자신만의 규칙들을 만들면서, 용접부터 목판, 스크린프린팅에서 스프레이 페인팅, 콜라주에서 컴퓨터 아트에 이르기까지 현대와 당대의 미술에서 사용된 기법은 더 다양해졌다. 이 책의 작품 부분은 수많은 기법들을 설명한다. 중요한 기술과 기법은 기법 부분에서 서술된다. 몇몇 기법이 수백 년 동안 동일하게 사용되었지만, 현대와 당대의 작가들에 의해 새롭게 시도되는 기법도 있다.

이 책의 활용법

이 책은 사조, 작품, 테마, 기법, 이 4개의 장으로 분류된다. 차례로 읽을 수 있고, 각각의 장을 따로 읽어도 된다. 예를 들어 작품을 설명하는 장에서는 미술계의 중요한 50개의 작품을 소개한다. 각 페이지에는 유용한 참조가 있는데, 이는 이 책의 다른 부분과의 관련성을 보여주며, 추가적으로 중요한 진전 사항과 작가들의 배경을 설명한다.

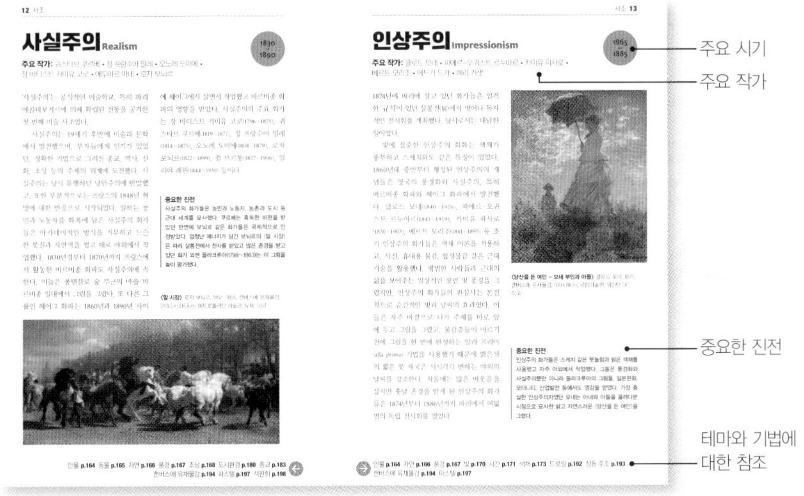

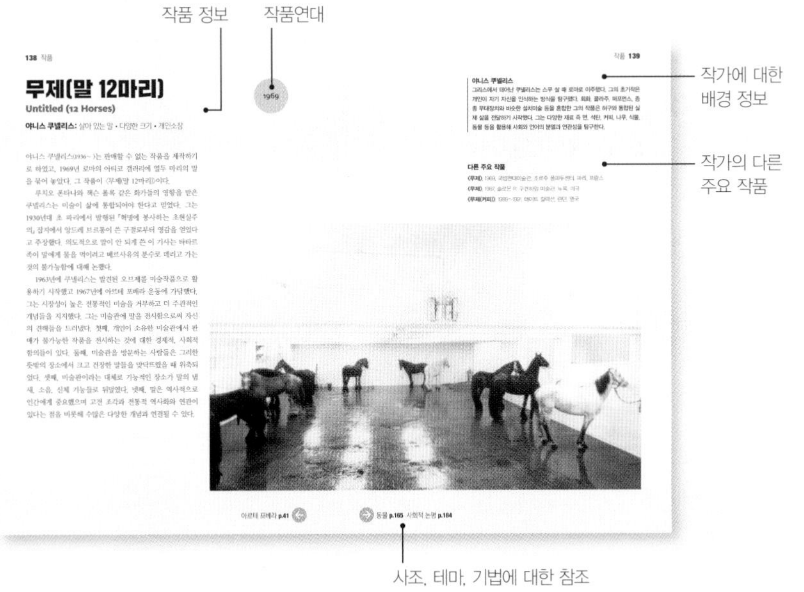

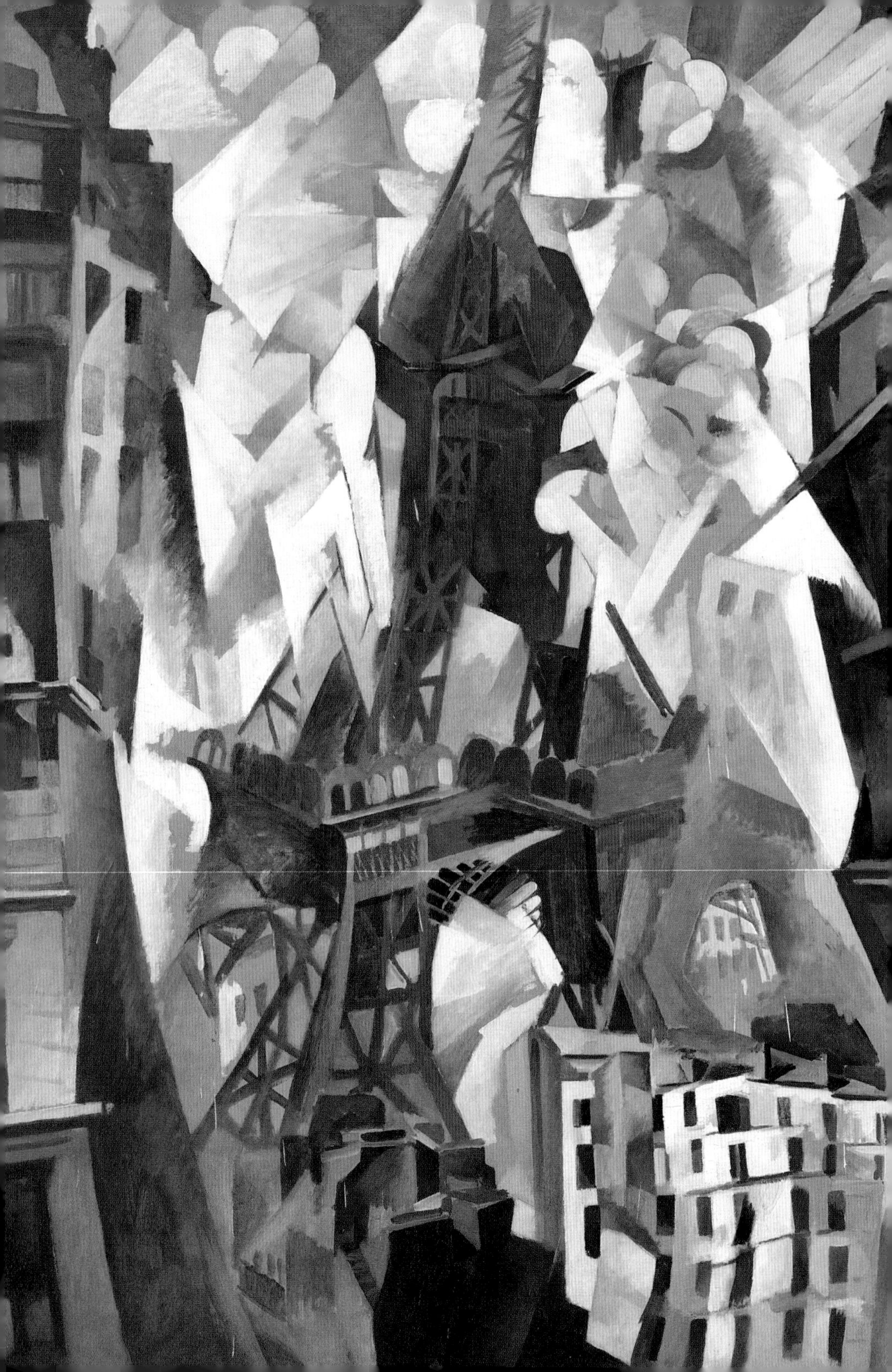

Movements
사조

사실주의 Realism

1830
–
1890

주요 작가: 귀스타브 쿠르베 • 장 프랑수아 밀레 • 오노레 도미에 •
장 바티스트 카미유 코로 • 에두아르 마네 • 로자 보뇌르

'사실주의'는 공식적인 미술학교, 특히 파리 에콜데보자르에 의해 확립된 전통을 공격한 첫 번째 미술 사조였다.

사실주의는 19세기 후반에 미술과 문학에서 발전했으며, 부자들에게 인기가 있었던, 정확한 기법으로 그려진 종교, 역사, 신화, 초상 등의 주제의 위계에 도전했다. 사실주의는 당시 유행하던 낭만주의에 반발했고, 또한 부분적으로는 프랑스의 1848년 혁명에 대한 반응으로 시작되었다. 일하는 농민과 노동자를 화폭에 담은 사실주의 화가들은 아카데미적인 방식을 거부하고 느슨한 붓질과 자연색을 썼고 때로 야외에서 작업했다. 1830년경부터 1870년까지 프랑스에서 활동한 바르비종 화파도 사실주의에 속한다. 이들은 퐁텐블로 숲 부근의 마을 바르비종 일대에서 그림을 그렸다. 또 다른 그룹인 헤이그 화파는 1860년과 1890년 사이에 헤이그에서 살면서 작업했고 바르비종 화파의 영향을 받았다. 사실주의의 주요 화가는 장 바티스트 카미유 코로(1796~1875), 귀스타브 쿠르베(1819~1877), 장 프랑수아 밀레(1814~1875), 오노레 도미에(1808~1879), 로자 보뇌르(1822~1899), 쥘 브르통(1827~1906), 일리야 레핀(1844~1930) 등이다.

중요한 진전
사실주의 화가들은 농민과 노동자, 농촌과 도시 등 근대 세계를 묘사했다. 쿠르베는 혹독한 비판을 받았던 반면에 보뇌르 같은 화가들은 국제적으로 인정받았다. 엄청난 에너지가 담긴 보뇌르의 〈말 시장〉은 파리 살롱전에서 찬사를 받았고 많은 존경을 받고 있던 화가 외젠 들라크루아(1798~1863)는 이 그림을 높이 평가했다.

〈말 시장〉, 로자 보뇌르, 1852~1855, 캔버스에 유채물감, 244.5×506.7cm, 메트로폴리탄 미술관, 뉴욕, 미국

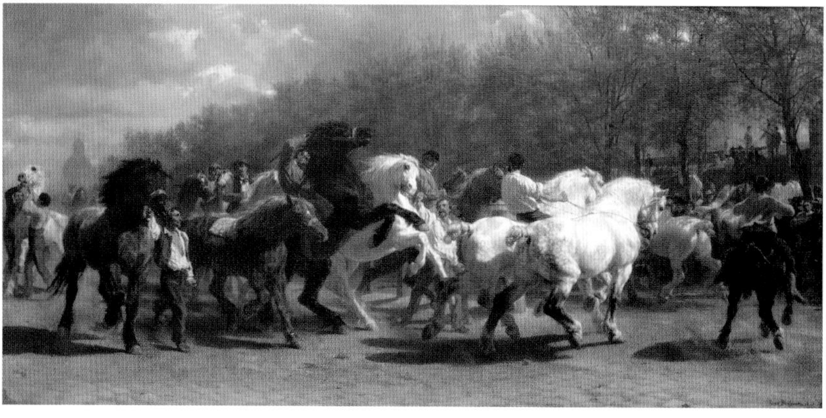

인물 **p.164** 동물 **p.165** 자연 **p.166** 풍경 **p.167** 초상 **p.168** 도시환경 **p.180** 종교 **p.183**
캔버스에 유채물감 **p.194** 파스텔 **p.197** 석판화 **p.198**

인상주의 Impressionism

1865 – 1885

주요 작가: 클로드 모네 • 피에르-오귀스트 르누아르 • 카미유 피사로 • 베르트 모리조 • 에드가 드가 • 메리 커샛

1874년에 파리에 살고 있던 화가들은 엄격한 '규칙'이 있던 살롱전(展)에서 벗어나 독자적인 전시회를 개최했다. 당시로서는 대담한 일이었다.

빛에 집중한 인상주의 회화는 색채가 풍부하고 스케치와도 같은 특징이 있었다. 1860년대 중반부터 형성된 인상주의의 개념들은 영국의 풍경화와 사실주의, 특히 바르비종 화파와 헤이그 화파에서 발전했다. 클로드 모네(1840~1926), 피에르-오귀스트 르누아르(1841~1919), 카미유 피사로(1830~1903), 베르트 모리조(1841~1895) 등 초기 인상주의 화가들은 색채 이론을 적용하고, 사진, 휴대용 물감, 합성물감 같은 근대 기술을 활용했다. 평범한 사람들과 근대의 삶을 보여주는 일상적인 장면 및 풍경을 그렸지만, 인상주의 화가들의 관심사는 본질적으로 순간적인 빛과 날씨의 효과였다. 이들은 자주 바깥으로 나가 주제를 바로 앞에 두고 그림을 그렸고, 물감층들이 마르기 전에 그림을 한 번에 완성하는 알라 프리마(alla prima) 기법을 사용했기 때문에 밝은색의 짧은 붓 자국은 시시각각 변하는 야외의 날씨를 강조한다. 처음에는 많은 비웃음을 샀지만 훗날 존경을 받게 된 인상주의 화가들은 1874년부터 1886년까지 파리에서 여덟 번의 독립 전시회를 열었다.

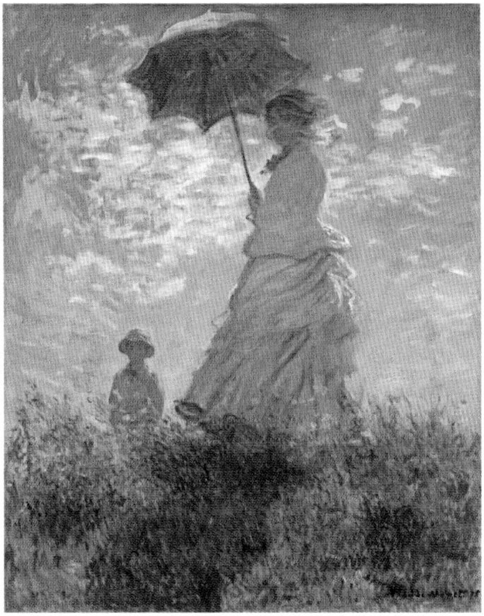

〈양산을 든 여인 – 모네 부인과 아들〉, 클로드 모네, 1875, 캔버스에 유채물감, 100×81cm, 국립미술관, 워싱턴 DC, 미국

중요한 진전

인상주의 화가들은 스케치 같은 붓놀림과 밝은 색채를 사용했고 자주 야외에서 작업했다. 그들은 풍경화와 사실주의뿐만 아니라 들라크루아의 그림들, 일본판화, 모더니티, 산업발전 등에서도 영감을 얻었다. 가장 충실한 인상주의자였던 모네는 아내와 아들을 올려다본 시점으로 묘사한 밝고 자연스러운 〈양산을 든 여인〉을 그렸다.

인물 **p.164** 자연 **p.166** 풍경 **p.167** 빛 **p.170** 시간 **p.171** 색채 **p.173** 드로잉 **p.192**
청동 주조 **p.193** 캔버스에 유채물감 **p.194** 파스텔 **p.197**

후기인상주의 Post-Impressionism

1885 – 1910

주요 작가: 폴 세잔 • 빈센트 반 고흐 • 폴 고갱 • 앙리 드 툴루즈-로트렉 • 앙리 루소 • 조르주 쇠라

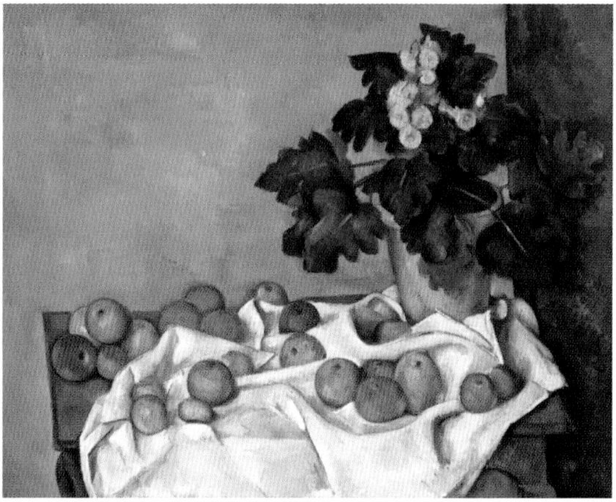

〈사과와 프림로즈 병이 있는 정물〉, 폴 세잔, 1890경, 캔버스에 유채물감, 73×92.4cm, 메트로폴리탄 미술관, 뉴욕, 미국

1910년에 화가이자 미술비평가였던 로저 프라이(1866~1934)는 어느 전시회명에 '후기인상주의 화가들'이라는 단어를 사용했다.

이는 인상주의의 객관적인 방법에 반대한 화가들을 지칭하는 용어였다. 프라이의 전시회 「마네와 후기인상주의 화가들」에는 에두아르 마네(1832~1883)뿐만 아니라 폴 세잔(1839~1906), 폴 고갱(1848~1903), 빈센트 반 고흐(1853~1890), 앙리 드 툴루즈-로트렉(1864~1901), 조르주 쇠라(1859~1891) 등의 작품이 출품되었다. 이 화가들은 공식화된 화파가 아니다. 이들이 모두 사망한 후에 프라이가 후기인상주의라는 용어를 고안한 것이고, 따라서 이들 중 누구도 이러한 분류에 관해 알지 못했으며, 모두가 다른 접근 방법과 생각을 갖고 있었다. 일부 화가들은 처음에 인상주의자들과 연관되어 있었지만, 그들처럼 세계를 직접적으로 묘사하지 않았고 인상주의에 한계가 있다고 생각했다. 어떤 이들은 색채와 상징주의를 통해 정신성이나 분위기를 환기시켰고, 다른 이들은 광학적인 효과와 색채이론을 탐구했으며, 또 다른 이들은 사물의 근본적인 구조를 전달하려고 했다. 독립적으로 작업했지만 색과 형태는 대체로 모두에게 중요했다. 후기인상주의 화가들은 여전히 가시적인 세계를 재현했지만 자신이 본 것을 변형시켰고, 결과적으로 추상에 관련된 개념에 영향을 미쳤다.

중요한 진전

후기인상주의 화가들은 대개 색으로 정신성과 분위기 등을 전달했다. 이들 대다수는 프랑스인이었고 실물 그대로를 그리는 객관적인 회화에서 벗어나고 싶어 했다. 예를 들어, 세잔은 극적인 색채와 색조가 특징인 이 정물화에서처럼 기하학적 형태에 집중하고 각진 붓질과 풍부한 색채를 사용해 구조를 전달했다.

인물 **p.164** 풍경 **p.167** 초상 **p.168** 정물 **p.169** 색채 **p.173** 캔버스에 유채물감 **p.194**
임파스토 **p.195** 파스텔 **p.197** 석판화 **p.198** 나무 조각 **p.201**

신인상주의 Neo-Impressionism

1886 – 1906

주요 작가: 조르주 쇠라 • 카미유 피사로 • 폴 시냑 • 테오 반 리셀베르그 • 앙리 에드몽 크로스

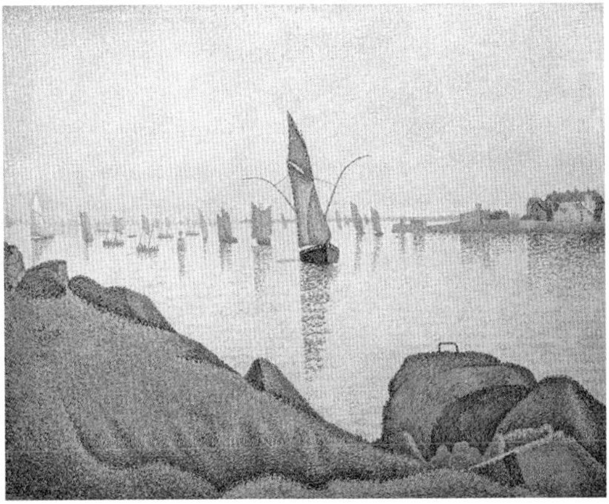

중요한 진전
순간성과 자연에 주목한 인상주의와 달리 신인상주의 미술의 토대는 과학이었다. 신인상주의 화가 폴 시냑은, 낚싯배 그림에서 볼 수 있듯이, 스크린의 픽셀처럼 순수한 색의 점들을 결합해 이미지를 창조했다. 이런 현상을 '시각 혼합'이라고 부른다.

〈저녁의 고요, 콩카르노, Opus 220 (알레그로 마에스토소)〉, 폴 시냑, 1891, 캔버스에 유채물감, 64.8×81.3cm, 메트로폴리탄 미술관, 뉴욕, 미국

1880년대 중반에 몇몇 젊은 화가들은 시각적 외관과 한순간을 객관적으로 기록하는 인상주의에서 멀어졌다. 종종 후기인상주의로 분류되는 신인상주의는 특히 과학적인 색채이론들을 탐구했다. 신인상주의는 1886년에 미술비평가 펠릭스 페네옹(1861~1944)이 명명했고, 주요 화가로는 조르주 쇠라, 폴 시냑(1863~1935), 테오 반 리셀베르그(1862~1926), 앙리 에드몽 크로스(1856~1910)가 있었고, 여기에 피사로가 잠시 합류했다. 색채를 과학적이며 체계적인 방식으로 활용했던 신인상주의자들은 오그던 루드(1831~1902)와 외젠 슈브뢸(1786~1889) 같은 과학자의 이론을 따랐고, 특히 슈브뢸의 저서 『색채의 동시대비 법칙』(1839)에 영향을 받았다. 슈브뢸은 색채의 위치가 색채 인식에 영향을 미치며, 특히 보색 — 즉 색상환에서 반대편에 있는 색 — 을 병치하면 서로를 더 밝게 보이게 만든다고 믿었다. 신인상주의자들은 이런 이론에 따라, 미리 섞지 않은 순색의 작은 점이나 얼룩을 캔버스 전체에 병치시킴으로써 생기가 넘치는 현대적인 삶의 이미지를 창조했다. 분할주의나 점묘주의로도 불리는 이러한 방식은 후세대 화가들이 색채와 붓질에 관해 더 깊이 탐구하도록 영감을 주었다.

인물 p.164 풍경 p.167 초상 p.168 빛 p.170 색채 p.173 도시환경 p.180
캔버스에 유채물감 p. 194 점묘주의 p.196

아르누보 Art Nouveau

1890
–
1914

주요 작가: 구스타프 클림트 • 알폰스 무하 • 아더 헤이게이트 맥머도 • 찰스 레니 맥킨토시 • 루이스 컴포트 티파니

중요한 진전

과도한 장식을 버린 아르누보 화가들은 기능이 사물의 형태를 결정해야 한다고 생각했고, 유기적 주제와 비대칭적, 일본양식의 구성으로 그러한 형태를 묘사했다. 예를 들어 알폰스 무하(1860~1939)는 종종 꽃과 다른 양식화된 요소들과 더불어 흘러내리는 풍성한 머리카락을 가진 아름다운 여성을 섬세한 색으로 그린 그림과 포스터로 명성을 얻었다.

1890년경부터 약 25년간 지속된 국제적인 미술 및 디자인 양식인 아르누보는 다양한 국가에서 순수미술, 건축, 디자인 분야에 걸쳐 발전했다.

자연의 형태, 구불거리는 선, 비대칭적이며 역동적인 구성은 아르누보의 가장 특징적인 디자인 요소다. 대량생산을 장인정신과 통합하고 산업화에 대한 우려를 극복하려는 시도였던 아르누보는 당시 요란한 디자인에 반대했다. 화가들과 디자이너들은 미술공예운동, 켈트 미술, 고딕복고주의, 로코코 양식, 탐미주의, 상징주의, 자포니즘을 비롯한 다양한 양식에서 영향을 받았다. 아르누보는 나라에 따라 다른데 영국에서는 아르누보, 에스파냐와 카탈루냐에서는 모데르니스모와 모데르니즘, 덴마크와 노르웨이와 독일에서는 유겐트스틸, 이탈리아에서는 스틸레 리버티나 스틸레 플로레알레로 불리고 있다. 유럽의 일부 지역에서는 화가들, 건축가들, 디자이너들이 공식 미술기관에서 나와 분리파를 결성했다. 뮌헨 분리파는 1892년에, 구스타프 클림트가 이끄는 빈 분리파는 1897년에 창립되었다. 분리파 양식은 아르누보의 한 형태다.

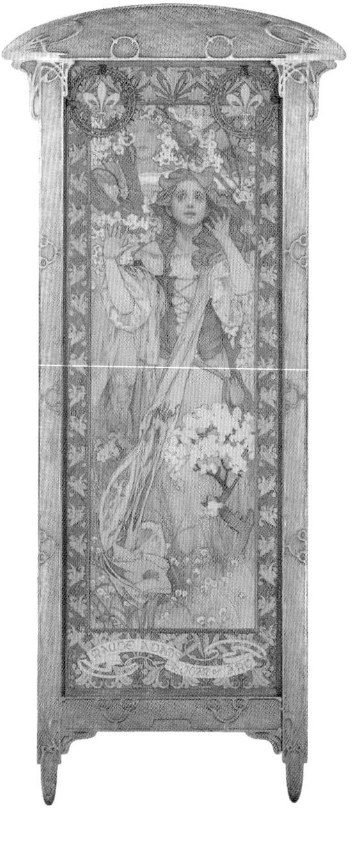

〈잔 다르크로 분한 모드 아담스〉, 알폰스 무하, 1909, 캔버스에 유채물감, 208.9×76.2cm, 메트로폴리탄 미술관, 뉴욕, 미국

인물 p.164 동물 p.165 자연 p.166 역동주의 p.172 형태와 선 p.174 드로잉 p.192
캔버스에 유채물감 p.194 석판화 p.198

미국 사실주의 American Realism

1890 - 1940

주요 작가: 로버트 헨리 • 조지 벨로스 • 에드워드 호퍼 • 프랭크 W. 벤슨 • 차일드 하삼 • 윌리엄 메릿 체이스

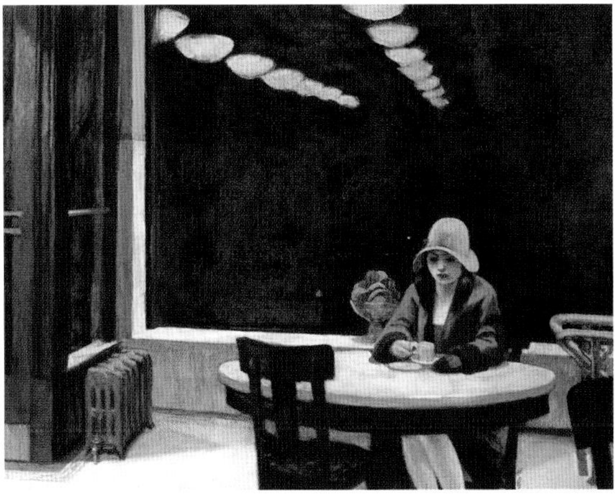

〈셀프서비스 식당〉, 에드워드 호퍼, 1927, 캔버스에 유채물감, 71.4×91.4cm, 디모인 아트센터, 아이오와 주, 미국 (작품 106쪽 참조)

20세기 초 미국의 화가들, 작가들, 음악가들은 발전된 도시 환경을 반영하는 작품을 내놓기 시작했다.

미국은 19세기 말부터 엄청난 산업적, 경제적, 사회적, 문화적 변혁을 경험했다. 유럽 이민자들과 증대하는 국제무역은 번영을 가져왔고, 미국 사실주의 화가들은 평범한 사람들의 사회적인 현실과 도시를 포착하려고 했다. 이러한 화가들 중에는 특히 두 그룹, 애쉬캔 화파(Ashcan school)로도 불리는 디 에이트(The Eight)와 10인의 미국화가(Ten American Painter)인 더 텐(The Ten)이 있었다. 미국 미술기관의 보수성에 불만을 느꼈던 10인의 미국화가는 1898년에 그들만의 전시협회를 만들고 뉴욕, 보스턴, 필라델피아, 그 외 미국의 다른 도시에서 20년간 전시회를 개최했다. 그 사이에 뉴욕에서는 애쉬캔 화가들이 대개 거친 붓질로 이민자와 노동자 계층의 일상적인 삶의 모습을 포착하는 도시의 이미지들을 그렸다. 이들이 주목한 모더니티와 비전통적인 주제는 당시 미국에서는 혁명적인 것이었다.

중요한 진전

에드워드 호퍼는 삭막한 장소의 고독한 사람들을 주제로 한 그림을 통해 미국 사실주의의 전형을 보여주었다. 그의 스승 로버트 헨리(1865~1929)는 "주제가 중요한 것이 아니라 무엇이 느껴지는지가 중요하다"고 제자들에게 조언했다. 한 여성이 식당에 홀로 앉아 있는 〈셀프서비스 식당〉에서 볼 수 있듯이 호퍼는 주로 외로움을 다루었다.

시간 **p.171** 애국심 **p.178** 도시환경 **p.180** 사회적 논평 **p.184** 드로잉 **p.192**
캔버스에 유채물감 **p.194** 파스텔 **p.197** 석판화 **p.198** 구아슈 **p.206**

모더니즘 Modernism

1890경
–
1950경

주요 작가: 콘스탄틴 브랑쿠시 • 바바라 헵워스 • 헨리 무어 • 에곤 실레 • 힐마 아프 클린트 • 에드워드 호퍼

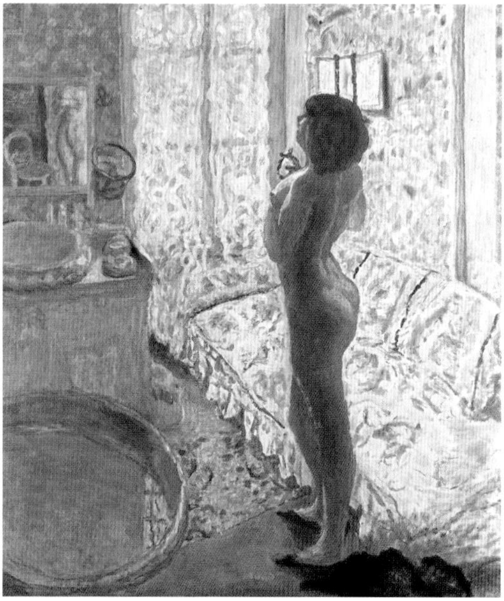

중요한 진전

모더니즘은 1920년대와 1930년대, 그리고 제2차 세계대전 이후에 대중들에게 많이 알려졌지만 훨씬 더 이른 시기에 시작되었다. 상징주의 화가 그룹 나비파에 속했던 피에르 보나르(1867~1947)는 평면적이고 밝은색과 점묘로 그린 역광을 배경으로 방 안에 서 있는 아내를 그렸다.

〈역광 속의 누드 혹은 오드콜로뉴〉, 피에르 보나르, 1908~1909, 캔버스에 유채물감, 124×109cm, 현대미술관, 브뤼셀, 벨기에

1890년경부터 1950년경에 예술과 문학에서 광범위하게 유행한 모더니즘은 과거의 양식들을 거부하고 혁신과 실험을 강조했다.

다양한 사회적·정치적 발전에 자극받은 모더니즘은 표현주의, 입체주의, 미래주의를 비롯한 수많은 초기 전위 미술과 디자인 운동을 총체적으로 지칭하는 용어다. 또한 미술, 디자인, 건축, 문학을 통해 표현되었고 과학과 기술의 진보와 연관되었다. 모더니즘 화가들은 자연계를 묘사하려는 전통들을 거부하는 대신 색채와 형태, 감정 같은 요소에 집중했다. 급격한 변화의 시대에 탄생한 그들의 유토피아 정신은 새로운 재료와 기법, 제작과정 등을 실험하며 보수적인 가치들과 장식을 폐기하는 것으로 나타났다. 모더니즘이 시작된 시기는 건축에 신소재가 사용되고 전화기, 라디오, 자동차가 발명되었으며, 이 모두가 도시의 환경과 수많은 사람들의 삶을 바꾸던 때였다. 불과 몇 년 만에 사회를 변화시킨 기계들은 제1차 세계대전의 대량학살도 가능케 했고, 이는 사고방식과 예술적 접근방식에 급격한 영향을 미쳤다.

시간 **p. 171** 역동주의 **p. 172** 색채 **p. 173** 형태와 선 **p. 174** 추상 **p. 175** 산업화 **p. 179**
캔버스에 유채물감 **p. 194** 석판화 **p. 198** 돌조각 **p. 200**

야수주의 Fauvism

1905
–
1909

주요 작가: 앙리 마티스 • 앙드레 드랭 • 모리스 드 블라맹크 • 앙리 망갱 • 알베르 마르케 • 앨리스 베일리

후기인상주의와 신인상주의의 일부 개념에 영향을 받은 야수파 화가들은 비자연적인 색과 왜곡된 선으로 그림을 그렸다.

앙리 마티스는 일반적으로 야수파의 선구자로 알려져 있으며, 또 다른 야수파 화가로는 앙드레 드랭(1880~1954), 모리스 드 블라맹크(1876~1958), 알베르 마르케(1875~1947), 조르주 루오(1871~1958) 등이 있다. 이들은 모두 구상 화가였고 대다수가 세잔, 반 고흐, 고갱, 쇠라의 획기적이며 다양한 접근 방식, 특히 색의 탐구와 구조의 묘사에 영향을 받았다. 그중 일부는 상징주의 화가 귀스타브 모로(1826~1898)의 제자였다. 야수파는 튜브에서 짜낸 물감을 바로 칠한 선명한 색채로 유명하며, 대담하고 표현적인 붓질과 단순화된 형태로 빛, 공간, 낙관주의를 전달했다. 특히 마티스는 그림에 개인적 표현을 반영하라는 모로의 충고를 따랐다. 야수파는 여느 화파와 달리 어떤 강령도 없었고, 시각적인 현실이 아니라 세상의 여러 측면들을 강조하는 회화기법을 탐구한 마음 맞는 친구들의 모임이었을 뿐이다. 이들이 탐구한 것은 에너지, 긍정성, 활기, 그리고 사물의 구조와 캔버스의 평면성 같은 요소의 강조 등이었다.

중요한 진전

미술비평가 로이 보셀(1870~1943)은 1905년 파리 살롱 도톤에서 작품을 모두 보고난 후에 이들을 '야수들'이라고 묘사했다. 보셀에게 이들의 밝고 평면적인 색채는 요란스럽고 미숙하게 보였다. 야수파는 자연의 색과 그림자를 의도적으로 무시하고 풍경과 인물을 단순화했다.

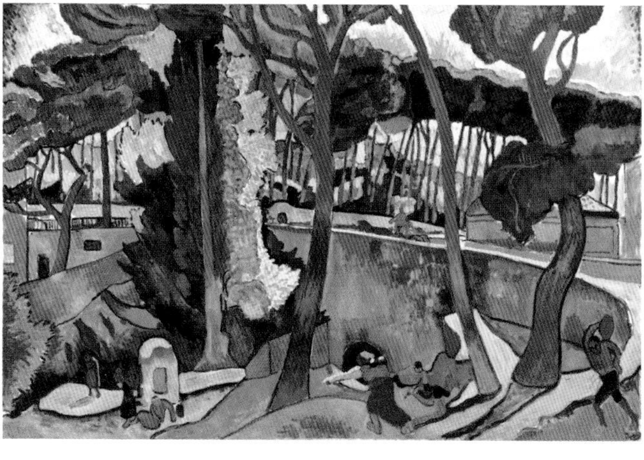

〈굽은 길(레스타크)〉, 앙드레 드랭, 1906, 캔버스에 유채물감, 129.5×194.9cm, 휴스턴 미술관, 텍사스, 미국 (작품 78쪽 참조)

풍경 **p. 167** 초상 **p. 168** 역동주의 **p. 172** 색채 **p. 173** 형태와 선 **p. 174**
캔버스에 유채물감 **p. 194** 점묘주의 **p. 196** 콜라주 **p. 202**

표현주의 Expressionism

1905–1930

주요 작가: 바실리 칸딘스키 • 프란츠 마르크 • 에른스트 루트비히 키르히너 • 파울 클레 • 파울라 모더존 베커 • 게오르게 그로스

20세기 초 독일에서 시작된 '표현주의'는 근대적인 삶에 대한 불안감에서 나왔고, 화가의 감정을 표현해 미술을 혁신시키려고 했다.

표현주의 화가들은 상징주의, 원시주의, 북구 르네상스 화가인 알브레히트 뒤러(1471~1528)와 마티아스 그뤼네발트(1475경~1528) 그리고 에드바르트 뭉크(1863~1944)에게서 영향을 받았고, 자신의 불안감을 전달하도록 강렬한 감정적 이미지를 창조했다. 1905년 드레스덴에서 4명의 건축학도 즉 에른스트 루트비히 키르히너(1880~1938), 프리츠 블라일(1880~1966), 에리히 헤켈(1883~1970), 카를 슈미트 로틀루프(1884~1976)는 다리파(派)를 결성하고, 자신들의 미술이 과거와 미래를 연결한다고 주장했다. 그들의 그림은 반자연적이며 때론 조화롭지 않은 색채로 된 왜곡된 구상회화였다. 1911년에 바실리 칸딘스키(1866~1916)와 프란츠 마르크(1880~1916)는 느슨한 연합이었던 청기사를 결성했다. 강령은 없었지만 칸딘스키의 저서 『예술에 있어 정신적인 것에 대하여』(1910)가 출간된 이후에 청기사 화가들은 객관적인 관찰보다 감정을 강조하며 정신성을 드러내려고 노력했다. 1920년대에 막스 베크만(1884~1950), 오토 딕스(1881~1969), 게오르게 그로스(1893~1959) 등은 풍자적인 신즉물주의로 전후 독일의 부패에 반대했다.

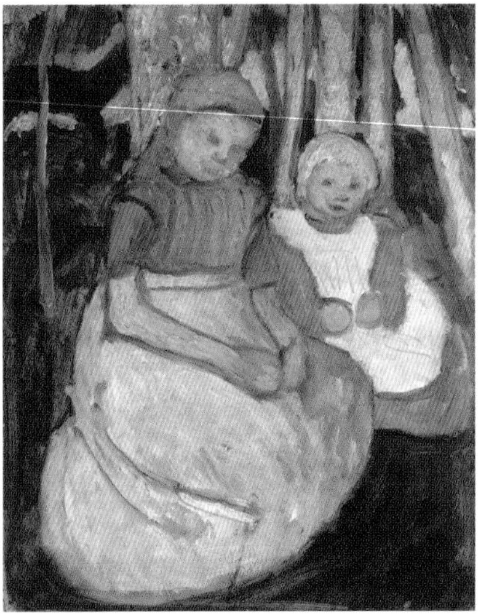

중요한 진전

대략 1905년부터 1930년대까지 지속된 표현주의는 불안, 소외, 사랑 같은 감정을 전달했다. 구상회화와 추상회화는 왜곡된 형태와 강렬한 색으로 구성되었다. 어떤 단체에도 속하지 않았던 파울라 모더존 베커(1876~1907)는 표현주의의 선도자 중 한 사람이었고, 단순성과 질감을 결합하며 자신의 영향력 있는 양식을 창조했다.

〈자작나무에 앉은 두 소녀〉, 파울라 모더존 베커, 1904, 보드에 유채물감, 45.8×31.6cm, 개인소장

인물 p. 164 동물 p. 165 시간 p. 171 색채 p. 173 형태와 선 p. 174 도시환경 p. 180
캔버스에 유채물감 p. 194 임파스토 p. 195 구아슈 p. 206

나이브 아트/원시주의

Naïve Art/Primitivism

1906 – 1930경

주요 작가: 앙리 루소 • L.S. 로리 • 그랜마 모지스 • 헨리 다거 • 알프레드 월리스 • 세라핀 루이

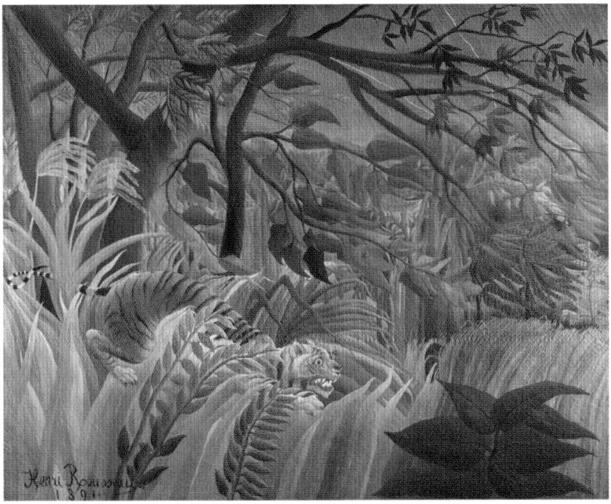

〈열대 폭풍우 속 호랑이(놀래라!)〉, 앙리 루소, 1891, 캔버스에 유채물감, 129.8×161.9cm, 내셔널 갤러리, 런던, 영국 (작품 70쪽 참조)

어린아이 같은 단순함과 원근법을 무시하는 것이 특징인 '나이브 아트'는 일반적으로 정규 미술교육을 받지 않은 사람들이 그렸다.

나이브 아트는 앙리 루소(1844~1910)를 통해 처음으로 유명해졌다. 정규 미술교육을 받지 않은 루소는 시낵 앞에서 조롱을 당했지만 훗날 피카소(1881~1973)의 찬사를 받았다. 일반적으로 나이브 아트는 기교가 부족한 것으로 인식되며, 아프리카 부족미술 혹은 선사시대나 유럽의 민속미술처럼 비서구 미술의 요소들을 차용한 '원시주의'와 비슷하다. 나이브 아트, 원시주의 미술, 민속미술은 서로 다르지만, 이 셋은 모두 세련미의 명백한 부재로 인해 찬사를 받았다. 나이브 아트는 종종 전통회화에서 위선이라고 간주된 것을 혐오한 화가들에게 인정받았다. 대다수의 다른 사조와 달리 나이브 아트는 다양한 시대와 지역에서 등장했으며 화가들은 거의 홀로 작업했다. 이 유형은 죄수나 정신병자 등 주류 미술계와 거의 상관없는 사람들이 그린 그림과 아동미술이 포함된 '아웃사이더 미술'이나 '아르 브뤼'와도 비슷하다.

중요한 진전

원시주의라는 용어는 1906년에 등장했지만 나이브 아트는 더 이른 시기에 알려졌다. 앙리 루소는 첫 번째 나이브 화가로 인정받는다. 풍부하고 선명한 색, 평면적인 형태, 환상적인 이미지를 사용한 루소는 이 이상한 정글 장면을 직접 가서 보고 그렸다고 주장했지만 사실이 아닌 듯하다.

인물 **p.164** 동물 **p.165** 자연 **p.166** 풍경 **p.167** 색채 **p.173** 형태와 선 **p.174** 드로잉 **p.192**
캔버스에 유채물감 **p.194** 나무 조각 **p.201** 납화 **p.209**

입체주의 Cubism

1907 – 1914

주요 작가: 파블로 피카소 • 조르주 브라크 • 후안 그리스 • 장 메챙제 • 페르낭 레제 • 알베르 글레이즈

중요한 진전
입체주의 화가들은 복수의 시점을 보여주었다. 단일한 시점의 전통회화보다 더 많은 시점과 면을 만들어내기 때문에 그림은 기하학적 형태로 구성된 것처럼 보일 때가 많고, 이러한 사실은 이 사조의 명칭에 영향을 미쳤다. 예를 들어, 브라크의 〈바이올린과 주전자〉(1910)는 파편화된 형태와 시각으로 구성돼 있다.

세계를 더 정직하게 재현하려고 노력한 입체주의자들은 르네상스 이래 깊이와 거리를 묘사하기 위해 사용되었던 선 원근법을 버렸다.

파블로 피카소와 조르주 브라크(1882~1963)는 동시에 여러 시점에서 본 사물, 사람, 장소를 평면적인 캔버스에 그리기 시작하며 1907에서 1908년 입체주의의 시작을 알렸다. 이들은 3차원을 가장하는 것보다 이렇게 하는 것이 세계를 더 정확하게 재현하는 방법이라고 믿었다. 피카소와 브라크는 1906년 세잔의 회고전에서 영향을 받아 함께 작업하며 고정된 하나의 시점으로 환영을 창출했던 미술전통을 포기했다. 1908년의 어느 전시회에서 한 비평가에 의해 명명된 입체주의라는 용어에는 처음엔 인상주의처럼 조롱의 의미가 담겨 있었지만 결국 받아들여졌다. 이 사조는 두 단계로 분류된다. 1907년부터 1912년까지 지속된 첫 시기는 분석적 입체주의다. 대략 1914년까지 지속된 두 번째 시기는 종합적 입체주의라 불리며, 관습에 얽매이지 않은 재료로 만든 콜라주와 한층 더 밝은 색채가 특징이다. 후안 그리스(1887~1927), 알베르 글레이즈(1881~1953), 장 메챙제(1883~1956), 페르낭 레제(1881~1955) 등은 입체주의를 개인적인 방식으로 해석했다.

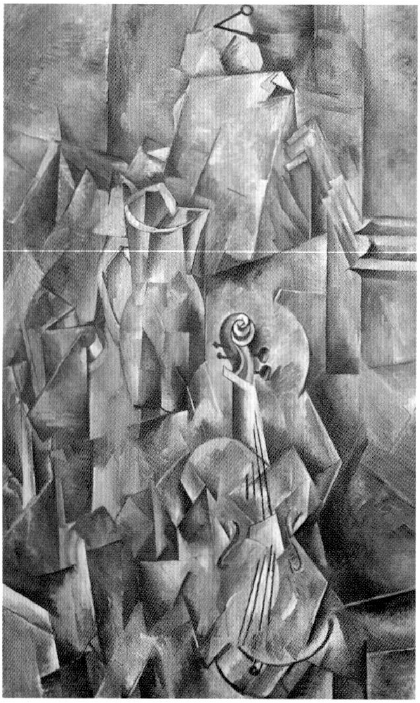

〈바이올린과 주전자〉, 조르주 브라크, 1909~1910, 캔버스에 유채물감, 116.8×73.2cm, 바젤 미술관, 바젤, 스위스

인물 **p.164** 동물 **p.165** 풍경 **p.167** 초상 **p.168** 정물 **p.169** 형태와 선 **p.174** 드로잉 **p.192**
캔버스에 유채물감 **p.194** 콜라주 **p.202** 혼합매체 **p.203**

미래주의 Futurism

1909 – 1914

주요 작가: 움베르토 보초니 • 카를로 카라 • 루이지 루솔로 • 지노 세베리니 • 자코모 발라

20세기 이탈리아의 첫 미술운동인 '미래주의'는 기계시대의 역동성과 에너지를 포착하는 것을 목표로 했다.

모더니티, 젊음, 폭력을 신봉하고 과거를 비난한 미래주의자 — 화가, 조각가, 음악가, 작가, 건축가, 디자이너가 포함된 — 들은 이탈리아의 전통을 근절하고 기술, 기계화, 현대사회의 에너지와 속도를 찬양하기 위해 박물관과 미술관을 파괴해야 한다고 선언하며 세상을 깜짝 놀라게 했다. 1909년에 시인 필리포 톰마소 마리네티(1876~1944)는 첫 번째 미래주의 선언문을 프랑스 신문 『르 피가로』에 발표했다. "우리는 이 세계의 장려함이 새로운 미, 즉 속도의 미에 의해 풍성해졌으며, 그리고 더 나아가 미래주의자들은 '에너지와 대담무쌍함의 기질, 위험에 대한 사랑을 노래할 것'이라고 선언한다."

미래주의자들은 기술과 기계 그리고 전쟁을 강조하며 다면적인 형태와 단속적인 선을 사용해 일상의 주제를 묘사했다. 1911년에 보초니, 카라, 루솔로 세베리니는 파리의 살롱 도톤에서 입체주의 작품을 보았다. 입체주의는 이들의 그림에 곧바로 영향을 미쳤다.

중요한 진전

'달리는 자동차'가 그리스 고전기 조각상 〈사모트라케의 승리의 여신〉보다 '더 아름답다'고 믿었던 미래주의자들은 파편화된 형태들을 이용해 역동성과 감각들을 보여주려고 했다. 이들은 또한 예술적 견해와 정치적 견해를 통합했고, 선동, 파괴, 전쟁이 궁극적으로 이탈리아를 재생시킬 것이라 확신했다.

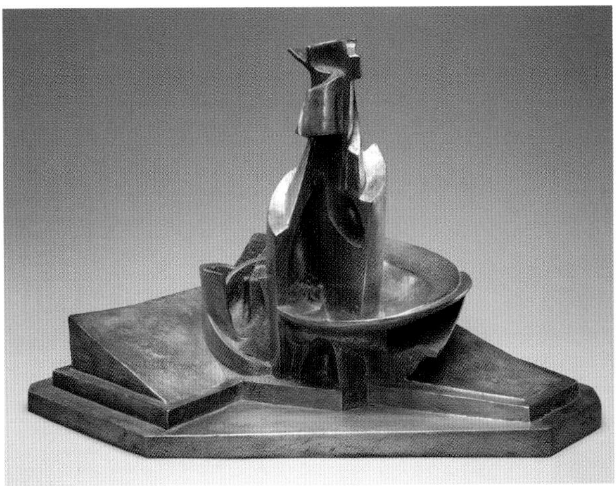

〈공간 속 병의 확장〉, 움베르토 보초니, 1913, 청동, 39.4×60.3×39.4cm, 메트로폴리탄 미술관, 뉴욕, 미국

시간 **p.171** 역동주의 **p.172** 색채 **p.173** 형태와 선 **p.174** 애국심 **p.178** 산업화 **p.179** 청동주조 **p.193** 캔버스에 유채물감 **p.194** 구아슈 **p.206**

오르피즘 Orphism

1911–1914

주요 작가: 로베르 들로네 • 소니아 들로네-테르크 • 프란티셱 쿠프카 • 프란시스 피카비아 • 장 메챙제

입체주의를 토대로 신인상주의와 상징주의에 영향을 받은 '오르피즘'은 색과 리듬을 강조한 회화양식이다.

오르피즘과 오르픽 큐비즘은 1912년 프랑스 시인이자 미술비평가 기욤 아폴리네르(1880~1918)가 로베르 들로네(1885~1941), 소니아 들로네-테르크(1885~1979), 프란티셱 쿠프카(1871~1957)의 밝은 색채의 그림을 지칭하며 처음으로 사용한 용어다. 아폴리네르가 이 리드미컬한 그림들과 음악이 유사하다고 강조한 것처럼, 오르피즘이라는 이름은 고대 그리스 신화 속 시인이자 음악가인 오르페우스에서 유래했다. 이 양식으로 작업한 또 다른 화가는 페르낭 레제, 프란시스 피카비아(1879~1953), 장 메챙제, 마르셀 뒤샹(1887~1968) 등이다. 이들은 입체주의 요소들을 활용했지만 더 밝은 색을 써서 역동성과 에너지를 전달했다. 대다수 오르피즘 화가들은 특정 색을 병치하면 채도가 낮아지거나 높아진다는 개념에 주목한 슈브뢸의 저서 『색채의 동시대비 법칙에 대하여』에 영향을 받았다. 다른 화가들만큼 입체주의의 영향을 받지 않았던 쿠프카는 파리 노트르담 성당의 스테인드글라스 창문, 물리학자 아이작 뉴턴(1643~1727)의 이론, 그리고 회화와 정신성, 음악의 연관관계 등에서 영감을 얻었다.

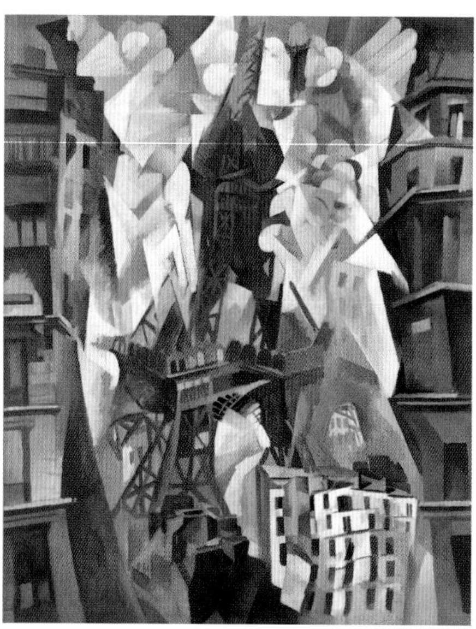

중요한 진전

로베르 들로네는 자신의 작품을 지칭하기 위해 시간의 흐름과 실재(reality)를 탐구했던 철학자 헨리 베르그송(1859~1941)과 슈브뢸에게서 차용한 '동시주의' 혹은 '동시대비'라는 용어를 사용했다. 처음에 구상적이었던 오르피즘은 의미를 전달하기 위해 형태와 색채를 사용하며 점점 추상적으로 변해갔다. 오르피즘은 제1차 세계대전이 발발하며 막을 내렸다.

〈샹 드 마르스: 붉은 탑〉, 로베르 들로네, 1911~1923, 캔버스에 유채물감, 160.7×128.6cm, 시카고 아트 인스티튜트, 시카고, 일리노이 주, 미국

인물 **p.164** 역동주의 **p.172** 색채 **p.173** 추상 **p.175** 음악 **p.177** 도시환경 **p.180**
캔버스에 유채물감 **p.194** 파스텔 **p.197**

형이상학적 회화
Metaphysical Painting

1911 – 1920

주요 작가: 조르조 데 키리코 • 카를로 카라

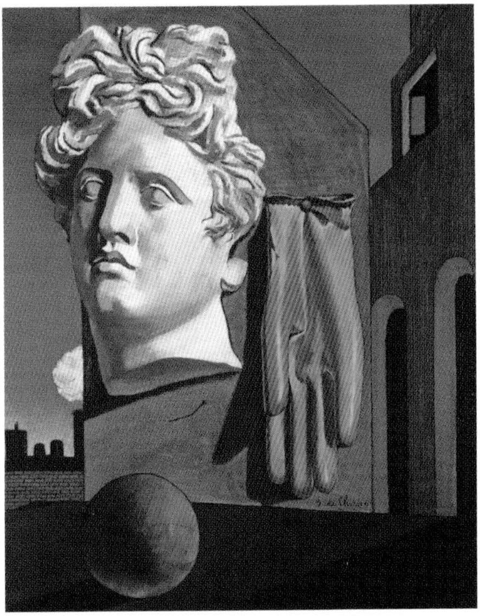

〈사랑 노래〉, 조르조 데 키리코, 1914, 캔버스에 유채물감, 73×59.1cm, 현대미술관, 뉴욕, 미국 (작품 94쪽 참조)

중요한 진전
데 키리코의 불편한 그림에는 그림자가 깊이 드리운 광장과 아케이드, 기이한 요소들과 터무니없는 원근법이 종종 등장한다. 그는 1919년에 이렇게 말했다. "꿈이 아주 기이한 현상이며 설명이 불가능한 신비임에도 불구하고, 우리의 마음이 특정 사물들과 삶의 여러 측면에 부여한 신비는 훨씬 더 이루 헤아릴 수 없다."

조르조 데 키리코(1888~1978)는 1917년 이탈리아 페라라의 육군병원에서 요양하던 중에 카를로 카라(1881~1966)를 만났다. 두 사람은 스스로 '형이상학적 회화'라고 명명한 양식으로 함께 작업하기 시작했다. 데 키리코는 1911년경부터 불안을 유발하는 의외의 병치가 나오는 사실주의적 회화양식으로 사물을 그렸다. 그가 가장 좋아한 주제는 과장된 원근법, 긴 그림자, 고전 조각상, 이상한 사물들이 나오는 기묘하고 공허한 도시의 광장이었다. 이 이미지들은 불안한 생각이나 꿈을 암시했기 때문에 '그 너머'를 의미하는 그리스어 접두사 'meta-'와 'physical(몸의)'이 결합된 '형이상학적(Metaphysical)'이라는 용어가 나왔다. 미래주의 회화와 대비되는 형이상학적 회화는 정적이고 고요한 느낌을 전하며 극적인 조명이 신비감을 더한다. 데 키리코는 19세기 독일 낭만주의 회화, 철학자 아르투어 쇼펜하우어(1788~1860)와 프리드리히 니체(1844~1900)의 이론, 이탈리아 토리노의 아케이드 건축물 등에서 영감을 받았다. 데 키리코와 카라는 화가들이 숨어 있는 '진짜 현실'을 드러낼 수 있다고 믿었다. 그러나 몇 달 후에 데 키리코와 카라가 누가 창시자인지를 두고 다투면서 이 운동은 막을 내렸다.

정물 p.169 빛 p.170 시간 p.171 형태와 선 p.174 기억 p.176 도시환경 p.180 드로잉 p.192
캔버스에 유채물감 p.194 구아슈 p.206

구성주의 Constructivism

1913
–
1932

주요 작가: 블라디미르 타틀린 • 알렉산드르 로드첸코 • 나움 가보 • 바르바라 스테파노바 • 조르주 반통겔루

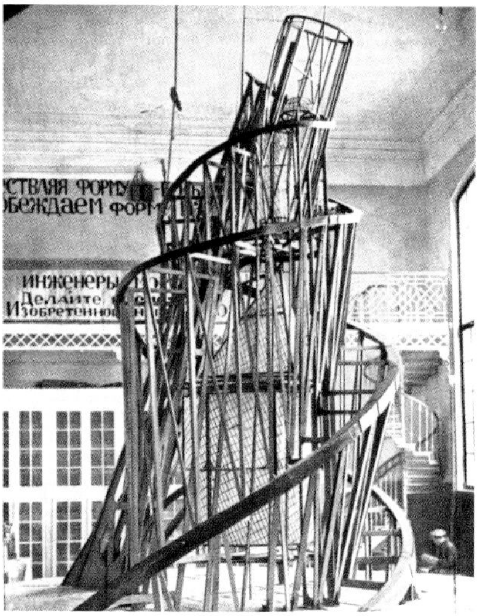

〈제3인터내셔널 기념비〉(모형), 블라디미르 타틀린, 1919~1920, 나무, 철, 유리, 420×300×80cm, 트레티야코프 미술관, 모스크바, 러시아 (작품 100쪽 참조)

중요한 진전

구성주의자들은 미하일 라리오노프(1881~1964)와 나탈리아 곤차노바(1881~1962)에 의해 1912년 시작된 미래주의에 영향을 받았고, 짧게 지속된 광선주의, 러시아 민속미술, 미래주의, 입체주의, 절대주의 등 다양한 원천에서 개념들을 흡수했다. 감정이나 정신성에 대한 감각이 전혀 없는 구성주의는 미술과 기술이 사회를 진보시킬 수 있다는 철학에서 발전했다.

유토피아적 정서는 1917년 러시아 혁명에 일부분 영향을 주었고, 이 정서에 고무된 구성주의자들은 조각, 건축, 입체주의, 러시아 미래주의의 요소 등을 작품에 이끌어 냈다.

완전한 추상과 현대적인 재료의 사용에 주목한 구성주의는 미술과 산업의 결합에서 출발한 사조다. 블라디미르 타틀린(1885~1953)은 1913년에 파리에서 피카소의 입체주의 구성들을 본 후에 러시아로 돌아가 산업 재료로 3차원적 구조물을 만들기 시작했다. 1915년 12월부터 1916년 1월까지 타틀린은 페트로그라드에서 열린 「0.10: 최후의 미래주의 전시회」에 자신의 작품을 전시했다. 다른 화가들도 곧 그의 뒤를 따라 공학기술과 현대적인 재료를 이용해 완전히 추상적인 조각들을 구성했다. 이들 중에는 미술이 현대 세계를 반영하고 러시아의 사회적, 정치적 관심사를 다루어야 한다는 타틀린의 신념을 공유했던 알렉산드로 로드첸코(1891~1956), 엘 리시츠키(1890~1941), 나움 가보(1890~1977) 등이 있다. 1919~1920년에 타틀린은 〈제3인터내셔널 기념비〉라고 불리던 국제공산당 본부를 위한 건축물을 설계했다. 그것은 실제로 건설되지 않았지만 가장 유명한 구성주의 작품이며, 이후 미술, 디자인, 건축 운동들에 영향을 미쳤다.

시간 **p.171** 형태와 선 **p.174** 애국심 **p.178** 사회적 논평 **p.184** 캔버스에 유채물감 **p.194** 혼합매체 **p.203**

절대주의 Supremati sm

1915 – 1925

주요 작가: 카지미르 말레비치 • 엘 리시츠키 • 류보프 포포바 • 올가 로자노바 • 일리야 채스닉 • 알렉산드르 로드첸코

전통 러시아미술과 유럽의 전위미술(부유한 러시아 후원자들이 가져온 미술작품을 통해)에 영향 받은 러시아 화가들은 최초의 완전한 추상미술 운동의 하나를 탄생시켰다.

카지미르 말레비치(1878~1935)는 1915년 입체주의와 미래주의에 영감을 받아 스스로 입체-미래주의라고 불렀던 양식으로 작업했다. 그는 흰색 배경 위에 커다란 검은 사각형을 그렸는데, 이는 두 해 전에 그가 맡았던 미래주의 오페라 〈태양에 대한 승리(*Victory Over the Sun*)〉(1913)의 무대배경과 의상을 위한 디자인에서 발전된 개념이었다. 사각형을 궁극적인 기하학적 형태로 인식한 말레비치는 엄격하게 축소된 색을 사용하며 다른 '순수(pure)' 형태와 선을 더했다. 당대의 다른 급진적인 화가들처럼 말레비치는 비구상적인 요소들이 구상적인 재현 너머를 표현할 수 있다고 믿었다. 관람자가 눈에 보이는 모습 너머의 개념들을 생각하도록 하는 것을 목표로 삼았던 그는 자신의 방법이 '회화에서의 순수한 감정이나 인식의 우월성'을 초래할 것이라고 주장했다. 처음에 공산당 당국은 혁명 이후의 러시아를 위해 절대주의를 환영했지만 얼마 후 그것을 외면했다.

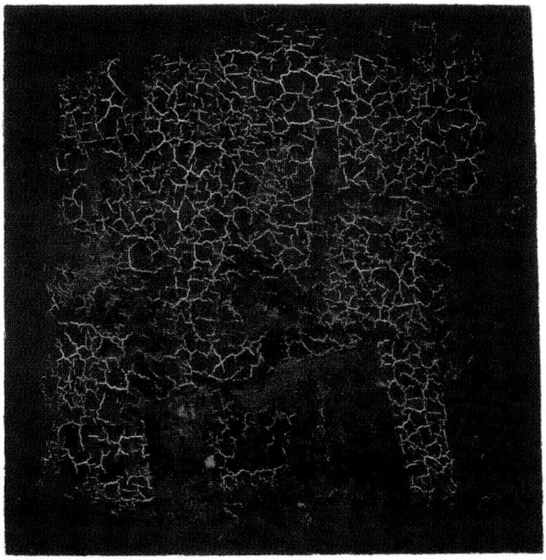

〈검은 사각형〉, 카지미르 말레비치, 1915, 린넨에 유채물감, 79.5×79.5cm, 트레티야코프 미술관, 모스크바, 러시아 (작품 98쪽 참조)

중요한 진전

말레비치는 1915년 12월 페트로그라드(현 상트페테르부르크)에서 열린 「0.10: 최후의 미래주의 전시회」에서 절대주의 회화를 처음으로 선보였다. 실제 세계에 대한 모든 개념들을 포기한 절대주의는 매우 큰 영향을 미쳤고, 1927년에 말레비치의 저서 『비구상적인 세계』는 추상화의 발전에 강력한 영향을 주었다.

색채 p.173 형태와 선 p.174 추상 p.175 애국심 p.178 캔버스에 유채물감 p.194

다다 Dada

1916 – 1930

주요 작가: 마르셀 뒤샹 • 한나 회흐 • 한스 (장) 아르프 • 프란시스 피카비아 • 만 레이 • 쿠르트 슈비터

'다다'는 제1차 세계대전의 광기와 잔혹행위에 대한 충격에서 탄생한 허무주의 미술운동이며, 그 영향력은 지대했다.

다다는 1915년 중립국 스위스의 취리히에 살고 있던 작가 휴고 발(1886~1927)이 소유한 나이트클럽 카바레 볼테르에서 당대 벌어지고 있었던 끔찍한 행위들에 대한 반발로 발전했다. 모든 다다이스트들은 전쟁을 반대했고 전쟁을 일으킨 사회의 특질에 이의를 제기했다. 그들은 국수주의적이고 부르주아적 사고방식을 맹렬하게 비난했고, 그 모든 것에서 예술의 목적과 예술가의 역할에 대해 고민했다. 시각예술, 문학, 시, 연극, 음악, 그래픽디자인을 망라한 다다는 충격을 주고 분노를 유발하는 것을 목표로 삼았고 의도적으로 부조리하거나 풍자적이었다. 다다라는 명칭은 임의적으로 선택되었다. 다다는 프랑스어로 '장난감 목마', 러시아어와 루마니아어로는 '예스, 예스'를 의미하며 대부분의 다른 언어로는 아무런 의미가 없다. 취리히에 이어 베를린, 하노버, 쾰른, 파리, 뉴욕에서도 다른 다다 그룹이 형성되었다. 다다는 오래 가지는 못했지만 초현실주의에 영감을 주었고 다다의 일부 개념은 예술의 방향에 근본적인 영향을 미쳤다.

중요한 진전

다다는 예술의 전통적 가치들을 폐기하고 새로운 예술로 대체하는 것을 목표로 했다. 모든 것이 수용되었다. 유일하게 변함없는 사실은 모든 예술이 기존의 가치들을 거부했다는 점이었다. 다다의 충격요법은 결국 힘을 잃었지만, 다다의 수많은 개념들은 20세기와 향후의 새로운 창조적 발전을 촉진시켰다.

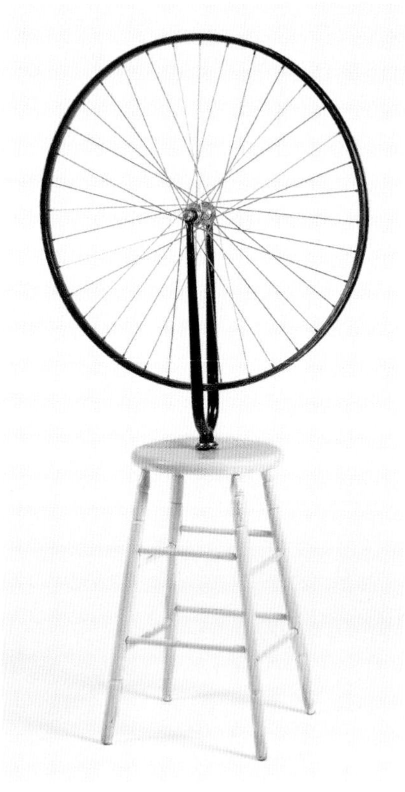

〈자전거 바퀴〉, 마르셀 뒤샹, 원작 1913, 복제품 1964, 채색된 부엌 의자 위에 뒤집어 올려 놓은 자전거 바퀴, 126.5×63.5×31.8cm, 이스라엘 박물관, 예루살렘, 이스라엘
(작품 88쪽 참조)

형태와 선 **p.174** 음악 **p.177** 도시환경 **p.180** 사회적 논평 **p.184** 콜라주 **p.202** 혼합매체 **p.203** 레디메이드 **p.204** 사진 **p.214**

신조형주의 Neo-Plasticism

1917
–
1931

주요 작가: 피트 몬드리안 • 테오 반 두스부르흐 • 바르트 판 데어 레크 • 조르주 반통겔루

수직선과 수평선, 검은색과 흰색과 원색만을 이용한 회화와 디자인이 특징인 신조형주의(혹은 데스틸)는 네덜란드에서 생긴 예술 철학이다.

네덜란드의 화가이자 디자이너, 작가, 미술비평가였던 테오 반 두스부르흐(1883~1931)는 1917년에 피트 몬드리안(1872~1944), 빌모스 휘사르(1884~1960), 바르트 반 데어 레크(1876~1958), 게릿 리트펠트(1888~1964), 로베르트 반트 호프(1887~ 1979), J.J.P. 오우트(1890~1963)를 비롯해 여러 화가 및 건축가와 데스틸을 결성했다. 이들은 선과 형태, 색채의 제한을 통해 순수한 추상을 옹호했고 반 두스부르흐는 데스틸의 개념들을 격찬하는 잡지 『데스틸』을 발간했다. 몬드리안은 초판에 게재된 에세이 「회화에서의 신조형주의」에서 "직선과 윤곽이 뚜렷한 삼원색"으로 이뤄졌고 "미학적으로 정화된 … 추상적 형태"를 통한 "인간 정신을 순수하게 재현한다"는 목표를 설명했다. 몬드리안의 신지학적 믿음에서 유래한, 가장 근본적인 것으로 축소된 요소들이라는 개념은 미술을 통해 우주의 정신적인 질서를 전달하는 조화와 균형을 탐구하도록 만들었다.

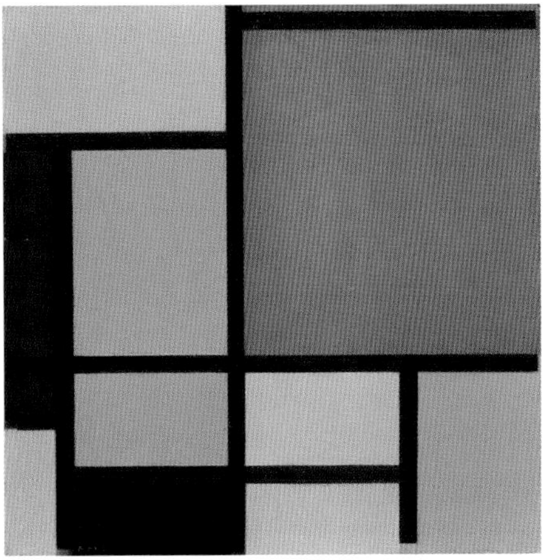

〈구성〉, 피트 몬드리안, 1921, 캔버스에 유채물감, 49.5×49.5cm, 메트로폴리탄 미술관, 뉴욕, 미국

중요한 진전

입체주의, 절대주의, 구성주의뿐 아니라 신지학에도 영향을 받은 신조형주의는 균형 있고 조화로우며 세심히 조정되었다. 이 화가들과 건축가들은 직선, 순수한 색, 비대칭만을 이용했다. 그러나 제2차 세계대전이 발발하면서 이들은 모두 뿔뿔이 흩어졌다. 몬드리안을 비롯한 몇몇은 수년 간 신조형주의 원칙들을 계속해서 추구했다.

역동주의 **p.172** 색채 **p.173** 형태와 선 **p.174** 추상 **p.175** 도시환경 **p.180**
캔버스에 유채물감 **p.194** 혼합매체 **p.203**

바우하우스 Bauhaus

1919 – 1933

주요 작가: 바실리 칸딘스키 • 요제프 알버스 • 나즐로 모홀리-나기 • 파울 클레 • 애니 알버스

20세기의 가장 영향력 있는 화파였던 바우하우스(독일어로 '건축의 집')는 1933년에 폐쇄된 이후에도 오랫동안 미술과 디자인에 지대한 영향을 미쳤다.

1919년에 건축가 발터 그로피우스(1883~1969)가 설립한 바우하우스는 미술과 산업을 통합하고 공예를 순수미술의 지위로 격상시키고자 했던 미술공예운동에서 발전했다. 바우하우스에서 학생들을 가르쳤던 화가, 디자이너, 건축가 — 바실리 칸딘스키, 요제프 알버스(1888~1976), 파울 클레(1879~1940), 애니 알버스(1899~1994), 마리안 브란트(1893~1983), 마르셀 브로이어(1902~1981) 등 — 는 모두 혁신가들이었고 다수의 대량생산품에서 볼 수 있는 디자인의 부재에 대해 우려했다. 바우하우스는 순수미술교육의 전통을 이어가면서도 실용적 기술과 공예 역시 강조했다. 20세기와 그 이후 미술과 디자인, 건축에 영감을 준 수많은 개념들을 도입하며 새로운 영역을 개척했다. 학교 운영의 중심이었던 독창적인 커리큘럼은 순수미술 실습 외에도 실용적인 기술 수업, 그리고 기하학적 형태를 통해 기능주의를 강조했다.

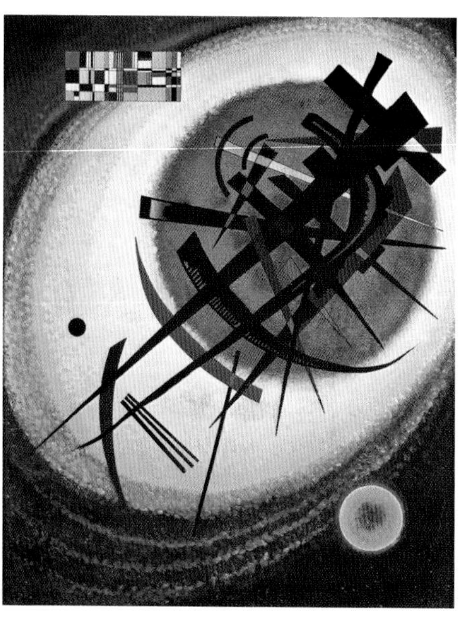

중요한 진전

바우하우스의 교사였던 전위적 화가들과 디자이너들은 독창적인 전문가였다. 어떤 이들은 색채를 새로운 방식으로 탐구했고, 다른 이들은 기술이 미술과 디자인과 더불어 사회를 개선시키는 데 이용될 수 있다고 믿었다. 바우하우스는 미술, 건축, 그래픽디자인, 인테리어디자인, 산업디자인, 타이포그래피에 지속적으로 영향을 미쳤다.

〈밝은 타원〉, 바실리 칸딘스키, 1925, 마분지에 유채물감, 73×59cm, 티센-보르네미사 국립미술관, 마드리드, 스페인 (작품 104쪽 참조)

색채 **p.173** 형태와 선 **p.174** 추상 **p.175** 산업화 **p.179** 드로잉 **p.192** 캔버스에 유채물감 **p.194**
석판화 **p.198** 목판화 **p.199** 산업재료 **p.212**

마술적 리얼리즘 Magic Realism

1920 – 1960

주요 작가: 알베르토 사비니오 • 폴 카드머스 • 폴 델보 • 이반 올브라이트 • 조지 투커

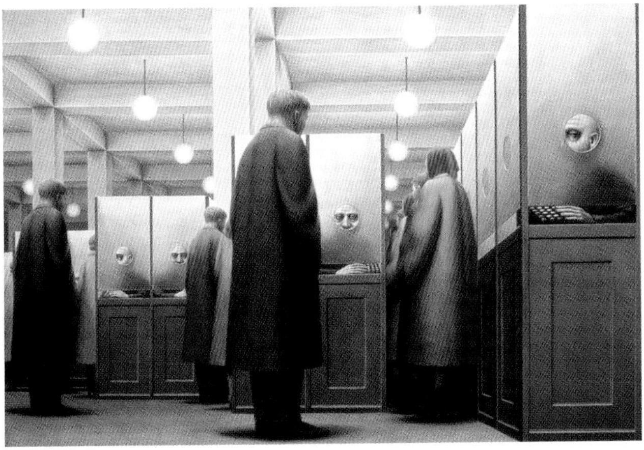

〈정부 사무실〉, 조지 투커, 1956, 젯소 패널에 에그 템페라, 49.8×75.2cm, 메트로폴리탄 미술관, 뉴욕, 미국

'마술적 리얼리즘'은 종종 기묘한 분위기와 당대의 주제들로 모호한 개념들을 전달했던 미술과 문학운동이었다.

마술적 리얼리즘은 독일의 사진작가이자 미술사학자, 비평가였던 프란츠 로(1890~1965)가 1920년 이후에 등장한 사실적이고 몽환적인 그림을 지칭하기 위해 만든 용어다. 응집력 있는 단일한 그룹은 존재하지 않았다. 이 운동은 유럽에서 시작되었으나 이후 미국에서 발전했다. 유럽에서 마술적 리얼리즘은 신즉물주의에서 발전했다. 그것은 부분적으로 현대미술에 대한 반발이었다. 미국에서는 이른바 미국적 풍경의 일부분이 되었다. 정밀한 세부묘사와 또렷한 초점, 세밀한 디테일이 특징인 마술적 리얼리즘 회화는 실제와 똑같고, 일부 그림은 양식적으로 소박하다. 두 가지 유형에 큰 영향을 미쳤던 화가는 조르조 데 키리코와 앙리 루소였다. 그러한 개념들은 결과적으로 그림에 숨겨진 부차적이고 몽환적인 의미들을 통해 초현실주의에 영향을 미쳤다. 유럽의 마술적 리얼리즘 작가로는 알베르토 사비니오(1891~1952), 알렉산더 카놀트(1881~1939) 등이 있으며, 미국의 작가로는 폴 카드머스(1904~1999), 이반 올브라이트(1897~1983), 조지 투커(1920~2011) 등이 있다.

중요한 진전

마술적 리얼리즘 작가들은 겉보기에 명백한 것이 항상 그런 것은 아님을 보여줌으로써 그들이 사회에서 숨겨진 현실로 인식했던 것을 드러내려고 했다. 가장 중요한 마술적 리얼리즘 작가 중 한 명이었던 조지 투커는 템페라로 작업하며, 〈정부 사무실〉에서처럼 익명의 사람들과 밀실에 갇혀 있는 듯한 느낌을 주는 칸막이 방들이 있는 으스스한 조명의 실내를 그렸다.

인물 p.164 자연 p.166 빛 p.170 도시환경 p.180 사회적 논평 p.184 드로잉 p.192
캔버스에 유채물감 p.194 구아슈 p.206

초현실주의 Surrealism

1924 – 1966

주요 작가: 르네 마그리트 • 살바도르 달리 • 호안 미로 • 막스 에른스트 • 앙드레 마송 • 레오노라 캐링턴

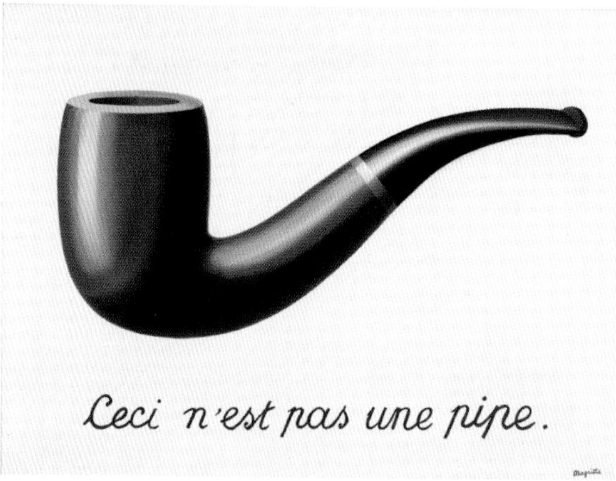

〈이미지의 배반(이것은 파이프가 아니다)〉, 르네 마그리트, 1929, 캔버스에 유채물감, 60.3×81×2.54cm, 로스앤젤레스 카운티 미술관, 캘리포니아 주, 미국 (작품 110쪽 참조)

다다, 형이상학적 회화, 마술적 리얼리즘, 마르크시즘, 그리고 무의식에 대한 근래의 발견에서 나온 '초현실주의'는 예술과 문학운동으로 시작되었다.

앙드레 브르통(1896~1966)이 1924년 파리에서 『초현실주의 선언』을 발표하면서 시작되었다. 그에 따르면, 초현실주의는 "순수한 상태의 초자연적인 자동기술법이며 우리는 자동기술법으로 사고의 실제 기능을 말로, 글로, 혹은 다른 방식으로 표현하기를 제안한다." 정신분석학자 지그문트 프로이트(1856~1939)의 저서 『꿈의 해석』(1899)과 칼 마르크스(1818~1883)의 이데올로기가 초현실주의에 특히 영향을 미쳤다. 이성적 사고가 상상력을 억압한다고 판단한 초현실주의자들은 의식적 사고들을 억누르려고 노력했다. 르네 마그리트(1898~1967), 살바도르 달리(1904~1989) 같은 화가는 사실적이고 구상적이며 주관적인 이미지로 꿈과 잠재의식적 상징을 탐구했다. 한편 호안 미로(1893~1983) 같은 화가는 초자연적 자동기술법이나 자유연상법 같은 프로이트의 방식으로, 최면상태에서 혹은 꿈을 이용해 무의식적으로 글이나 이미지를 만들어냈다. 이렇듯 초현실주의는 대체로 곤혹스럽고 기묘하며 때로는 불안하다.

중요한 진전

초현실주의자들은 무의식적 사고와 꿈을 탐구하며 종종 비논리적인 병치나 뜻밖의 연상이 특징인 재현적인 그림과 추상적인 그림을 모두 그렸다. 〈이미지의 배반〉처럼 마그리트의 그림은 그림과 실제 사물의 차이에 대해 질문을 던진다. 그의 사실적인 양식은 이 문제를 의도적으로 혼동시킨다.

자연 p.166 시간 p.171 형태와 선 p.174 추상 p.175 기억 p.176 변형 p.186 드로잉 p.192 캔버스에 유채물감 p.194 자동기술법 p.207

추상표현주의 Abstract Expressionism

1943 – 1955

주요 작가: 잭슨 폴록 • 리 크래스너 • 아실 고르키 • 프란츠 클라인 • 헬렌 프란켄탈러 • 조안 미첼 • 루이스 네벨슨

표현적이며 비구상적인 '추상표현주의'는 미국에서 1943년에 시작되어 1950년대 중반까지 계속되었다.

제2차 세계대전 이후, 유럽이 재건의 몸부림을 치고 있을 때 미국은 유리한 입장에서 있었고, 추상표현주의는 국제적으로 영향력이 있었던 최초의 미국 미술운동이 되었다. 원래 '뉴욕 화파'로 불렸던 추상표현주의는 작은 규모의 화가 모임으로 출발했고, 미술에 새로운 급진적인 접근방식을 가졌던 이들은 그들만의 전시회를 개최했다. 이 회화양식은 대략 두 개의 유형 — '액션'과 '색면' — 으로 분류된다. 조각은 종종 비관습적인 재료들로 만들어진 대규모의 개방된 구조들로 전통에 도전했다. 액션 페인팅 화가들은 무의식이 창조적 과정을 점유하고, 내면의 감정들을 표현하도록 하는 초현실주의의 자동기술법을 이용해 순간적이고 역동적인 몸짓으로 전쟁의 야만성에 대한 감정을 전달했다. 화가들의 다양한 방식은 그들의 감정적 혹은 표현적인 내용과 관련되어 있었다. 가장 유명한 액션 페인팅 화가인 잭슨 폴록은 바닥에 놓은 거대한 캔버스에 물감을 붓고 뿌리고 튀기는 직관적인 방식으로 '잭 더 드리퍼(Jack the Dripper)'라는 별명을 얻었다.

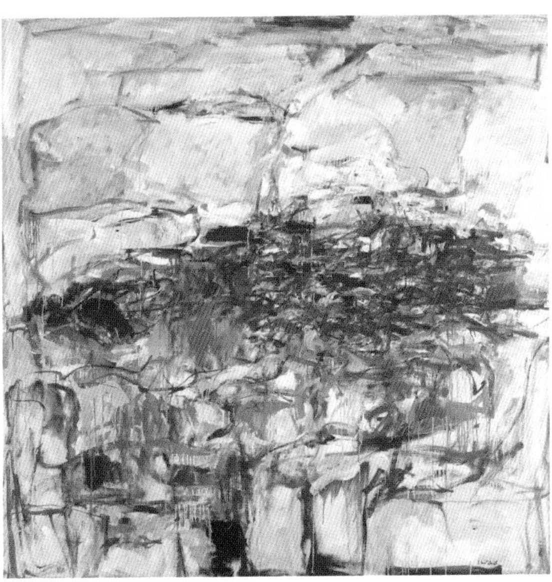

중요한 진전

실제 세계를 재현해야 한다는 압박에서 벗어난 추상표현주의자들은 칼, 모종삽, 가정용 페인트, 용접기술 등 의외의 방법, 재료, 도구를 이용해 잠재의식적 감정들을 전달했다. 예를 들어 조안 미첼(1925~1992)의 빛으로 가득한 거대한 추상회화는 대충 바른 에너지 넘치는 밝은색 붓 자국으로 생기가 넘친다.

〈도시 풍경〉, 조안 미첼, 1955, 린넨에 유채물감, 203.2×203.2cm, 시카고 아트 인스티튜트, 시카고, 일리노이 주, 미국

색채 p.173 형태와 선 p.174 추상 p.175 캔버스에 유채물감 p.194 임파스토 p.195 혼합매체 p. 203 자동기술법 p.207 에나멜페인트 p.208 산업재료 p.212

색면회화 Color Field

1947경
–
1965

주요 작가: 마크 로스코 • 바넷 뉴먼 • 로버트 마더웰 • 클리포드 스틸 • 아그네스 마틴

추상표현주의에 속하는 '색면회화'는 거대한 캔버스에 평평한 색채의 통일된 구역을 특징으로 한다.

'색면'이라는 용어는 1950년대 중반 미술비평가 클레멘트 그린버그(1909~1994)의 글에서 처음 등장했다. 이는 원래 추상표현주의 화가 3명, 즉 마크 로스코, 바넷 뉴먼(1905~1970), 클리포드 스틸(1904~1980)의 작품에 사용되던 용어였다. 곧 다른 화가들도 추상표현주의의 제스처를 이용한 방법으로, 드러나는 주관적인 내용을 제거하고 캔버스를 색으로 흠뻑 적시면서 유사한 방식들로 그리기 시작했다. 1964년에 그린버그는 로스앤젤레스 카운티 미술관에서 색면 회화와 연관된 서른한 명의 화가들이 참여한 전시회 「후기 회화적 추상」을 기획했다. 대다수 색면회화 화가들은 구상적인 요소들을 피하고 관람자를 명상으로 이끌기 위해 추상화를 만들어냈다. 이들은 물감이 혼합되고 용해되도록 평면적인 물감의 넓은 면으로 캔버스를 가득 채웠다. 이들의 미술은 형태에 대한 그 어떤 암시도 피한 최초의 양식이었다. 대신에 그들의 '색면'은 캔버스 너머로 계속되는 것처럼 보인다.

〈1957 #20〉, 마크 로스코, 1957, 캔버스에 유채물감, 233×193cm, 오스트레일리아 국립미술관, 캔버라, 오스트레일리아 (작품 126쪽 참조)

중요한 진전

색면회화는 공간감이나 입체에 대한 암시가 없으며 시작도 끝도 없다. 대신, 화가들이 추상에 대해 개인적이고 정신적인 접근방식을 추구하기 때문에 거대한 색면들은 관람자들을 명상으로 이끌어준다. 예를 들어 로스코는 1957년부터 흐릿한 윤곽선의 부유하는 짙은 색채 블록을 그렸다.

색채 p.173 추상 p.175 캔버스에 유채물감 p.194 구아슈 p.206

공간주의 Spatialism

1947
–
1968경

주요 작가: 루치오 폰타나 • 잔니 도바 • 로베르토 크리파

'공간주의'는 아르헨티나 태생의 이탈리아 작가 루치오 폰타나와 그의 제자들이 1947년에 만든 이탈리아의 미술운동이었다.

1947년, 폰타나는 이탈리아로 돌아와 여러 개의 선언문들 중 첫 번째를 발표했다. 그는 1946년 「백색 선언」에서 건축과 조각, 회화가 혼합된, 전적으로 새로운 미술양식을 만들겠다는 목표를 드러냈다. 폰타나는 특히 기술에 매혹된 미래주의에 영감을 받아 전통적인 이젤화의 환영주의를 폐기하고, 기계시대에 더 적절한 미술형태로 대체하는 새로운 '공간적' 미술을 지향한다고 말했다. 이런 식으로, 그는 근대적 기법과 재료를 사용하면서 미술과 과학의 통합을 추구했다. 다섯 번의 선언문이 연이어 발표되었고, 각각의 선언문은 공간주의적 개념을 심화시켰다. 폰타나는 1947년에 방을 완전히 검은색으로 칠하고 〈검은 공간 환경〉이라고 명명했고, 1949년에 밀라노의 나빌리오 갤러리에 〈공간 환경〉을 전시했다. 네온 빛 조명과 인광성 페인트를 칠한 오브제로 구성된 이 작품은 설치미술의 선구적인 예다.

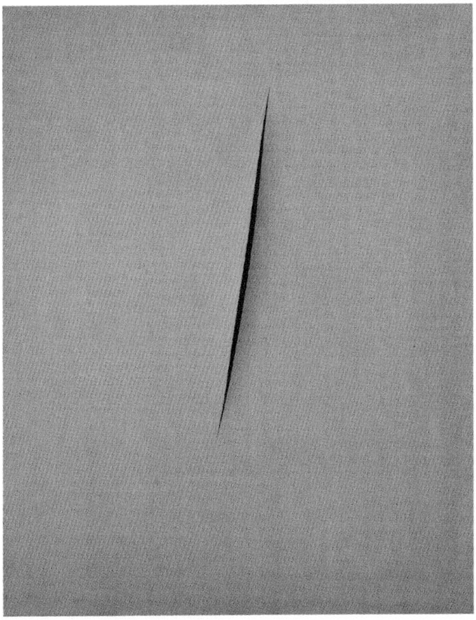

〈공간 개념 '기다림'〉, 루치오 폰타나, 1960, 캔버스, 100×80cm, 20세기 미술관, 밀라노, 이탈리아 (작품 130쪽 참조)

중요한 진전
광범위한 재료와 제작과정을 연구한 공간주의 작가들은 완전히 새로운 형태의 미술을 창조하고자 노력했다. 폰타나는 1947년부터 이른바 '공간 개념(spatial concepts)'을 실험했다. 평면의 이차원성을 극복하기 위해 캔버스에 낸 칼자국은 그러한 실험의 한 예다.

→ 빛 p.170 시간 p.171 역동주의 p.172 색채 p.173 형태와 선 p.174 추상 p.175 혼합매체 p.203

네오다다 Neo-Dada

1952 – 1970

주요 작가: 로버트 라우센버그 • 재스퍼 존스 • 조셉 코넬 • 앨런 캐프로

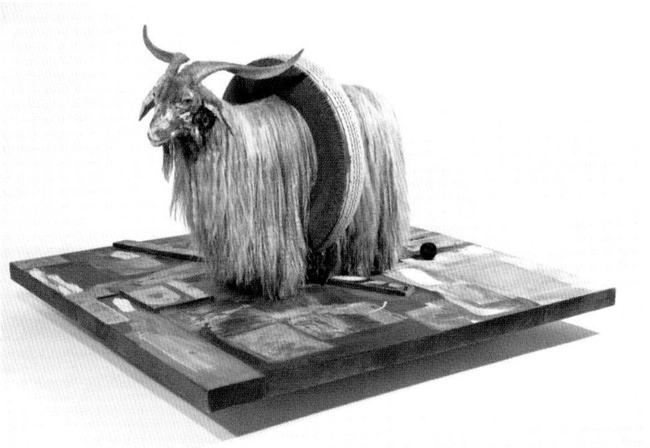

〈모노그램〉, 로버트 라우센버그, 1955~1959, 네 개의 다리바퀴에 올린 나무 단 위에 황동판과 고무 타이어와 함께 박제된 앙고라염소와 연결된 두 개의 유화 위에 유채물감, 종이, 직물, 인쇄된 복제화, 금속, 나무, 고무 구두 뒤축, 테니스공, 106.7×135.2×163.8cm, 현대미술관, 스톡홀름, 스웨덴

다다를 연상시키는 새로운 미술운동이 1950년대와 1960년대에 미국에서 등장했다.

'네오다다'로 알려진 이 운동은 다다의 아이러니, 발견된 오브제와 일상적인 활동의 활용 등을 다시 탐구했다. 다다가 당대 문화에 대한 반란이었다면, 네오다다는 순수미술의 경계를 확장시키려고 했던 노력이었다. 작곡가 존 케이지(1912~1992), 화가 로버트 라우센버그(1925~2008), 무용가이자 안무가 머스 커닝엄(1919~2009)은 1952년에 네오다다의 시작을 알렸다. 네오다다의 주요 작가인 라우센버그, 재스퍼 존스(1930년생), 앨런 캐프로(1927~2006) 등은 아상블라주, 퍼포먼스, 콜라주, 발견된 오브제 등을 실험했다. 퍼포먼스 미술의 선구자였던 이들은 당시 미국 미술계를 지배했던 추상표현주의의 지성주의를 조롱하며 진부한 주제를 도입했다. 네오다다 작가들은 소비문화를 찬양하는 동시에 조롱했고, 미술과 삶을 통합하려고 노력했다. 또한 우연, 발견된 오브제, 매스미디어를 활용해 작가의 의도보다는 관람객의 해석이 작품의 의미를 결정한다는 개념을 발전시켰다.

중요한 진전

네오다다 작가들은 미국의 발전과 사건들의 관점에서 다다를 재해석했고 관람자를 작품의 중요한 요소로 만들었다. 가장 중요한 인물 중 한 명이었던 로버트 라우센버그는 화가이자 조각가, 판화가, 디자이너, 사진가, 작곡가였고, 발견된 오브제, 콜라주, 아상블라주를 조합해 독특한 멀티미디어 아트를 창조했다.

추상 **p.175** 기억 **p.176** 사회적 논평 **p.184** 소비주의 **p.185** 캔버스에 유채물감 **p.194**
콜라주 **p.202** 납화 **p.209** 산업재료 **p.212**

옵아트 Op Art

1954

주요 작가: 빅토르 바사렐리 • 브리짓 라일리 • 프랑크 스텔라 • 카를로스 크루스-디에스 • 헤수스 라파엘 소토 • 요제프 알베르스

1950년대부터 1960년대 말까지 인식의 본질, 광학적 효과, 일루전 등에 강한 흥미를 느꼈던 일부 작가들은 강하게 대비되는 색 혹은 흰색과 검은색으로 추상적 패턴을 그렸다.

이들은 그러한 패턴 그림에서 움직이는 듯한 느낌을 만들어냈다. 1955년에 파리의 드니즈 르네 갤러리에서 열린 전시회 「움직임」에서는 가상으로 움직이는 그림들과 실제로 움직이는 키네틱 미술 작품이 함께 전시되었다. 이 전시회는 국제적으로 주목을 받았고, 10년 후에 뉴욕 현대미술관은 이와 비슷한 「반응하는 눈」전을 개최했다. 이때부터 옵아트는 미술관 외에 패션과 미디어에 나타난 집단적 상상력을 포착했다. 옵아트는 컴퓨터 분야, 텔레비전, 우주탐사 프로그램에서 최근의 수많은 성과들과 함께 현대 과학의 시대를 나타내는 완벽한 예로 보였다. 일부 평론가들은 일루전과 인식에 대한 강조는 트롱프뢰유(trompe l'oeil, 눈속임)나 왜상(강한 왜곡)처럼 르네상스에 만들어진 시각적 효과의 현대적 버전에 불과하다고 주장했지만, 대다수의 평론가들은 옵아트를 교묘한 속임수라며 일축했다.

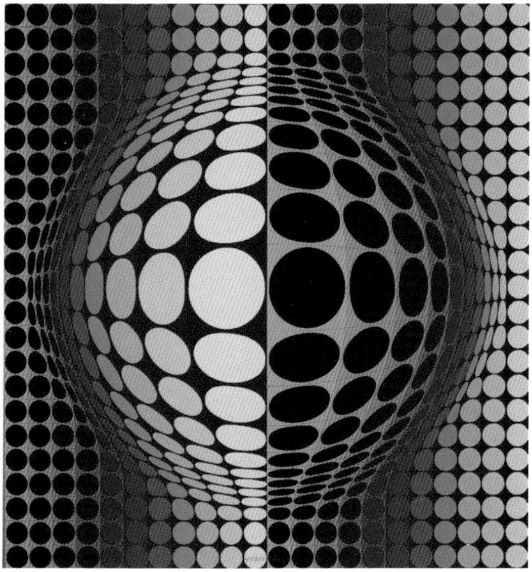

〈베가-WA-3〉, 빅토르 바사렐리, 1968, 마분지에 템페라, 57.8×55.2cm, 데이비스 박물관과 문화센터, 웰즐리, 매사추세츠 주, 미국

중요한 진전

1930년대 빅토르 바사렐리(1906~1997)는 시각 효과를 그리는 방법들을 탐구했다. 그는, 움직임에 더 주목하게 하는 작품을 제작한 브리짓 라일리 같은, 다른 작가들에게 영감을 주었다. 「반응하는 눈」전 이후에 많은 이들이 옵아트를 미술운동으로 보기 시작했지만, 지나치게 광범위하며 진지하지 않다고 생각해 비판한 이들도 있었다.

역동주의 **p.172** 색채 **p.173** 형태와 선 **p.174** 추상 **p.175** 캔버스에 유채물감 **p.194**
구아슈 **p.206** 스크린프린팅 **p.210** 아크릴 **p.211**

팝아트 Pop Art

1956 – 1970

주요 작가: 앤디 워홀 • 리처드 해밀턴 • 피터 블레이크 • 로이 리히텐슈타인 • 재스퍼 존스 • 에두아르도 파올로치

'팝아트'는 1958년에 비평가 로렌스 알로웨이(1926~1990)가 쓴 글에서 처음 등장한 용어였지만 1956년에 이미 런던의 인디펜던트 그룹이 개최한 전시회에서 선보인 리처드 해밀턴의 콜라주작품에 등장한 바 있다.

제2차 세계대전이 끝난 후, 소비주의, 매스미디어, 대량생산, 대중오락 등이 확산되었고 이러한 사회현상은 고급문화와 구별되는 대중문화로 불리게 되었다. 런던의 작가들은 이 새로운 요소들을 활용했다. 몇 년 후, 뉴욕에서는 거의 동일한 자극들에 반응하며 팝아트가 출현했다. 그러나 미국의 팝아트 작가들은 네오다다와 동맹을 맺고 추상표현주의에 반대했다. 팝아트 작가들은 새로운 소비주의를 찬양하고 논평했으며 대서양 양쪽에서 광고와 마케팅, 미디어를 토대로 화려한 작품을 제작했다. 그들은 교육을 잘 받은 부유한 엘리트 계층뿐만이 아니라 모든 사람에게 연관될 수 있다고 믿었던 것들, 즉 유명인, 만화, 포장지, 스크린프린팅 등 과거 순수미술에 한 번도 포함된 적이 없었던 형상과 주제, 재료, 제작과정을 활용했다.

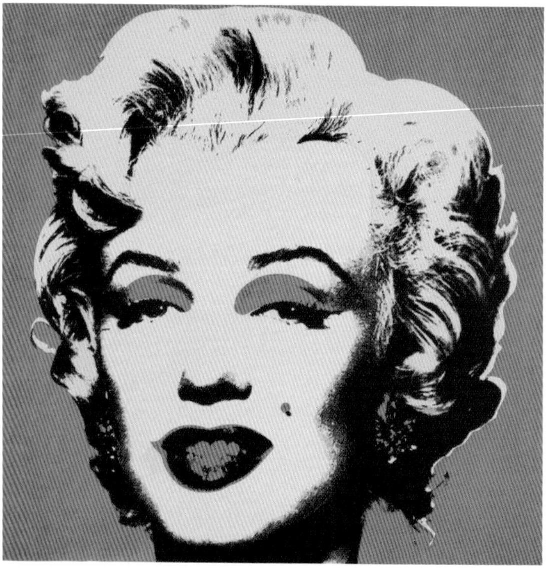

중요한 진전

전후 사회의 물질주의에 관해 논평한 팝아트는 도발적이고 뻔뻔하지만 익숙한 것이었다. 상업미술과 순수미술을 혼합하고자 노력하는 가운데 전통적인 기법은 종종 폐기되었다. 팝아트와 다다는 당대문화에 대한 강조와 불손함이라는 공통점이 있지만, 다다와 달리 분노하지 않았다.

〈마릴린〉, 앤디 워홀, 1967, 종이에 스크린프린트, 91.5×91.5cm, 함부르크 미술관, 함부르크, 독일

인물 **p.164** 색채 **p.173** 사회적 논평 **p.184** 소비주의 **p.185** 콜라주 **p.202** 혼합매체 **p.203**
스크린프린팅 **p.210** 아크릴 **p.211** 사진 **p.214**

하드에지 회화/후기 회화적 추상

Hard-Edge Painting/Post-Painterly Abstraction

1959 – 1971경

주요 작가: 엘스워스 켈리 • 프랑크 스텔라 • 케네스 놀런드 • 줄스 올리츠키 • 로저 페이텔슨

중요한 진전
이 새로운 추상회화양식은 세부묘사, 감정, 드라마, 명백한 주체성이나 정신성 등이 부재하고 관람자의 시선을 작품의 틀 너머로 이끄는 '개방된' 구성을 갖고 있다. 엘스워스 켈리(1923~2015)는 모네의 후기작을 발견한 이후에 평면적으로 보이는 거대한 규모의 추상화를 그리기 시작했다.

〈블루 레드〉, 엘스워스 켈리, 1964, 캔버스에 유채물감, 184.2×147.3cm, 디트로이트 미술관, 디트로이트, 미국

'하드에지 회화'와 '후기 회화적 추상'은 색면 회화와 동시에 발전했다.

추상표현주의의 순간성과 회화적·행위적 방식을 거부한 하드에지와 후기회화적 추상 작가들은 세심하게 계획했던 비개인적이고, 밝게 채색되고 부드러우며 또렷한 추상화를 선보였다. 서부해안에서 시작된 이 운동의 작가들은 미국 전역에서 출현했다. '하드에지'는 캘리포니아의 미술비평가 줄스 랭스너(1911~1967)가 1959년에 서부해안의 화가들, 즉 칼 벤자민(1925~2012), 존 맥러플린(1898~1976), 프레드릭 해머슬리(1919~2009), 로저 페이텔슨(1898~1978)을 지칭하기 위해 고안한 용어였다. '후기 회화적 추상'은 클레멘트 그린버그가 1964년 로스앤젤레스에서 열린 전시회를 위해 처음으로 사용한 용어다. 이 전시회에는 감정을 드러내지 않는 방향으로 추상회화를 밀고 갔던 작가들 외에도, 색면회화와 하드에지 추상 등 다양한 양식으로 작업하는 많은 화가들이 참여했다. 이들의 접근방식은 실제 세계를 그리거나 환영을 창출하려는 시도를 하지 않고, 화면의 평면성을 강조하고 색채와 깔끔한 선에 집중했기 때문에 정확하고 계획적이었다.

빛 p.170 시간 p.171 역동주의 p.172 색채 p.173 형태와 선 p.174 추상 p.175
캔버스에 유채물감 p.194 아크릴 p.211

플럭서스 Fluxus

1959
–
1978

주요 작가: 조지 마키우나스 • 딕 히긴스 • 앨리스 허친스 • 백남준 • 벤 보티에 • 앨리슨 놀스

리투아니아 출신의 미국 작가 조지 마키우나스(1931~1978)는 1960년 뉴욕에서 국제적인 미술운동을 창시하고 '플럭서스'라고 명명했다. 그러나 이 운동의 시작은 일년 전인 1959년이었다.

미래주의와 다다와 유사한 플럭서스는 미술계의 권력과 엘리트주의, 그리고 미술 감상에 특별한 지식이 필요하다는 개념에 반대했다. 단일한 통일된 양식은 없었지만 플럭서스 작가들은 다양한 의견과 태도를 공유했다. 이들은 모두 의도적으로 불손했고, 미술이 대중이 접근할 수 있는 것이 되기를 원했으며, 플럭서스를 미술과 삶의 완전한 통합으로 만들고자 노력했다. 플럭서스는 작가, 디자이너, 시인, 음악가를 매혹시켰다. 이들의 작품은 일상 세계에 토대를 두었고 여러 분야에 걸쳐 있었으며, 때로 유머러스하고 다소 부조리했으며 항상 값싸고 의외의 재료를 활용했다. 이 작가들이 '이벤트'라고 불렀던 퍼포먼스는 음악에서 유래한 중요한 요소였다. 마키우나스는 '플럭스(flux)'의 다양한 사전적 정의와 그에 대한 육필 메모가 뒤따라 나오는 플럭서스 선언문을 작성했다. 플럭서스 활동의 중심지는 뉴욕, 독일, 일본이었다. 이 운동은 예술에 대한 다양한 정의를 가능하게 하는 데 중요한 역할을 했다.

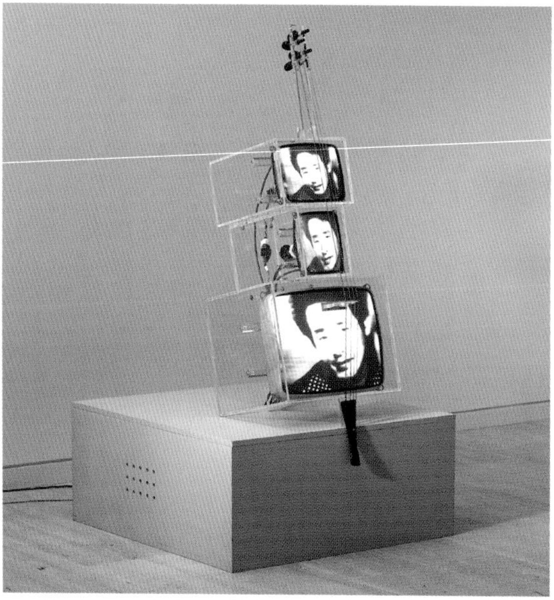

중요한 진전

플럭서스 작가들은 창작과정이 완성작보다 더 중요하다고 생각했다. 비디오아트의 선구자인 백남준은 〈TV 첼로〉에서 첼리스트 샬롯 무어만(1933~1991)과 다른 플럭서스 작가들과 함께 작업했다. 쌓아 올린 텔레비전으로 만든 이 작품은 악기 형태를 띠고 있다.

〈TV 첼로〉, 백남준, 1976, 아크릴, 나무, 베이스 기타줄, CRT 모니터 3개, 단일채널 디지털 비디오로 보이는 아날로그 테이프(VHS), 흑백, 무음, 170×92×95cm, 뉴사우스웨일스 미술관, 시드니, 오스트레일리아 (작품 142쪽 참조)

색채 **p.173** 형태와 선 **p.174** 추상 **p.175** 음악 **p.177** 산업화 **p.179** 드로잉 **p.192** 콜라주 **p.202** 혼합매체 **p.203** 산업재료 **p.212** 비디오아트 **p.215**

아르테 포베라 Arte Povera

1962 – 1972

주요 작가: 조반니 안셀모 • 알리기에로 에 보에티 • 야니스 쿠넬리스 • 주세페 페노네 • 미켈란젤로 피스톨레토

가난한 미술이라는 뜻의 '아르테 포베라'는 예상 밖의 일상적인 재료를 활용한 급진적인 이탈리아 미술운동이다.

1960년대와 1970년대 이탈리아의 정치적 격변에 대한 반응이자 전통적인 미술관과 전시체계에 대한 반대로 등장한 아르테 포베라는 토리노, 밀라노, 제노바, 로마의 젊은 화가들에 의해 발전되었다. 이들은 물감과 캔버스, 청동과 대리석처럼 전통적인 재료에 반대하며, 흙, 헝겊, 납, 플라스틱, 채소, 왁스, 잔가지 같은 값싸고 독특한 재료를 이용했다. 이탈리아의 미술비평가 겸 큐레이터인 제르마노 첼란트(1940~)는 1967년에 조반니 안셀모(1934~), 알리기에로 에 보에티(1940~1994), 피에르 파올로 칼조라리(1943~), 마리오 메르츠(1925~2003), 마리자 메르츠(1931~), 야니스 쿠넬리스(1936~) 같은 작가들의 작품을 거론하며 '아르테 포베라'라는 용어를 처음으로 사용했다. 관습적인 제약과 기대로부터 자유로운 이들의 미술은 아상블라주, 설치, 퍼포먼스, 또 다른 폭넓은 해석들로 구성되었으며 다양했다. 아르테 포베라는 1972년에 막을 내렸지만 그 영향력은 이후 등장한 더욱 개념적인 미술운동으로 이어졌다.

중요한 진전

종종 깜짝 놀랄만한 재료를 활용한 아르테 포베라 작가들은 미술을 둘러싸고 있는 속물근성을 공격했다. 그리스 태생의 이탈리아 작가 야니스 쿠넬리스는 관람자들에게 작품과 직접 관계맺기를 촉구했다. 그는 1969년에 갤러리의 개관을 알리고 공간에 관심을 집중시키기 위해 로마의 아티코 갤러리에 말 12마리를 묶어 놓았다.

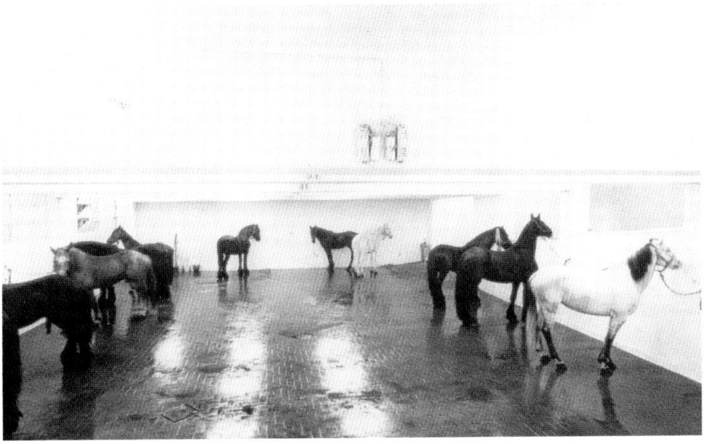

〈무제(말 12마리)〉, 야니스 쿠넬리스, 말들, 1969, 크기 불명, 아티코 갤러리, 로마, 이탈리아 (작품 138쪽 참조)

→ 인물 **p.164** 동물 **p.165** 자연 **p.166** 사회적 논평 **p.184** 변형 **p.186** 혼합매체 **p.203** 레디메이드 **p.204** 산업재료 **p.212** 사진 **p.214**

포스트모더니즘 Post-Modernism

1960경

주요 작가: 클래스 올덴버그 • 제프 쿤스 • 마리나 아브라모비치 • 신디 셔먼 • 게르하르트 리히터 • 조셉 코수스

모더니즘은 20세기 초부터 미술을 장악했지만, 포스트모더니즘은 1960년대에 시작되었다. 그러나 이 용어는 1970년경까지 사용되지 않았다.

단일한 양식은 존재하지 않지만 포스트모더니즘은 모더니즘처럼 미술과 디자인, 건축에 대한 수많은 접근방식을 아우른다. 일반적으로 네오다다나 팝아트와 동시에 시작된 것으로 간주되는 포스트모더니즘은 21세기에도 지속되고 있다. 모더니즘이 이상주의와 낙관주의에 토대를 두고 있다면, 포스트모더니즘은 이상주의와 회의주의에서 나왔다. 포스트모더니스트들이 엄청나게 파괴적인 두 차례의 세계대전을 알고 있었다는 점을 감안하면 당연한 일이다. 양식적으로 모더니즘이 명확함과 단순함을 옹호하는 반면, 포스트모더니즘은 복합적이고 종종 모순적인 의미의 층위를 수용하고, 고급문화와 대중문화, 예술과 일상의 구분을 모호하게 만들었다. 모더니즘은 진지하고, 포스트모더니즘은 재미있고 부조리하며 아이러니하거나 논쟁적일 수 있다. 수많은 모더니스트들이 사회를 변혁시킬 수 있는 작품을 제작하려고 했다면, 포스트모더니스트들은 '저급한' 문화와 대중성에 집중하며 소비주의와 '키치'를 찬양하는 작품을 제작했다.

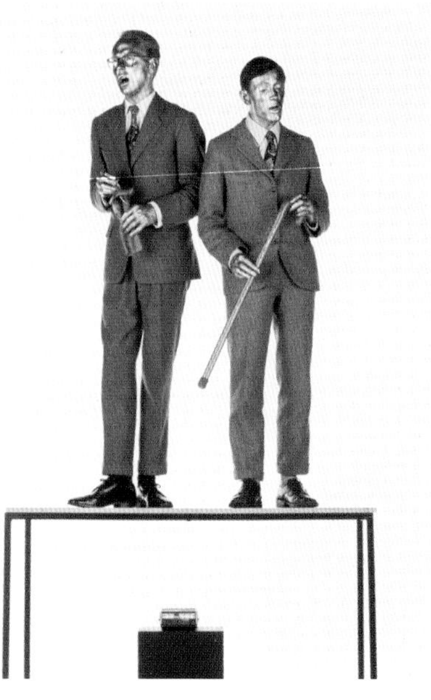

중요한 진전

게르하르트 리히터(1932~), 클래스 올덴버그(1929~), 제프 쿤스(1955~), 길버트(1943~)와 조지(1942~) 같은 포스트모더니즘 작가들은 미술에 대한 기대들에 도전했다. 1971년에 길버트와 조지는 다양한 색의 금속 파우더를 칠한 탁자 위에서 뮤직홀 듀오 버드 플래너건과 체스니 앨런이 1931년에 발표한 노래에 맞춰 춤을 추고 마임을 하는 〈노래하는 조각〉을 선보여 그것에 대한 다층적인 해석들을 야기했다.

〈노래하는 조각〉, 길버트와 조지, 1970, 런던, 영국

색채 p.173 형태와 선 p.174 추상 p.175 사회적 논평 p.184 소비주의 p.185
혼합매체 p.203 산업재료 p.212 사진 p.214

개념미술 Conceptual Art

1960년대

주요 작가: 조셉 코수스 • 마이클 크레이그-마틴 • 펠릭스 곤살레스-토레 • 마틴 크리드 • 질리언 웨어링

확립된 미술전통을 거부했던 개념미술은 1960년대 미국과 유럽에서 등장했고 하나의 응집성이 있는 운동이 아니라 여러 유형의 미술을 포함한다.

개념미술 작가들은 시각적 아름다움과 테크닉은 더 이상 중요하지 않으며 현대미술에서는 전통적인 기술보다 개념이 더 유효하다고 믿었다. 이러한 생각들은 약 50년 전에 출현한 다다에서 유래했고, 진지한 것부터 충격적인 것, 엉뚱한 것에서 재미있는 것까지 다양하다. 개념미술 작가들은 종종 아르테 포베라, 퍼포먼스아트, 비디오아트, 대지미술 등 다른 운동과 연관돼 있다. 그들은 일반적으로 전통적인 재료와 접근방식에 무관심했고, 대개 일시적인 창작을 통해 수집할 가치가 있는 작품 개념을 제거하고자 했다. 수많은 개념미술 작품이 사회에 대해 논평을 하고 관람자를 작품에 참여시킨다. 예를 들어, 페미니스트 작가 제니 홀저의 〈천장의 뱀〉은 매우 다양한 재료를 활용한 거대한 설치작업이다. 이 작품은 천장에 매단 LED 테이프 위에서 움직이는 긴 네온사인으로 구성되어 있다. 거기에 부착된 독일어와 영어 텍스트는 권력, 억압, 두려움 등의 개념을 탐구한다.

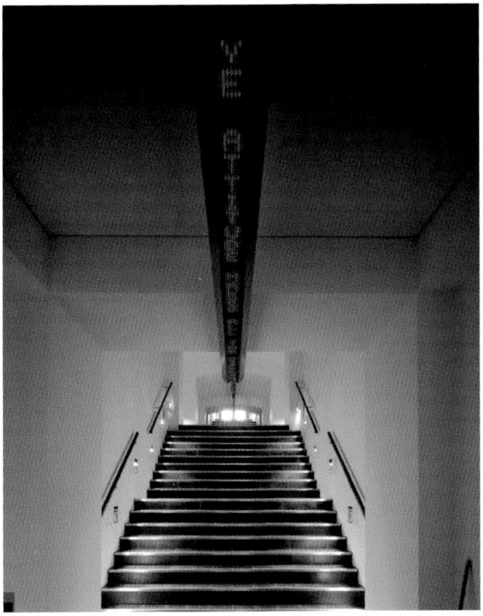

중요한 진전
개념미술은 뒤샹의 레디메이드와 함께 시작되어 마그리트의 작품 〈이미지의 배반〉(1928~1929)과 함께 발전했다. 두 작품은 확립된 미술의 개념에 도전했다. 이러한 접근방식은 1960년대와 1970년대에 더 널리 전파되었고 마침내 개념미술은 하나의 운동으로 발전했지만, 응집성 있는 작가 그룹도 존재하지 않았고 선언도 발표되지 않았으며 정확한 기간도 특정하기 어렵다.

〈천장의 뱀〉, 제니 홀저, 1996, LED 빛 테이프, 전자기기, 금속, 47.6m, 함부르크 미술관, 함부르크, 독일

시간 **p.171** 홀로코스트 **p.182** 사회적 논평 **p.184** 변형 **p.186** 혼합매체 **p.203** 산업재료 **p.212** 사진 **p.214** 비디오아트 **p.215**

퍼포먼스 아트 Performance Art

1960년대

주요 작가: 이브 클랭 • 비토 아콘치 • 요셉 보이스 • 브루스 나우만 • 마리나 아브라모비치 • 아나 멘디에타

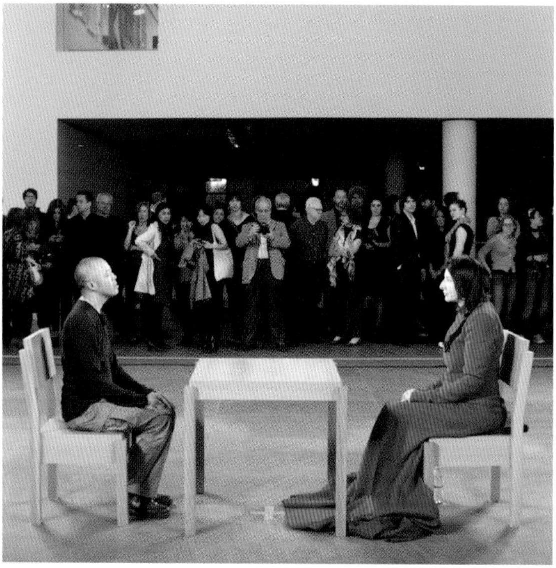

〈작가가 여기 있다〉, 마리나 아브라모비치, 2010, 퍼포먼스, 3개월, 현대미술관, 뉴욕, 미국

중요한 진전

1960년대 이후의 미술은 대개 작가의 개성에 주목했고 행위는 창조의 새로운 유형이 되었다. 마리나 아브라모비치(1946~)는 2010년 인식에 대해 탐구하는 장기간의 퍼포먼스 〈작가가 여기 있다〉를 선보였다. 그녀는 거의 3개월 동안 매일 여덟 시간씩 낯선 사람들과 마주 앉아 서로 시선을 고정했다.

20세기 후반에는 미술이 한계를 넓혀가고 있었고 퍼포먼스는 더 빈번해졌다.

다양한 형태를 포함한 퍼포먼스 아트는 미래주의자의 선언문 낭독에서, 그 다음에는 다다의 터무니없는 예술적 표현들에서, 이후에는 초현실주의자의 종종 황당무계한 각색된 작품들과 함께 등장했다. 1957년 미국에서 네오 다다이스트 앨런 캐프로(1927~2006)는 그의 아트 퍼포먼스를 지칭해 '해프닝(Happenings)'이라는 용어를 사용했다. 이후 퍼포먼스는 다른 작가들에 의해 전 세계에서 채택되었다. 초기 퍼포먼스는 특히 신체에 초점을 맞췄기 때문에 바디 혹은 퍼포먼스 아트라고도 불린다. 자신의 몸을 매체로 쓰는 작가들의 행위는 그 자체로 작품이 되고, 관람자들이 지켜보거나 필름 혹은 비디오로 기록된다. 행위, 활동, 의례나 혹은 반복되는 과제 등을 포함하며 다양한 형태의 엔터테인먼트와 유사한 퍼포먼스 아트는 공격적이고 무의미하거나 도발적일 수 있다. 캐프로의 첫 해프닝 이후, 퍼포먼스 아트는 시각예술이나 사회의 여러 측면에 대해 논평하거나 도전하며 다양한 견해를 표현하는 넓은 범위의 작가들에 의해 해석되었다.

홀로코스트 **p.182** 사회적 논평 **p.184** 소비주의 **p.185** 변형 **p.186** 자아/정체성 **p.187**
젠더 **p.189** 레디메이드 **p.204** 사진 **p.214** 비디오아트 **p.215**

페미니즘 미술 Feminist Art

1960년대

주요 작가: 주디 시카고 • 미리암 샤피로 • 바바라 크루거 • 캐롤리 슈니먼 • 제니 홀저 • 게릴라 걸즈

1960년대 말부터 어떤 여성 작가들은 여성의 삶과 경험에 특별한 관심을 기울였다.

남성 주도적인 미술계에서 여성 작가들을 부각시키려 노력한 페미니즘 미술은 미술사학자 린다 노클린(1931~2017)의 1971년 에세이 「왜 위대한 여성 예술가는 없었는가?」로 확고해졌다. 여성 작가들이 남성과 동일한 위상에 이르지 못하게 하는 요소들을 탐구한 이 에세이는 사회에서 여성에 대한 압박들과 여성과 남성의 차이를 탐구하면서 수많은 개념들을 낳았다. 여성 작가들은 미술에서 여성 누드의 위치와 미술과 사회에 만연한 불평등에 의문을 가졌다. 그들은 관람자에게 변화를 기대하며 문화적 불평등에 이의를 제기하고 불평등과 싸웠고, 여성 작가들을 더 눈에 잘 띄게 하라고 권장하였으며, 여성적인 관점들을 보여주었다. 전통적으로 남성이 지배하는 회화와 조각과 대비시키기 위해, 페미니즘 미술은 직물처럼 역사적으로 여성과 연관되었던 재료, 혹은 퍼포먼스와 비디오 같이 남성들이 거의 사용하지 않았던 매체로 제작된다.

중요한 진전

초기 페미니즘 작가들은 의도적으로 충격을 주거나, 아플리케 같이 전통적으로 여성들의 일이었던 것 혹은 여성들이 사회적 기대들에 순응한 방식들을 활용해 내밀한 여성적 경험들을 탐구했다. 주디 시카고(1939~)는 상징적인 설치작품 〈디너파티〉에서 사회에 오랜 인상을 남긴 위대한 여성 1038명을 기념했다.

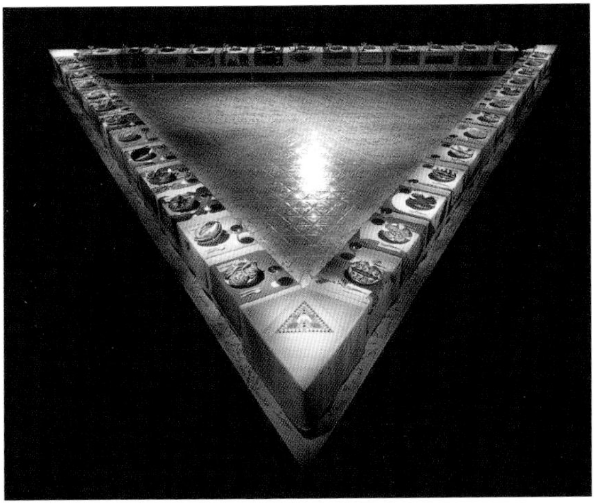

〈디너파티〉, 주디 시카고, 1974~1979, 세라믹, 자기, 직물, 1463×1463cm, 브룩클린 미술관, 뉴욕, 미국

인물 **p.164** 사회적 논평 **p.184** 자아/정체성 **p.187** 젠더 **p.189** 혼합매체 **p.203**
산업재료 **p.212** 사진 **p.214** 비디오아트 **p.215**

미니멀리즘 Minimalism

1960년대

주요 작가: 칼 안드레 • 댄 플래빈 • 도널드 저드 • 솔 르윗 • 아그네스 마틴 • 리처드 세라

절제되고 비감정적인 미니멀리즘은 1950년대 말에 미국에서 발전한 추상미술의 극단적 형태다.

어떤 것도 모방하지 않은 미술 작품을 만들어내겠다고 결심한 미니멀리즘 작가들은 프랑크 스텔라가 1964년에 한 말을 충실히 따랐다. "당신이 보는 것이 당신이 보는 것이다." 미니멀리즘 미술은 상징과 주관성을 피했고, 중고 산업재료에 관심을 가졌으며, 작품을 둘러싼 공간과 재료에 대해 다시 생각해보라고 관람자에게 권하며 가정들을 변화시키고 익숙한 사물과 형태를 새로운 방식으로 제시하는 것을 목표로 삼았다. 일반적으로 미니멀리즘 작가들은 진부하고 아카데믹하다고 믿었던 미술에서 벗어났다. 이들의 생각은 구성주의에서 영감을 받았지만, 추상표현주의에서 허세라고 생각한 것에 대한 반발이기도 했다. 미니멀리즘은 1960년대와 1970년대 뉴욕에서 특히 꽃을 피웠다. 모든 형태의 환영을 폐기하고 개인화가 없었던 미니멀리즘 작가들은 자신들의 작품이 과거의 미술작품보다 더 진실하다고 생각했다. 칼 안드레(1935~), 댄 플래빈(1933~1996), 도널드 저드(1928~1994), 솔 르윗(1928~2007), 아그네스 마틴(1912~2004), 로버트 모리스(1931~), 리처드 세라(1938~) 등이 주요 미니멀리즘 작가다.

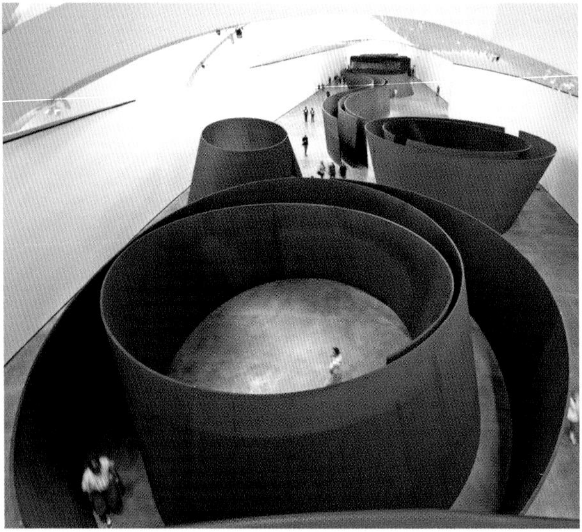

중요한 진전

미니멀리즘 작가들은 표현과 주관성보다 정확성과 규칙성을 강조했다. 이미 생산된 재료를 활용한 마르셀 뒤샹의 레디메이드는 큰 영향을 미쳤다. 리처드 세라는 〈시간의 문제〉를 비롯해 수많은 작품에서 관람자들에게 작품과 공간의 물질성을 고려하라고 촉구하며 거대한 작품의 물질적인 특성을 강조했다.

〈시간의 문제〉, 리처드 세라, 1994~2005, 다양한 크기의 조각 8개, 내후성강의 설치작품, 구겐하임 미술관, 빌바오, 스페인 (작품 152쪽 참조)

자연 p.166 빛 p.170 시간 p.171 형태와 선 p.174 산업화 p.179 사회적 논평 p.184
혼합매체 p.203 레디메이드 p.204 산업재료 p.212

대지미술 Land Art

1960년대

주요 작가: 리처드 세라 • 로버트 스미드슨 • 제임스 터렐 • 앤디 골드스워시 • 리처드 롱

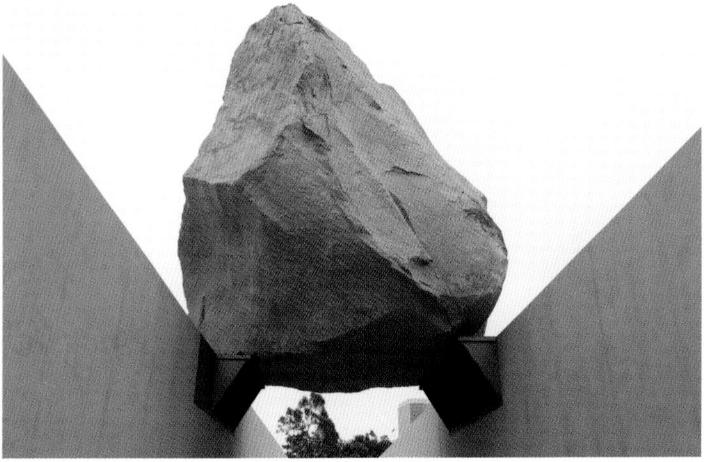

〈공중에 뜬 바위덩어리〉, 마이클 하이저, 2012, 화강암과 콘크리트, 10.7×138.9×6.6cm, 로스앤젤레스 카운티 미술관, 캘리포니아 주, 미국 (작품 158쪽 참조)

어스 아트(Earth Art) 혹은 어스 워크(Earthworks)라고도 불리는 대지미술은 미술에서 재료의 사용을 확장시킨 20세기의 다양한 사조들 가운데 하나다.

대지미술은 개념미술, 미니멀리즘, 아르테 포베라 등에서 발전되었다. 자갈, 나뭇가지, 흙처럼 자연에서 바로 나오는 거의 모든 것이 재료가 될 수 있었고 대부분의 대지미술 작가들은 자연 속에 웅대한 작품을 세웠다. 이 사조는 생태학에 대한 관심, 그리고 과도한 소비주의 및 자본주의에 대한 반감과 동시에 등장했다. 초기 작가들은 월터 드 마리아(1935~), 솔 르윗, 리처드 세라, 로버트 스미드슨(1938~1973), 제임스 터렐(1943~) 등 미국인들이었다. 얼마 후, 다른 작가들도 자연에서의 변형처럼 유사한 개념을 탐구하기 시작했다. 대표작가로는 영국의 앤디 골드스워시(1956~)와 리처드 롱(1945~) 등이 있다.

대부분의 대지미술은 그 특성으로 인해 원래 설치된 장소에 남아있어야 하며, 시간이 지나면서 대개 침식되거나 변형된다. 그래서 작가들은 때로 사진을 찍고 지도를 제작하며 현장에서 작품을 기록한다. 어떤 작가들은 미술관으로 다시 가져온 요소들을 전시하며, 이 모두가 작품의 일부가 된다.

중요한 진전

미술의 상업화를 거부하고 환경에 관심을 가졌던 대지미술 작가들은 도시화와 산업화로 인한 시골의 파괴에 대한 그들의 감정에 대해 깊이 생각했고, 그들의 작품은 종종 웅장하다. 예를 들어 2012년에 마이클 하이저는 340톤 바위를 콘크리트 전시대 위에 놓은 〈공중에 뜬 바위덩어리〉를 제작했다.

자연 **p.166** 시간 **p.171** 형태와 선 **p.174** 추상 **p.175** 기억 **p.176** 혼합매체 **p.203**
레디메이드 **p.204** 사진 **p.214** 비디오아트 **p.215**

거리미술 Street Art

1968

주요 작가: 뱅크시 • 키스 해링 • 바바라 크루거 • 장-미셸 바스키아 • 고든 마타 클락 • 제니 홀저

공공장소에서 창조되고 그래피티와 게릴라 아트와 연관이 있는 거리미술은 수많은 양식, 재료, 기법을 아우른다.

때로 '포스트-그래피티(post-graffiti)'와 '네오-그래피티(neo-graffiti)'라고도 불리는 거리미술은 스프레이 페인트, 분필, 스텐실, 모자이크 타일 등의 재료로 제작하고, 윗페이스트(wheatpaste, 포스터를 부착할 때 사용되는 물과 밀가루 풀), 얀 바밍(yarn bombing, 형형색색의 뜨개실이나 코바늘로 뜬 실을 보여주는 것), 우드블록킹(woodblocking, 합판이나 유사한 저렴한 재료의 작은 부분에 그린 작품으로 볼트로 도로표지판에 부착한 것), 설치, 때로 비디오나 LED 영상 등을 포함한다.

1960년대에 시작되고 1980년대에 황금기를 맞이한 거리미술은 대개 전통적인 미술관이 아니라 허가받지 않은 장소에서 출현했다. 많은 성공한 작가들, 예를 들어 고든 마타 클락(1943~1978), 제니 홀저(1950~), 장-미셸 바스키아(1960~1988), 키스 해링(1958~1990), 뱅크시(1974~), 바바라 크루거(1945~) 등이 거리미술 작가로 이력을 시작했다. 거리미술 작가들은 대개 자신이 속한 사회에 관해 공적인 발언을 한다. 어떤 이들은 이슈들에 관심을 모으기 위해 '스마트 반달리즘'을 사용하고, 또 다른 이들은 공공장소에서 불법으로 작품을 창조하는 것을 즐긴다. 이 사조의 반(反)미술관적 사고방식은 미래주의의 개념을 연상시킨다.

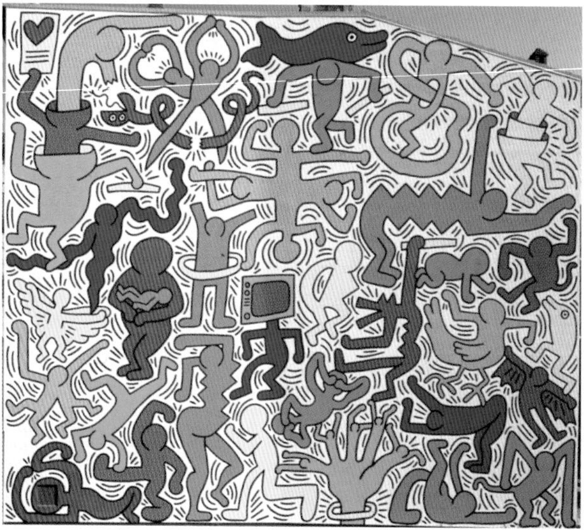

중요한 진전
소유주의 허락 없이 공공장소에서 창조되는 것은 거리미술의 본질적인 특성이다. 그러나 키스 해링 같은 작가를 통해 거리미술의 모티프들은 점차 주류 미술로 통합되었다. 거리미술은 대중들에게 받아들여졌고 광고에서도 사용된다.

〈무제〉, 키스 해링, 1982, 종이에 수미잉크, 271.8×406.4cm, 글래드스톤 갤러리, 뉴욕, 미국

역동주의 **p.172** 색채 **p.173** 형태와 선 **p.174** 추상 **p.175** 도시환경 **p.180** 사회적 논평 **p.184**
드로잉 **p.192** 혼합매체 **p.203** 스프레이 페인트 **p.213**

신표현주의 Neo-Expressionism

1970년대 – 1990년대

주요 작가: 필립 거스톤 • 쥘리앙 슈나벨 • 장-미셸 바스키아 • 파울라 레고 • 안젤름 키퍼 • 게오르크 바젤리츠

표현주의와 추상표현주의의 표현성이 되살아났던 1970년대 말에 많은 작가들 사이에서 미니멀리즘과 개념미술에 반대하는 한 경향이 나타났다.

1980년대 초까지 독일, 미국, 프랑스, 이탈리아, 영국 등지에서 동시에 꽃핀 이러한 접근방식은 신표현주의라고 불리게 되었다. 어떤 면에서 신조형주의와 미니멀리즘처럼 절제된 양식들에 대한 반응이며 포스트모더니즘의 한 예로 이해되었다. 신표현주의는 하나의 그룹이나 일관성 있는 사조가 아니었고 대개 왜곡이나 혹은 에너지 넘치는 붓질로 강렬한 감정을 전달한다. 까다로운 추상개념에서 멀어진 신표현주의는 직관적이고, 종종 회화적이었다. 게오르크 바젤리츠(1938~)와 안젤름 키퍼(1945~)의 그림은 감정적으로 고조된 이러한 접근방식에 큰 영향을 미쳤는데, 특히 신표현주의자라고 불렸던 화가들 사이에서 그러했다. 여기에는 미국의 필립 거스턴(1913~1980), 장-미셸 바스키아와 쥘리앙 슈나벨(1951~), 영국의 파울라 레고(1935~)와 크리스토퍼 르 브룅(1951~) 등이 포함돼 있다. 이와 유사한 표현주의적이고 구상적인 사조들이 여기저기서 등장했는데, 이들은 독일에서 새로운 야만인들(neue wilden, 신야수파), 이탈리아에서 트란사반과르디아(Transavanguardia, 아방가르드를 넘어서), 프랑스에서 피귀라시옹 리브르(Figuration Libre, 자유로운 형상)로 불렸다.

중요한 진전

게오르크 바젤리츠는 종종 주제보다 물감 자체가 더 중요하다는 개념을 표현하는, 감정이 담긴 거대한 구상회화를 통해 그의 개인적인 감정들을 상징적으로 표현함으로써 신표현주의자로 알려졌던 많은 화가들에게 영감을 주었다. 1969년에 바젤리츠는 현대미술의 대표 양식을 발전시켰다. 그는 주제를 거꾸로 그린 그림들을 내놓기 시작했다.

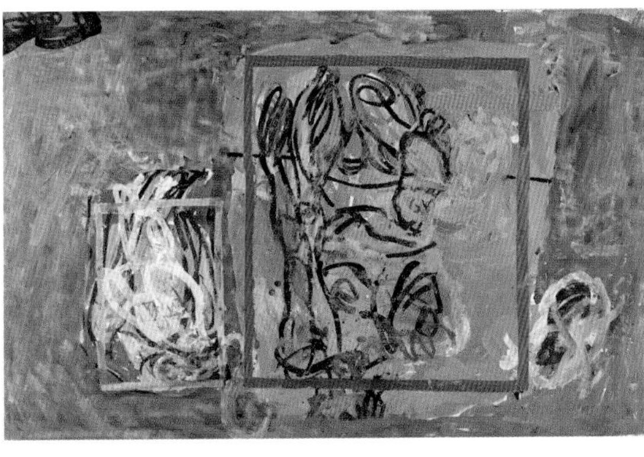

〈그림 36〉, 게오르크 바젤리츠, 1995, 캔버스에 유채물감, 290×450cm, 함부르크 미술관, 함부르크, 독일

인물 **p.164** 자연 **p.166** 홀로코스트 **p.182** 사회적 논평 **p.184** 자아/정체성 **p.187** 캔버스에 유채물감 **p.194** 임파스토 **p.195** 구아슈 **p.206** 아크릴 **p.211**

런던 화파 School of London

1970년대

주요 작가: 프란시스 베이컨 • 루시안 프로이트 • 레온 코소프 • 프랑크 아우어바흐 • 데이비드 호크니 • 하워드 호지킨

1976년 R.B.기타이(1932~2007)는 런던의 헤이워드 갤러리에서 기획한 「인간 찰흙」전에 전시한 작가들을 지칭하기 위해 '런던 화파'라는 명칭을 고안했다.

기타이는 전시회 도록에서 그가 한데 모은 화가들을 가리키는 말로 이 용어를 사용했고, 서로 어울렸던 화가들이 이러한 이름표를 싫어했음에도 불구하고 런던 화파라는 이름은 굳어졌다. 기타이 본인과 프랑크 아우어바흐(1931~), 프란시스 베이컨(1909~1992), 루시안 프로이트(1922~2011), 레온 코소프(1922~), 하워드 호지킨(1932~2017), 유언 어글로우(1932~2000), 데이비드 호크니(1937~) 등이 여기에 포함된다. 양식과 접근방식이 다양함에도 불구하고, 대다수 아방가르드 운동이 회화를 피하고 추상을 추구하던 1950년대부터, 이들은 구상회화의 형태를 추구했다. 이들은 대체로 친구와 친척, 혹은 사진, 신문, 영화, 책, 잡지 같은 2차 자료나 직접 목격한 런던 거리들을 그렸다. 제2차 세계대전 이후 시간이 흘렀지만 여전히 복구 중에 있었던 런던은 그들에게 큰 기회를 제공했다.

중요한 진전

런던 화파의 대다수 작가들은 초기에 평단의 인정을 받았고, 현대미술이 추상과 개념미술적인 개념에 집중되어 있었기 때문에 더 오래 대중들의 인정을 받았다. 초현실주의에 영감을 주었던 지그문트 프로이트의 손자였던 루시안은 부드러운 물감과 윤곽선으로 그렸지만 나중에는 더 표현적인 작품을 선보였다.

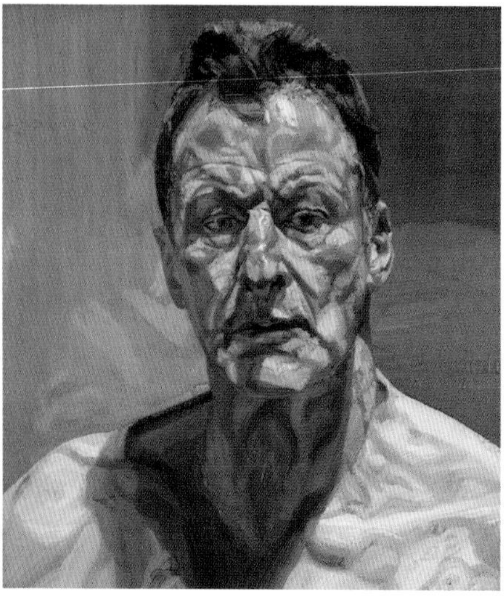

〈상념(자화상)〉, 루시안 프로이트, 1985, 캔버스에 유채물감, 56.2×51.2cm, 개인소장 (작품 148쪽 참조)

인물 **p.164** 자연 **p.166** 초상 **p.168** 도시 환경 **p.180** 캔버스에 유채물감 **p.194** 혼합매체 **p.203** 산업재료 **p.212** 사진 **p.214**

영 브리티시 아티스트
Young British Artists

1980년대 – 1990년대

주요 작가: 데미언 허스트 • 트레이시 에민 • 게리 흄 • 사라 루카스 • 아냐 갈라치오 • 코르넬리아 파커

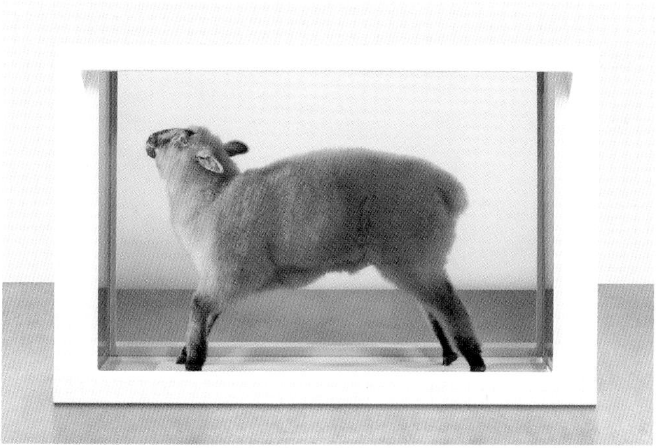

〈양 떼로부터 떨어져서〉, 데미언 허스트, 1994, 유리, 채색 강철, 실리콘, 아크릴, 플라스틱, 양과 포름알데히드 용액, 3/3 에디션, 96×149×51cm, 테이트/스코틀랜드 내셔널 갤러리, 런던/에든버러, 영국 (작품 150쪽 참조)

1988년에 영국의 일군의 개념미술 화가들, 그중 다수는 골드스미스 대학 동창이었고, 이들은 「프리즈」전을 개최했다.

색다른 재료와 제작과정, 세상을 놀라게 한 주제, 기교의 명백한 부재로 인해, 이들의 작품은 열띤 논쟁의 대상이 되었다. 이들은 영 브리티시 아티스트 혹은 YBAs이라는 별칭으로 불렸다. 1990년대에 미술 수집가 찰스 사치(1943~)와 왕립아카데미는 도발적인 전시회를 개최했는데, 이 전시회가 그들에게 명성을 가져다주었다. '브릿 아트'로도 불리는 YBAs는 고의적으로 충격을 준 것 외에도, 작품을 전시하고 마케팅하며 사업가적으로 접근했다. 이들은 순수미술 재료를 거부하고 고급문화와 저급문화의 구분을 없애는 포스트모더니즘적 접근방식을 따르며 용인된 미술개념들에 도전했고, 화가들은 종종 삶의 불편한 측면들에 대해 고찰 — 혹은 재고찰 — 했다. YBAs는 팝아트, 특히 앤디 워홀, 다다의 충격적인 접근방식, 그리고 뒤샹의 레디메이드, 그리고 그들 중 여러 명을 가르치면서 새로운 창조성의 형태들을 권장했던 마이클 크레이그-마틴(1941~)에게 영향을 받았다.

중요한 진전

브릿 아트의 강력한 마케팅적 측면은 대중을 분노하게 했던 런던 왕립아카데미의 1997년 YBAs의 전시회 「센세이션」에서 최고조에 달했다. 대부분의 브릿 아트는 개념적이고 충격을 주기로 작정했다. 예를 들어 투명한 탱크에 보존된 허스트의 죽은 양은 죽음을 피할 수 없음을 보여준다.

사회적 논평 **p.184** 자아/정체성 **p.187** 젠더 **p.189** 드로잉 **p.192** 혼합매체 **p.203**
레디메이드 **p.204** 산업재료 **p.212** 사진 **p.214**

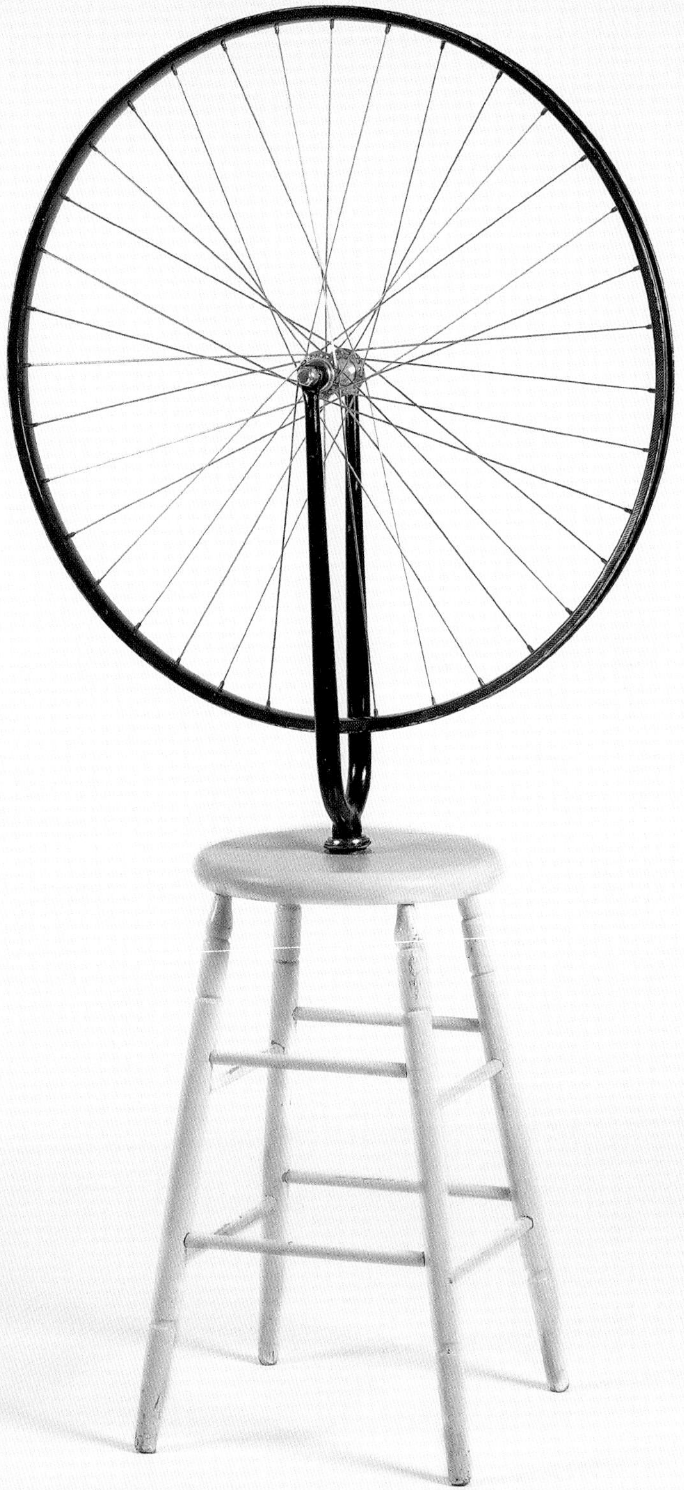

The Works
작품

화가의 작업실 귀스타브 쿠르베 54 • **생라자르 역** 클로드 모네 56 • **생각하는 사람** 오귀스트 로댕 58 • **폴리베르제르 바** 에두아르 마네 60 • **반 고흐의 초상** 앙리 드 툴루즈-로트렉 62 • **사이프러스가 있는 밀밭** 빈센트 반 고흐 64 • **저녁의 고요** 폴 시냑 68 • **열대 폭풍우 속 호랑이(놀래라!)** 앙리 루소 70 • **아레아레아** 폴 고갱 72 • **카드놀이 하는 사람들** 폴 세잔 74 • **마돈나** 에드바르트 뭉크 76 • **굽은 길(레스타크)** 앙드레 드랭 78 • **아델레 블로흐-바우어의 초상 I** 구스타프 클림트 80 • **아비뇽의 아가씨들** 파블로 피카소 84 • **마드모아젤 포가니** 콘스탄틴 브랑쿠시 86 • **자전거 바퀴** 마르셀 뒤샹 88 • **베를린 거리 풍경** 에른스트 루트비히 키르히너 90 • **일렉트릭 프리즘** 소니아 들로네-테르크 92 • **사랑 노래** 조르조 데 키리코 94 • **작전 중인 무장열차** 지노 세베리니 96 • **검은 사각형** 카지미르 말레비치 98 • **제3인터내셔널 기념비** 블라디미르 타틀린 100 • **경작된 밭** 호안 미로 102 • **밝은 타원** 바실리 칸딘스키 104 • **셀프서비스 식당** 에드워드 호퍼 106 • **이미지의 배반(이것은 파이프가 아니다)** 르네 마그리트 110 • **잭인더풀핏 4번** 조지아 오키프 112 • **흰색, 붉은색, 노란색의 구성** 피트 몬드리안 114 • **가시목걸이와 벌새가 있는 자화상** 프리다 칼로 116 • **펠라고스** 바바라 헵워스 118 • **연금술** 잭슨 폴록 120 • **생명의 나무** 앙리 마티스 122 • **무엇이 오늘날의 가정을 이토록 색다르고 매력적으로 만드는가?** 리처드 해밀턴 124 • **1957, #20** 마크 로스코 126 • **세 개의 깃발** 재스퍼 존스 128 • **공간 개념 '기다림'** 루치오 폰타나 130 • **캠벨 수프 캔** 앤디 워홀 132 • **셔틀 II** 브리짓 라일리 136 • **무제(말 12마리)** 야니스 쿠넬리스 138 • **피가 흐르는 자화상** 아나 멘디에타 140 • **TV 첼로** 백남준 142 • **무제(검은 해골)** 장-미셸 바스키아 144 • **세 개의 공 50/50 탱크(두 개의 스폴딩 J 실버 박사 시리즈, 윌슨 슈퍼샷)** 제프 쿤스 146 • **상념(자화상)** 루시안 프로이트 148 • **양 떼로부터 떨어져서** 데미안 허스트 150 • **시간의 문제** 리처드 세라 152 • **마망** 루이즈 부르주아 154 • **방콕 VI** 안드레아스 거스키 156 • **공중에 뜬 바위덩어리** 마이클 하이저 158 • **호박에 대한 나의 영원한 사랑** 쿠사마 야요이 160

화가의 작업실, 나의 7년간의 예술적, 도덕적 삶을 요약하는 실제 알레고리

1854
–
1855

The Artist's Studio, a Real Allegory Summing up Seven Years of my Artistic and Moral Life

귀스타브 쿠르베: 캔버스에 유채물감 • 361×598cm • 오르세 미술관, 파리, 프랑스

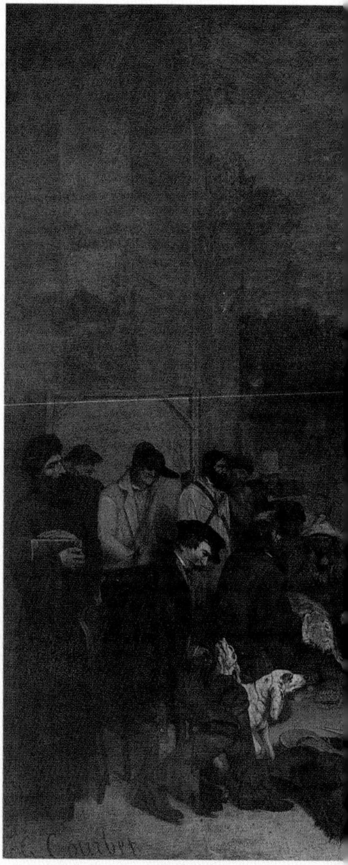

이 거대한 작품은 귀스타브 쿠르베(1819~1877)의 인생의 알레고리(은유)다.

그림 오른편에 있는 철학자 피에르-조제프 프루동(1809~1865), 시인이자 소설가, 번역가인 막스 뷔숑, 미술 비평가이자 사실주의 옹호자 샹플레리(필명 쥘 플뢰리-위송, 1821~1889), 시인 샤를 보들레르(1821~1867) 등은 쿠르베의 친구들이자 그의 미술을 지지하는 사람들이다. '일상의 삶'을 보여주는 왼편에는 나무꾼, 유대인, 사제, 거지 소녀를 포함한 사람들이 있다. 그림의 중앙은 쿠르베가 그리는 풍경화와 누드모델, 그리고 쿠르베가 차지하고 있다. 미술의 전통적인 요소인 누드모델은 진실을 상징하고 소년은 정직함과 순수성을 나타내며 고양이는 자유나 독립성의 상징으로 종종 간주된다. 그림 왼쪽에 보이는 신문 『주르날 데 데바』 위에는 해골이 놓여 있는데, 이는 아카데미 미술의 사멸을 상징한다. 개들에게 둘러싸인 밀렵꾼은 나폴레옹 3세를 나타낸다. 자신이 저항했던 공식 미술아카데미와 나폴레옹 3세의 정부를 은밀히 비꼬고 있다. 쿠르베는 전통을 거부하고 과거에 물감을 섞을 때만 썼던 팔레트나이프와 붓으로 바른 임파스토 기법을 활용했다. 작업실 뒷벽의 붉그스름한 색은 그가 모사하기 시작한 다른 작품들을 부분적으로 덮은 것이다. 그것들은 여전히 희미하게 보인다.

사실주의 p.12

귀스타브 쿠르베

쿠르베는 법학공부를 포기하고 미술에 몰두했다. 아카데미의 화법을 거부했음에도 매년 열리는 공식적인 살롱전에 작품을 제출했으며 거의 매번 탈락의 고배를 마셨다. 일평생 노동계급을 옹호했던 쿠르베는 1871년에 그림을 잠시 중단하고 혁명정부 코뮌에 가담했다. 파리코뮌이 무너진 후, 그는 6개월간 투옥되었다.

다른 주요 작품

〈오르낭의 매장〉, 1849, 오르세 미술관, 파리, 프랑스

〈안녕하세요 쿠르베 씨〉, 1854, 파브르 미술관, 몽펠리에, 프랑스

〈파도〉, 1869, 리옹미술관, 리옹, 프랑스

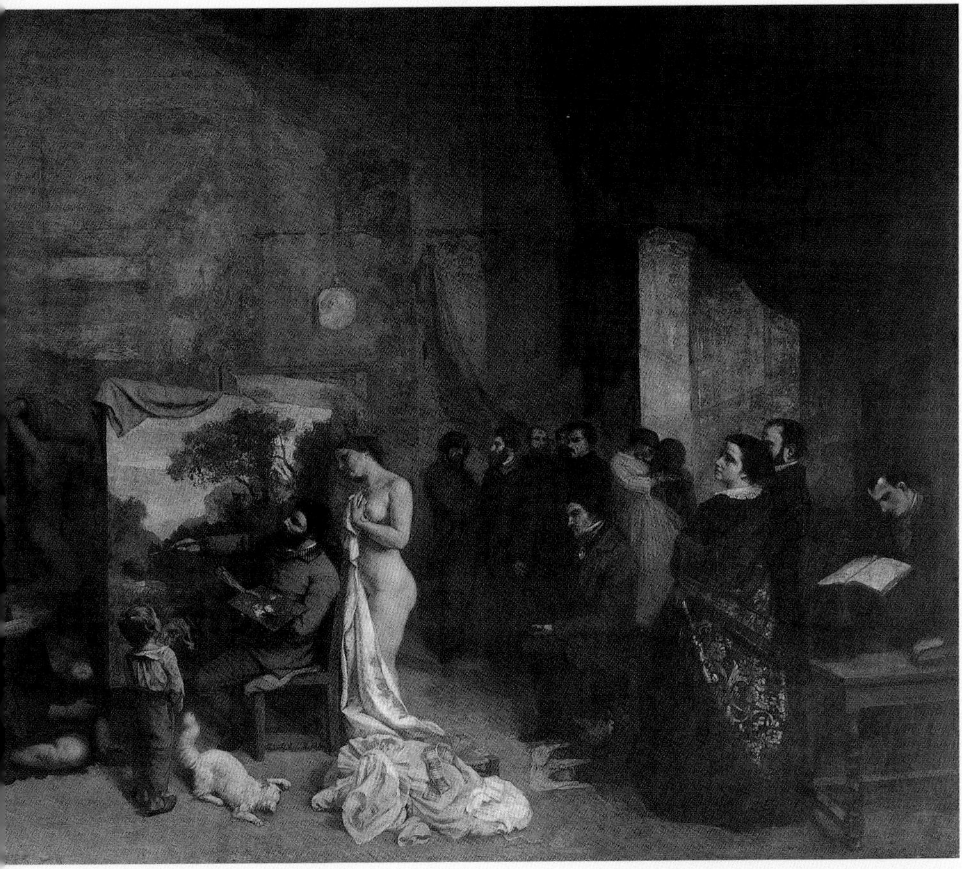

→ 인물 **p.164** 동물 **p.165** 자연 **p.166** 풍경 **p.167** 빛 **p.170** 캔버스에 유채물감 **p.194** 임파스토 **p.195**

생라자르 역 La Gare Saint-Lazare

1877

클로드 모네: 캔버스에 유채물감 • 75×104cm • 오르세 미술관, 파리, 프랑스

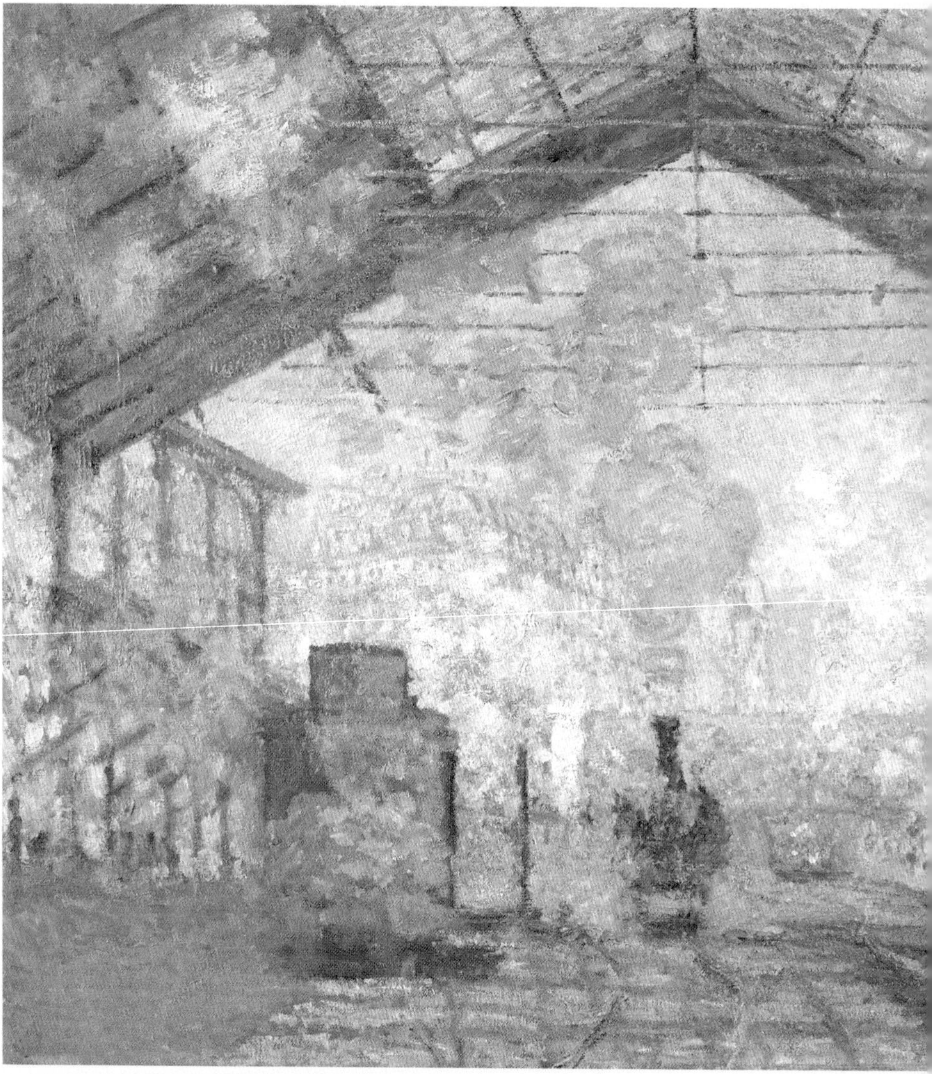

인상주의 p.13

1877년 1월, 클로드 모네(1840~1926)는 파리 생라자르 역 근처에 작업실을 임대했다. 그해 4월에 열린 제3회 인상주의 전시회에 생라자르 역을 그린 그림 7점을 출품했다.

모네가 그린 기차역 그림은 모두 합쳐 12점이다. 6년 전, 그는 처음으로 런던을 방문했고, 그곳에서 J.M.W 터너(1775~1851)의 그림들, 특히 신문물이던 철도를 그린 최초의 그림 중 하나였던 〈비, 증기, 속도〉(1844)에 깊은 인상을 받았다. 근대성의 상징인 철도는 사회를 변화시키고 있었지만 사람들은 철도가 그림에 적합한 주제라고 생각하지 않았다. 그럼에도 불구하고 모네는 이 주제를 선택했는데, 그것은 빛과 색채와 함께 철도의 근대성 때문이었다. 모네는 역사에 이젤을 세울 수 있도록 허가를 받고, 거대한 유리와 철로 된 지붕이 대칭적으로 뻗은 구도가 되도록 자신의 위치를 잡았다. 그는 증기와 연기, 기차와 플랫폼의 승객들을 재빠른 붓질로 포착하고, 생라자르 역의 내부와 외부를 마치 풍경처럼 처리했다. 푸른색, 분홍색, 연보라색, 노란색, 흰색으로 그려진 햇빛이 자욱하게 피어오른 증기를 통과해 쏟아지고 있고, 그림 전체에 리드미컬한 패턴으로 칠한 두꺼운 물감과 색채 덩어리들은 대기 중의 수증기에 굴절된 빛의 효과를 만들어낸다.

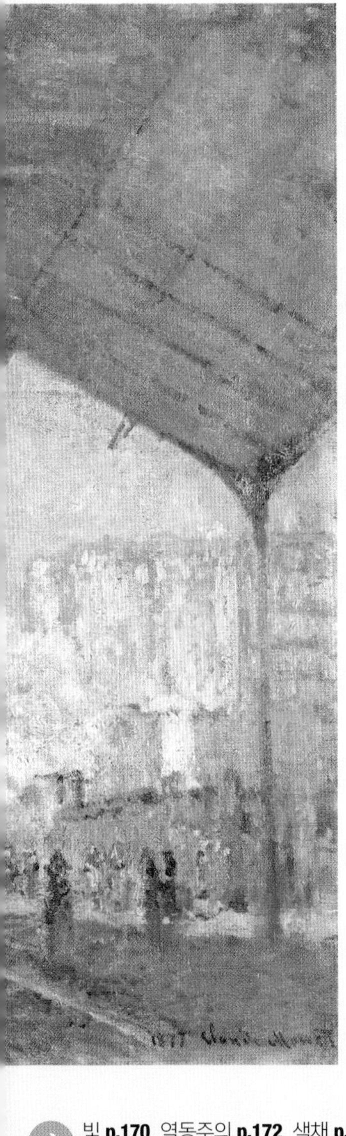

다른 주요 작품

〈웨스트민스터 사원 아래로 흐르는 템스 강〉, 1871, 내셔널갤러리, 런던, 영국

〈카퓌신 거리〉, 1873, 넬슨-앳킨스 미술관, 캔자스시티, 미국

〈루앙 대성당: 해질녘의 성당 정문〉, 1894, 보스턴 미술관, 미국

클로드 모네

인상주의의 창시자이자 선도자인 모네는 인상주의 철학에 충실하게 평생에 걸쳐 빛과 대기를 그렸다. 그는 야외로 나가 모티프를 앞에 두고, 밝은 색채와 작은 붓 자국으로 그림을 그렸다. 동일한 주제를 다양한 시간대에 관찰해 화폭에 담은 연작과 말년에 그린 거대한 〈수련〉 연작은 특히 획기적인 작품이다.

빛 **p.170** 역동주의 **p.172** 색채 **p.173** 산업화 **p.179** 도시환경 **p.180** 캔버스에 유채물감 **p.194** 임파스토 **p.195**

생각하는 사람 The Thinker

1880 – 1901

오귀스트 로댕: 모형 1880 • 주조 1901 • 청동 • 71.5×36.4×59.5cm • 국립미술관, 워싱턴 DC, 미국

다른 주요 작품

〈청동시대〉, 1876, 메트로폴리탄 미술관, 뉴욕, 미국

〈입맞춤〉, 1882, 루브르 미술관, 파리, 프랑스

〈칼레의 시민들〉, 1889, 무명용사의 광장, 칼레, 프랑스

오귀스트 로댕(1840~1917)의 〈생각하는 사람〉은 원래 파리 장식미술관 청동문의 일부로 구상되었다. 이 청동문의 전체는 이탈리아 시인 단테 알리기에리(1265~1321)의 '지옥의 문'을 묘사하는 것으로 기획되었다.

청동문의 아이디어는 단테의 서사시 『신곡』의 지옥편에서 나왔으나 로댕 생전에 청동문은 제작되지 않았다. 청동문 꼭대기의 상인방(건축물에서 입구 위에 수평으로 가로질러 놓인 석재)에 놓일 예정이었던 인물은 '시인'으로 불렸고, 많은 이들이 그를 지옥의 문에서 자신의 시에 관해 생각하는 단테라고 믿었다. 바위에 앉아 생각에 빠진 듯이 한 손으로 턱을 괸, 실물 크기가 넘는 누드 남성은 종종 철학을 상징한다고 언급되어 왔으나, 후에 로댕은 역사 속 모든 창조자를 구현하기 위해 확대된 버전을 별도로 제작하기로 결정했다. 로댕은 이 조각상을 1880년대 말에 전시하기 시작했다. 이 조각상은 때로는 '시인', 때로는 '시인/생각하는 사람'으로 불렸고, 1896년 즈음에 그냥 '생각하는 사람'이 되었다. 이 자세는 1526~1531년에 미켈란젤로(1475~1564)가 만든 로렌초 데 메디치 조각상에서 영감을 받은 것이다. 로댕은 "나의 〈생각하는 사람〉을 생각하는 사람으로 만드는 것은 무엇인가. 그의 머리, 찌푸린 눈썹, 벌어진 콧구멍, 굳게 다문 입술만이 아니라, 팔과 등과 다리의 모든 근육, 꽉 쥔 주먹, 오므린 발가락도 그가 생각하고 있음을 보여준다"라고 설명했다.

오귀스트 로댕

자연에 충실한 것이 미의 원천이라고 믿었던 로댕은 청동과 대리석으로, 종종 움직일 것 같은 느낌을 자아내는, 실물과 꼭 닮은 인물을 조각할 수 있는 독보적인 능력이 있었다. 이는 당시에 일반적이었던 이상적인 구상 조각 전통과 달랐다. 로댕은 성공과 논란으로 유명해지기 전에 장식 조각가로 수년간 일했고, 후에 현대 조각의 아버지로 인정받게 되었다.

인상주의 **p.13**

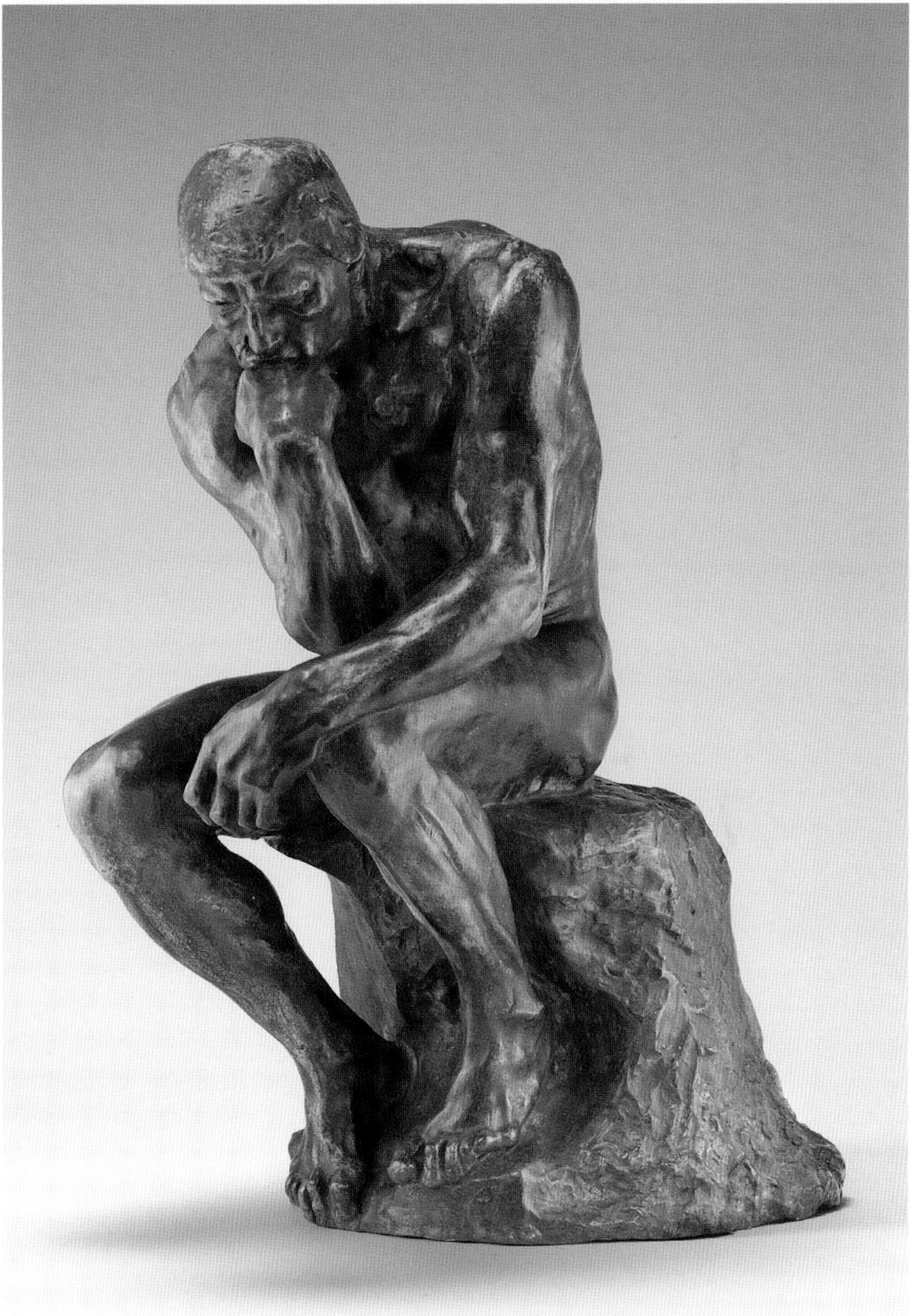

인물 **p.164** 자연 **p.166** 역동주의 **p.172** 형태와 선 **p.174** 청동 주조 **p.193** 돌조각 **p.200**

폴리베르제르 바

Bar at the Folies-Bergère

1882

에두아르 마네: 캔버스에 유채물감 • 96×130cm • 코톨드 갤러리, 런던, 영국

1882년 파리 살롱전에 전시된 이 떠들썩한 그림은 프랑스 화가 에두아르 마네(1832~1883)의 말년의 주요 작품이다.

폴리베르제르 바는 1869년 파리에 문을 연 유명한 카페 콩세르 홀이었다. 마네는 현장에서 예비 스케치를 했고 작업실에서 그림을 완성했다. 말발굽 모양의 홀에는 기둥들이 지탱하는 발코니가 있었고, 그 뒤에는 바와 함께 통로가 있었다. 마네는 이곳의 바텐더 쉬종에게 작업실에 설치한 모형 바에서 포즈를 취해달라는 부탁을 했다. 그림 속 쉬종은 거울 앞에 서서 톱햇(연미복과 함께 착용하는 남성용 모자)을 쓴 고객 쪽으로 몸을 기울이고 있다. 관람자들은 거울 속에서 이 남성과 쉬종의 뒷모습을 볼 수 있다. 마네는 모호한 느낌을 내기 위해 의도적으로 부정확한 시점들을 이용했다. 그는 비교적 새로운 기술이었던 사진술을 이용해 전경은 또렷하게 그렸지만 배경은 불분명하게 처리하고 가장자리의 인물의 일부분을 잘라냈다. 특유의 스케치풍의 붓질로 빛과 색채, 질감이 능숙하게 표현된 상세한 정물과, 인간미 — 시끄럽고 북적거리는 바에서 초연한 쉬종 — 가 가미된 '분주한 파노라마'를 창조했다.

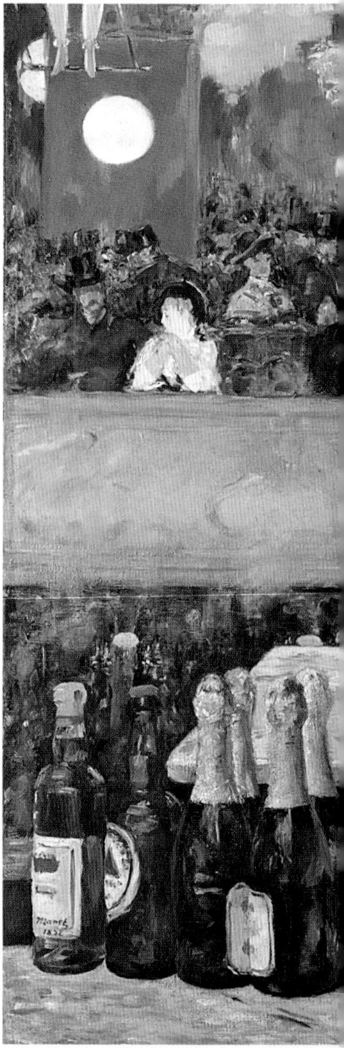

에두아르 마네

'현대적인 삶의 화가'로 자주 표현되는 마네는 17세기 스페인 회화의 영향과 사실주의 주제와 방식을 혼합함으로써 역사적인 전통과 당대의 현실을 통합했다고 믿었다. 그는 엉성하게 칠한 엷은 물감으로 당대 프랑스인의 삶의 모습을 담아냈고, 첫눈에 인식되는 것을 묘사하려고 하며 2차원적인 외관을 만들어냈다. 그의 작품은 처음에 큰 물의를 일으켰지만 시간이 흐르며 엄청난 영향력을 갖게 되었다.

사실주의 p.12 인상주의 p.13

다른 주요 작품

〈풀밭 위의 점심식사〉, 1862~1863, 오르세 미술관, 파리, 프랑스

〈올랭피아〉, 1863, 오르세 미술관, 파리, 프랑스

〈막시밀리안 황제의 처형〉, 1867~1869, 만하임 미술관, 만하임, 독일

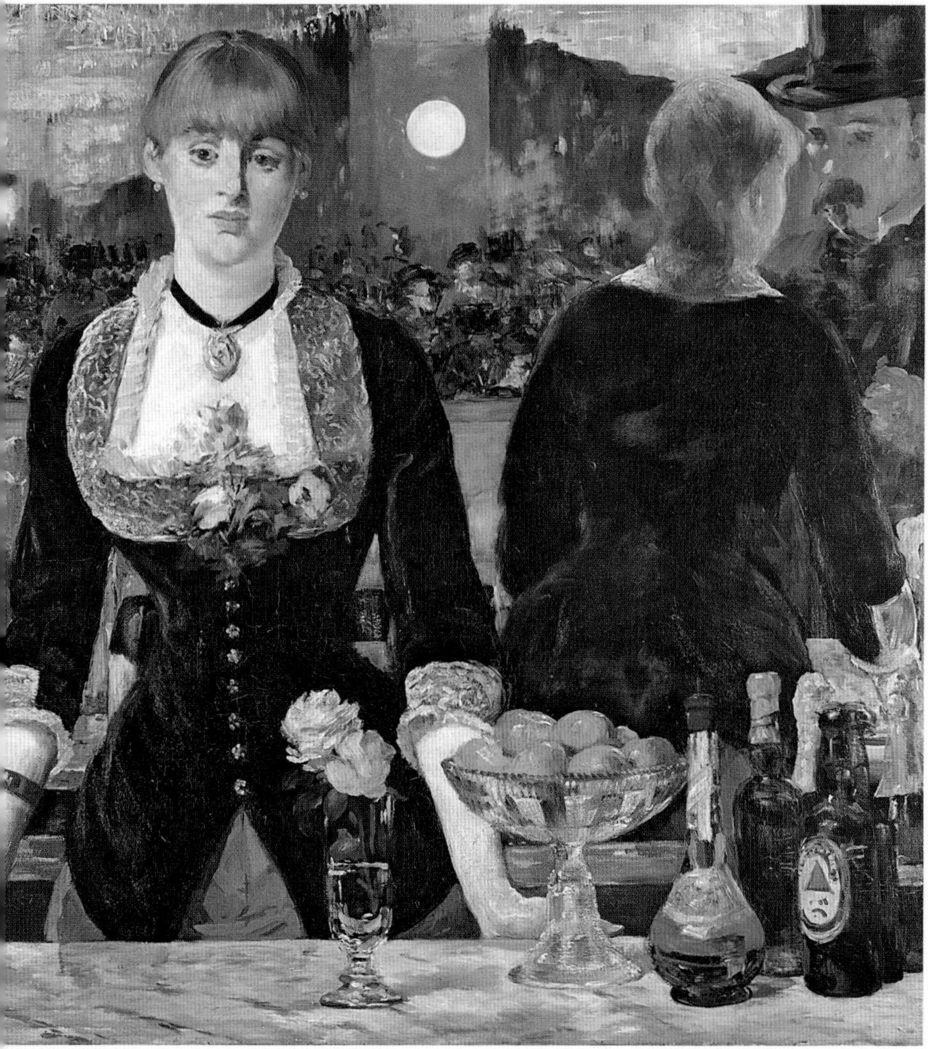

→ 인물 **p.164** 정물 **p.169** 빛 **p.170** 색채 **p.173** 사회적 논평 **p.184** 캔버스에 유채물감 **p.194**

반 고흐의 초상 Portrait of Van Gogh

1887

앙리 드 툴루즈-로트렉: 마분지에 파스텔 • 57×46cm • 반 고흐 미술관, 암스테르담, 네덜란드

다른 주요 작품

〈물랭루즈에서, 춤〉, 1890, 필라델피아 미술관, 펜실베이니아 주, 미국

〈물랭루즈: 라 굴뤼〉, 1891, 인디애나폴리스 미술관, 인디애나 주, 미국

〈물랭루즈에서〉, 1892, 시카고 아트 인스티튜트, 일리노이 주, 미국

이 파스텔화는 앙리 드 툴루즈-로트렉(1864~1901)이 스물세 살이었을 때 그린 서른네 살의 친구 빈센트 반 고흐의 초상화다.

1888년 파리에 살고 있던 반 고흐는 매일 몽마르트르의 바에서 하루를 마무리하며 "압생트와 브랜디를 연달아 마셨다." 나중에 파리를 떠나 아를로 갔을 때 자신이 "거의 알코올중독자"였다고 회상했다. 로트렉도 바에서 많은 시간을 보냈기 때문에 탁자에 앉아 압생트 잔을 들고 있는 친구를 그릴 수 있는 기회가 많았다. 로트렉은 파리의 페르낭 코르몽의 작업실에서 반 고흐를 만났다. 가벼운 터치와 색채의 층들을 활용한 이 작품은 로트렉 초기의 인상주의 양식의 예다.

로트렉은 학생시절에 루브르 박물관에서 과거 대가들의 작품을 모사하고 사생을 하며 많은 시간을 보냈고, 1886년 제8회, 마지막 인상주의 전시회에서 에드가 드가(1834~1917)가 출품한 일군의 파스텔화에 특히 감동을 받았다. 로트렉은 빠르게 겹겹이 칠한 붓질과 느슨하고 거친 색채의 망으로 그의 파스텔화를 신속하게 완성했다. 그는 반 고흐의 얼굴에 반사된 인공적인 빛과 그의 우울한 성격의 본질을 모두 포착했다.

앙리 드 툴루즈-로트렉

툴루즈-로트렉은 귀족의 후손으로 태어났다. 십대였을 때 다리가 부러졌고 그 후에 선천적인 건강상태 때문에 다리의 성장이 멈췄다. 하지만 몸은 계속 성장했고 그 결과 머리가 비정상적으로 커 보이고 보행에도 어려움을 겪게 되었다. 그는 파리의 보헤미안 구역이었던 몽마르트르에 살면서 몽마르트르의 카페, 카바레, 나이트클럽에서 유명 화가가 되었다. 유려하게 디자인된 포스터와 그림을 제작했던 로트렉은 일본 디자인에 영향을 받았다.

후기인상주의 p.14

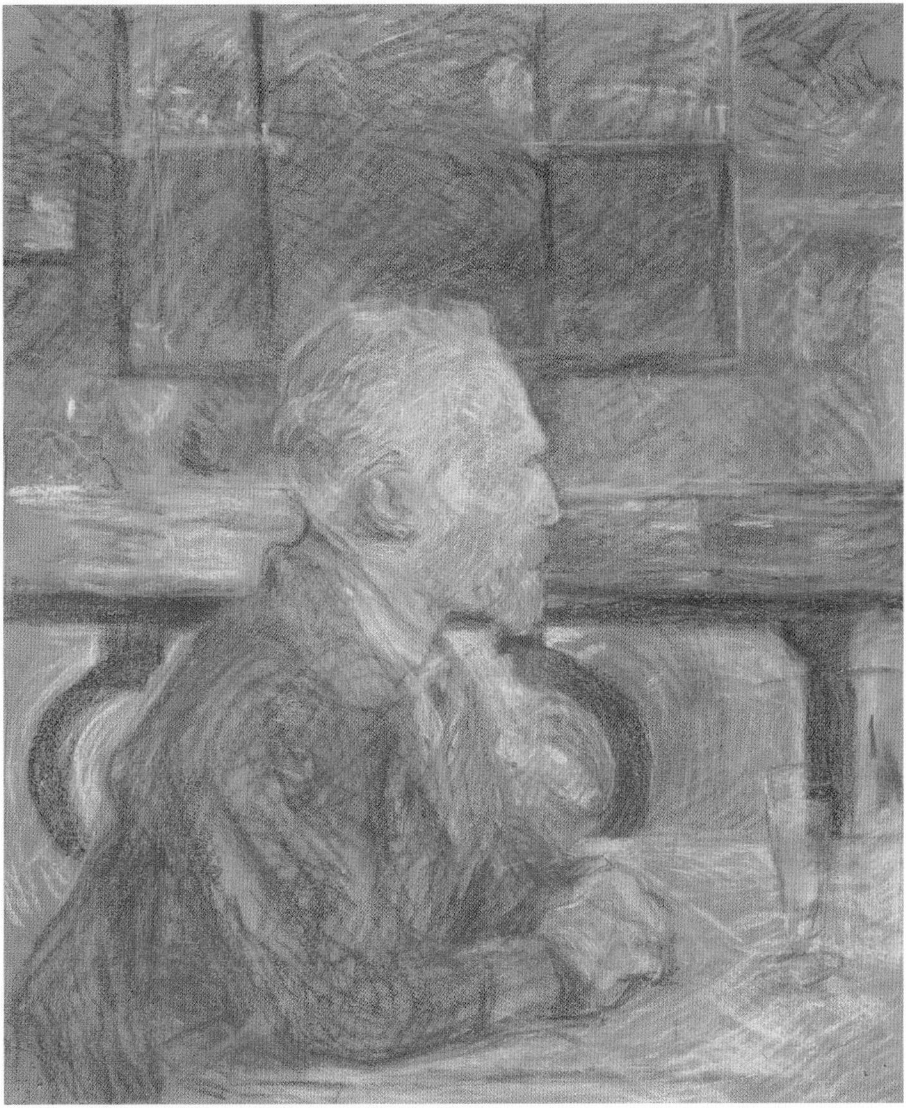

인물 **p.164** 초상 **p.168** 빛 **p.170** 역동주의 **p.172** 색채 **p.173** 캔버스에 유채물감 **p.194**

사이프러스가 있는 밀밭

1889

Wheat Field with Cypresses

빈센트 반 고흐: 캔버스에 유채물감 • 73.2×93.4cm • 메트로폴리탄 미술관, 뉴욕, 미국

다른 주요 작품

〈감자먹는 사람들〉, 1885, 반 고흐 미술관, 암스테르담, 네덜란드

〈해바라기〉, 1888, 내셔널 갤러리, 런던, 영국

〈별이 빛나는 밤〉, 1889, 현대미술관, 뉴욕, 미국

빈센트 반 고흐(1853~1890)는 이 장면을 3가지 버전으로 그렸다. 뒷장(66~67쪽)에 나오는 작품은 심각한 정신병을 앓기 직전인 1889년 7월 초에 제작한 첫 번째 버전이다.

일 년 남짓, 반 고흐는 더 밝은 색과 더 짧은 붓질을 활용했다. 파리에서 친해진 인상주의 화가들의 영향이었다. 이 그림 속의 추수를 앞둔 황금빛 밀밭은 그가 머물던 프랑스 남부의 생레미드프로방스의 정신병원 외부의 풍경에서 영감을 받은 것이었다. 반 고흐는 동생 테오에게 사이프러스가 자신의 감정들을 반영한다고 생각했다고 말하고, 소용돌

반 고흐는 하늘에 징크 화이트와 코발트블루, 밀에는 크롬옐로우, 덤불과 올리브나무, 사이프러스에는 비리디언, 에메랄드그린, 울트라마린, 그리고 전경의 양귀비에는 주홍색 붓 터치를 썼다. 보색들이 병치되어 있다.

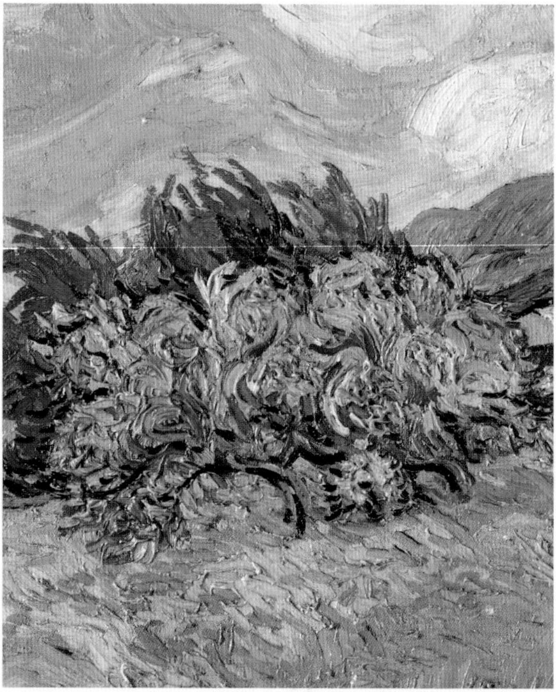

후기인상주의 **p.14**

반 고흐는 목탄 스케치를 하고 난 후에 긴 붓질과 짧은 붓질, 사선과 소용돌이로 역동적인 느낌을 만들어냈다. 사이프러스와 하늘은 처음에 엷게 칠한 다음, 밀과 구름에 칠한 두꺼운 물감을 발랐다.

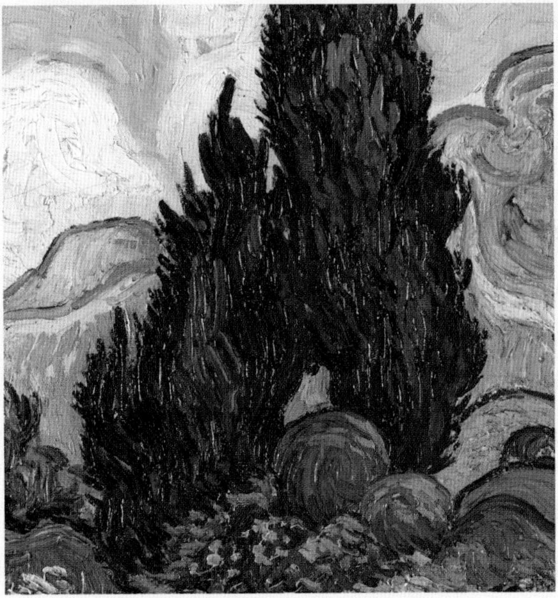

이치는 구름을 향해 솟구치는 불꽃같이 크고 어두운 사이프러스와 멀리 보이는 푸른 산맥을 그림 오른쪽에 그렸다고 설명했다. 그는 테오에게 보내는 편지에서 다음과 같이 말했다. "사이프러스가 줄곧 내 생각을 사로잡고 있어…, 내가 본 대로 그것을 그린 사람이 없었다는 것이 놀라워…, 밀 이삭, 양귀비, 파란 하늘과 사이프러스가 나오는 그림 한 점을 그렸어. 그림이 스코틀랜드의 격자무늬 천 조각 같단다. 처음에 말한 그림은 두꺼운 물감으로 그려졌어."

이 그림은 종종 상징적으로 해석된다. 밀밭은 삶의 순환, 하늘은 편재하는 신, 사이프러스는 안정, 애도, 혹은 테오에게 말한 대로 빈센트 자신을 나타낸다. 넓고 두터운 곡선의 붓질은 움직임을 강조한다. 이 그림은 수직의 사이프러스와 수평의 밀밭, 따뜻한 색과 차가운 색을 포함해 강렬한 대비로 가득하다.

빈센트 반 고흐

역사상 가장 유명하며 영향력이 큰 화가인 반 고흐는 네덜란드에서 파리로, 그 다음에 화가 공동체를 만들겠다는 희망에 부풀어 프랑스 남부로 향했다. 37세가 되던 해에 그는 오베르쉬르우아즈로 갔고 두 달 후에 그곳에서 자살했다. 반 고흐가 남긴 2천 점이 넘는 그림들은 두꺼운 물감과 대담한 색과 붓질이 특징이다.

자연 **p.166** 풍경 **p.167** 빛 **p.170** 색채 **p.173** 캔버스에 유채물감 **p.194** 임파스토 **p.195**

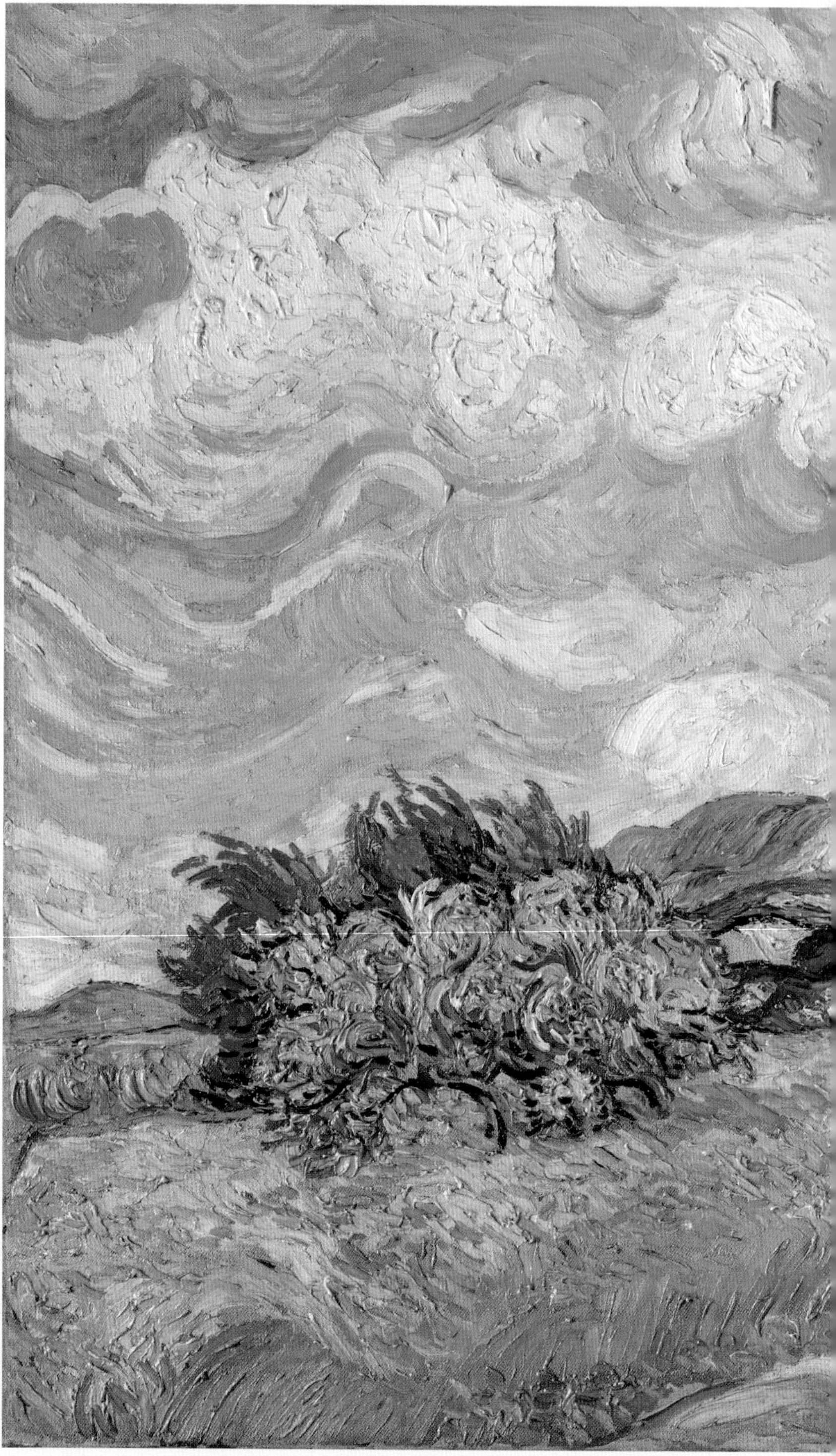

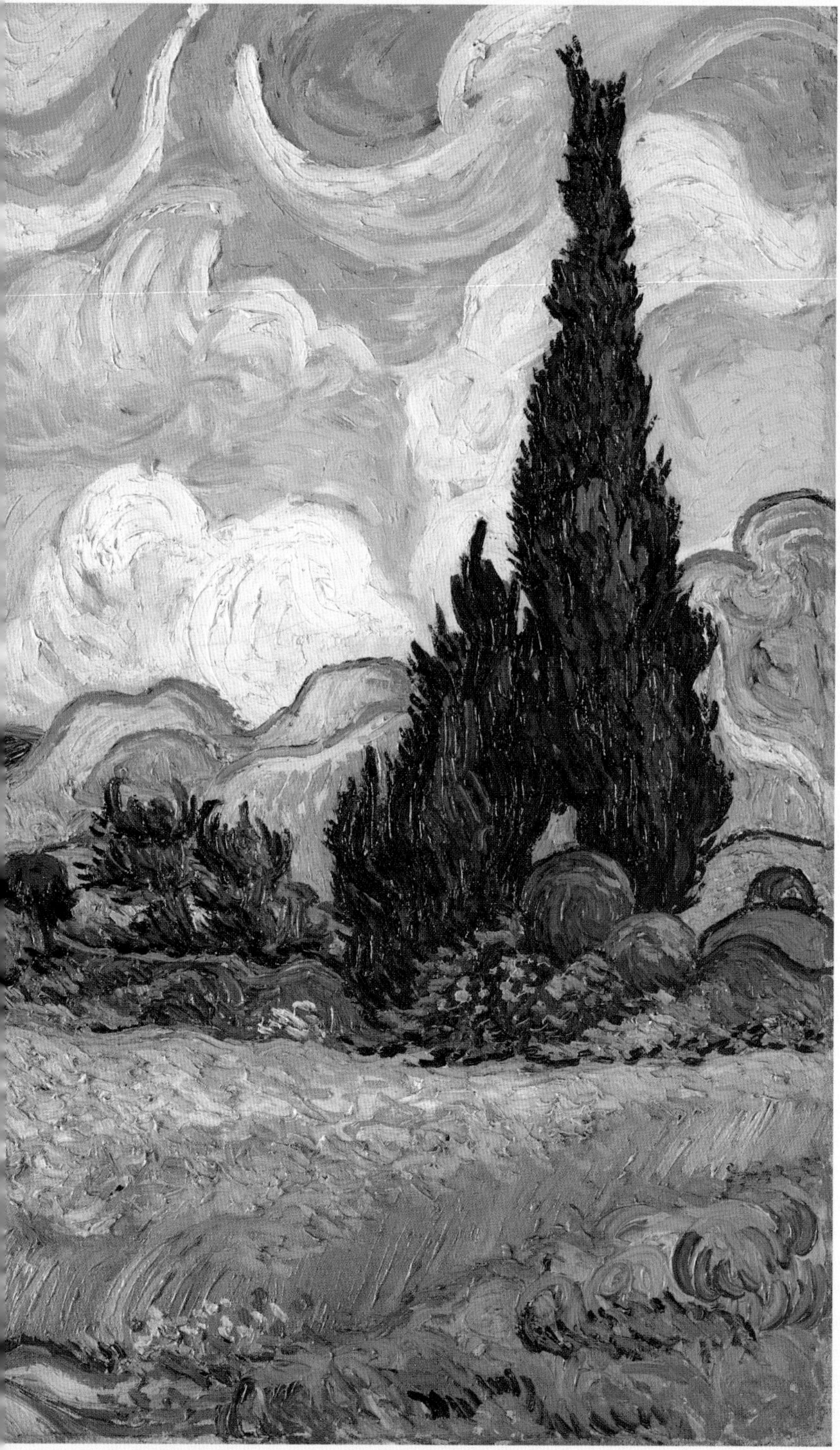

저녁의 고요, 콩카르노, Opus 220 (알레그로 마에스토소)

1891

Evening Calm, Concarneau, Opus 220 (Allegro Maestoso)

폴 시냑: 캔버스에 유채물감 • 64.8×81.3cm • 메트로폴리탄 미술관, 뉴욕, 미국

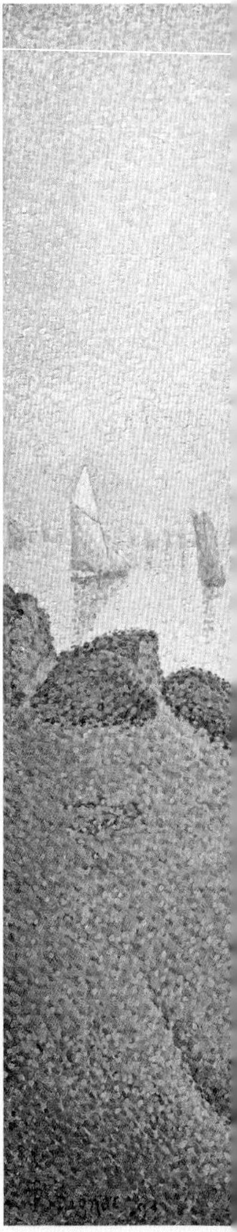

인상주의, 광학과 색채 이론들, 특히 조르주 쇠라(1859~1891)에 영향을 받은 폴 시냑(1863~1935)은 거의 일평생을 신인상주의와 점묘주의 양식으로 작업했다.

쇠라의 분할주의를 채택한 시냑은 캔버스에 체계적으로 그린 보색의 점들로 이 풍경을 만들어냈다. 일시적인 자연주의와 인상주의 화가들의 순간적인 지각과는 다른 이 작품은 광학효과와 미셸 외젠 슈브뢸(1786~1889), 오그던 루드(1831~1902), 그리고 다른 과학자들의 최신 색채 이론에 영향을 받았다. 시냑은 보색을 병치하면 색이 더 밝아 보인다는 이론을 따랐고 이러한 효과는 '반짝이는 색 조명'을 연상시킨다고 말했다. 이 그림은 프랑스 브르타뉴 지방의 퐁타방 근처 마을 콩카르노에서 어선을 주제로 그린 5점 중 하나다. 이 그림들은 5년에 걸친 연작 실험이었고, 시냑은 각각의 작품에 특정 박자를 암시하는 음악적인 부제를 달았다. 조화로운 느낌을 강화하기 위해 땅, 바다, 하늘을 대체로 동일한 유닛으로 분할하고, 노란색과 보라색, 붉은색과 초록색, 파란색과 주황색 등의 보색을 배열했다. 이 5점의 그림은 박자가 바뀌는 5악장 교향곡을 나타내며, 알레그로 마에스토소는 빠르게라는 의미다. 각각의 그림은 하루의 다른 시간대를 보여주는데, 이 작품의 경우에는 저녁이다. 5점 모두를 나란히 벽에 걸어 놓으면 배들이 일렬로 정렬된다.

후기인상주의 p.14 신인상주의 p.15

다른 주요 작품

〈펠릭스 페네옹의 초상〉, 1890, 현대미술관, 뉴욕, 미국

〈생트로페 항구〉, 1901, 국립서양미술관, 도쿄, 일본

〈라로셸 항구의 입구〉, 1921, 오르세 미술관, 파리, 프랑스

폴 시냑

1880년대 중반부터 시냑은 점묘법을 사용했고 눈부신 색채 사용으로 인정을 받았다. 그의 대다수 작품은 프랑스 해안과 관련이 있다. 시냑은 프랑스 남부의 콜리우르나 생트로페에서 매년 여름을 보냈고, 그곳에 집을 마련해 화가 친구들을 초대했다. 그가 색채를 사용하는 방식은 친구 반 고흐와 야수파 화가들에게 영감을 주었다.

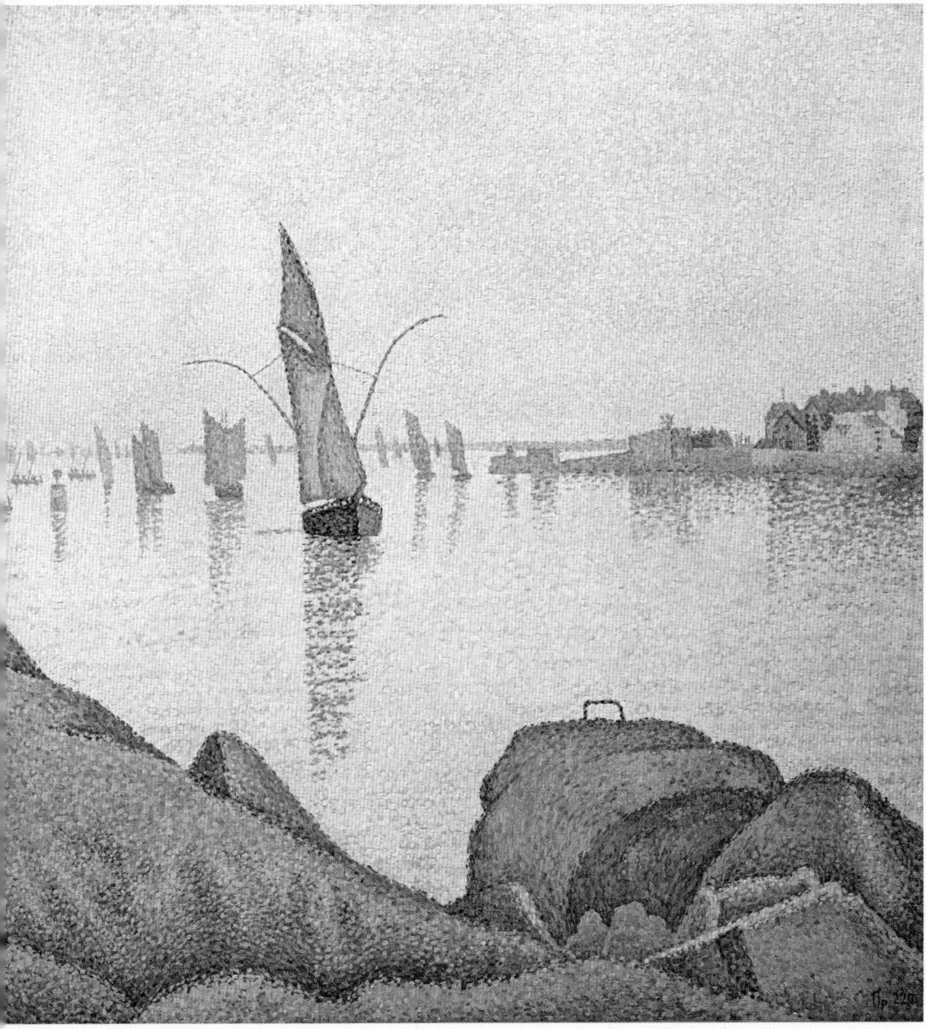

자연 **p.166** 빛 **p.170** 색채 **p.173** 음악 **p.177** 캔버스에 유채물감 **p.194** 점묘주의 **p.196**

열대 폭풍우 속 호랑이 (놀래라!)

1891

Tiger in a Tropical Storm (Surprised!)

앙리 루소: 캔버스에 유채물감 • 129.8×161.9cm • 내셔널 갤러리, 런던, 영국

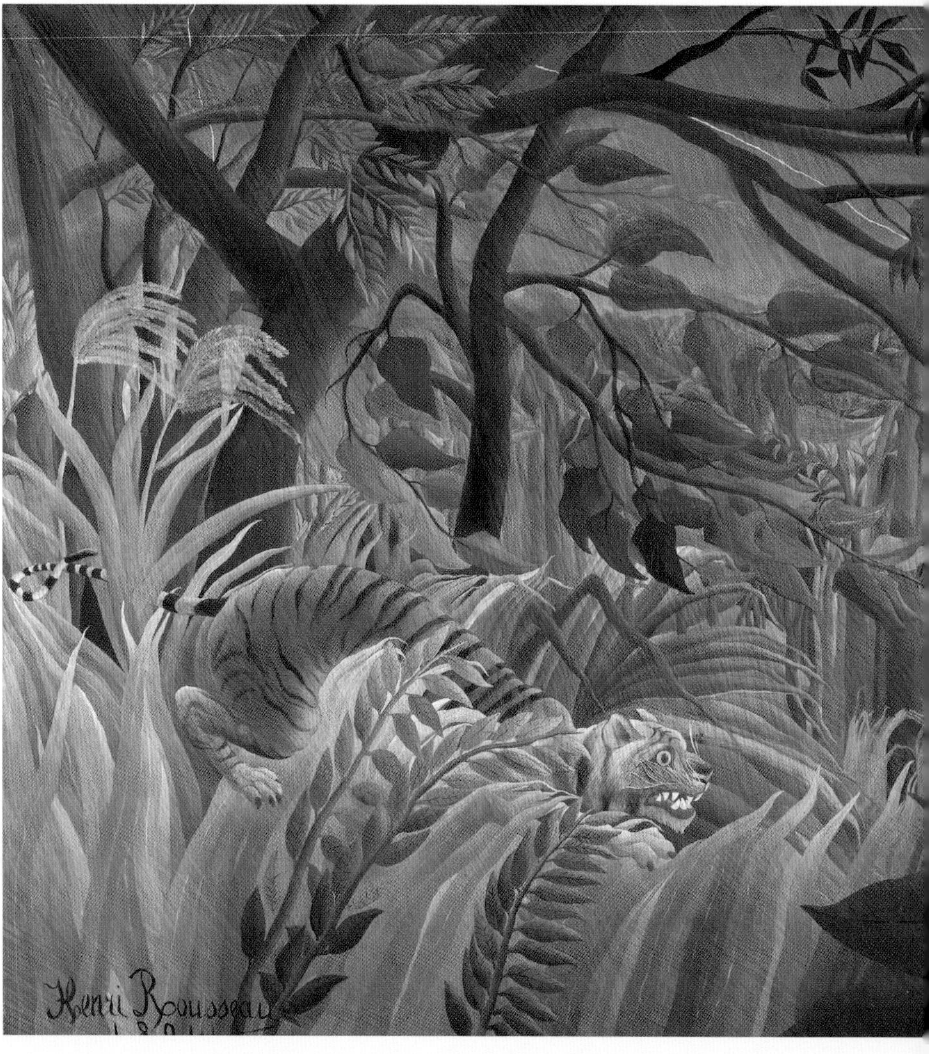

후기인상주의 **p.14** 나이브 아트/원시주의 **p.21**

다른 주요 작품

〈나 자신, 초상화, 풍경〉, 1890, 국립미술관, 프라하, 체코

〈잠자는 집시〉, 1897, 현대미술관, 뉴욕, 미국

〈꿈〉, 1910, 현대미술관, 뉴욕, 미국

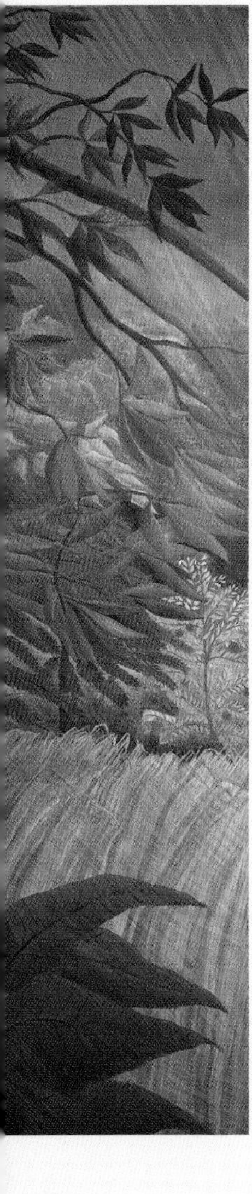

앙리 루소(1844~1910)는 평생을 자신의 예술에 대해 조롱받았다. 그렇지만 그의 작품에 보이는 순수함과 단순함은 수많은 화가들에게 영향을 미쳤다.

루소는 고갱의 평면적인 그림과 대담한 색채에 영감을 받았다. 정규교육을 받지 않은 화가였던 그는 〈열대 폭풍우 속 호랑이(놀래라!)〉를 직접 정글에 가보고 그린 것이라고 주장했다. 그러나 부정확한 비율, 괴상하게 보이는 동물과 식물, 부자연스러운 색채, 단순화된 원근법 — 그리고 그가 프랑스를 단 한 번도 떠나본 적이 없다는 사실 — 등을 보면, 이는 사실이 아닌 듯하다. 그는 파리의 자연사 박물관과 파리 식물원, 그리고 삽화가 그려진 책을 참고했던 것 같다. 살롱전 심사위원들에게 거부당한 이 작품은 1891년에 '놀래라!'라는 제목으로 앵데팡당전에 전시되었고 흥미롭게 받아들여졌다. 열대 폭풍우 속에서 번쩍이는 번갯불이 호랑이의 날카로운 하얀 이빨, 붉은 잇몸, 사나운 눈을 비추고 있다. 모든 요소들이 마치 콜라주처럼 캔버스에 겹쳐져 있는 듯하다. 살짝 보이는 하늘과 맹렬한 열대 폭풍우만 제외하고 이국적인 초목 — 온실의 식물들을 베껴 그린 — 은 캔버스 전체에 패턴을 형성한다. 섬세한 그림자가 드리운 나뭇잎들 사이로 보이는 폭풍우 몰아치는 하늘은 위로 갈수록 어두워지는 미묘한 흰색과 회색 글레이즈로 표현되었고, 두 개의 가느다란 줄은 번개를, 사선은 폭우를 나타낸다.

앙리 루소

루소는 파리의 톨게이트에서 세금징수원으로 일했기 때문에 세관원이라는 별명을 얻었다. 미술교육을 받지 않았던 그는 40세에 그림을 그리기 시작했지만, 그의 작품은 인정을 받지 못했고 대안적인 전시회였던 앵데팡당전에서도 비웃음을 샀다. 그러나 후에 많은 화가들이 루소의 아이 같은 단순성에 감탄했으며, 루소의 그림은 나이브 아트와 원시주의라는 용어에 영감을 주었다.

→ 동물 **p.165** 자연 **p.166** 풍경 **p.167** 빛 **p.170** 색채 **p.173** 캔버스에 유채물감 **p.194**

아레아레아 Arearea

1892

폴 고갱: 캔버스에 유채물감 • 75×94cm • 오르세 미술관, 파리, 프랑스

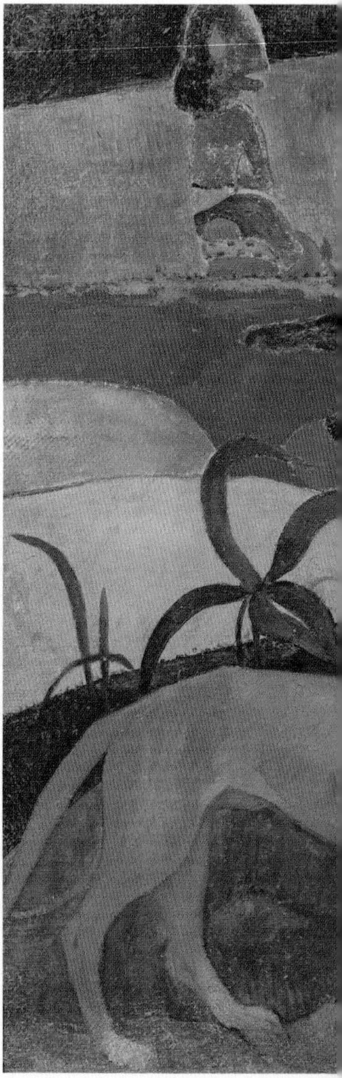

〈아레아레아〉를 제작하기 1년 전에 폴 고갱(1848~1903)은 원시적인 장소에 살면서 작업하기 위해 타히티로 떠났다.

남태평양 섬 타히티에 도착한 고갱은 자신이 꿈꿨던 생활양식이 더 이상 존재하지 않는다는 사실을 깨달았고, 그래서 자기가 관찰한 것, 현지의 이야기들, 고대의 종교 전통 등에서 유래한 상상의 장면들을 창조했다. 〈아레아레아〉는 꿈과 현실이 공존하는 이러한 그림의 전형이다. 가장자리가 잘려나간 전경에는 붉은 개가 있다. 바로 뒤에는 두 여인이 푸른 나무 옆에 앉아 있다. 하늘은 보이지 않고, 초록색, 노란색, 붉은색의 평평한 색채의 면들만이 보일 뿐이다. 배경에서 세 명의 여인이 거대한 마오리족 조각상에 절을 하고 있다. 고갱은 이 작품에 신비한 고대 세계의 상상의 종교의식을 만들어내기 위해, 타히티로 떠나기 전 방문했던 뉴질랜드적인 요소들을 활용했다. 고갱은 1893년 11월에 파리에서 이 그림을 전시했다. 당시 그는 타히티 체류를 정당화하고, 타히티로 돌아갈 때 다른 화가들이 함께 가도록 설득하기 위해 파리에서 여러 작품을 전시했는데, 이 그림은 그중 하나였다. 하지만 고갱의 바람과는 달리 사람들은 전시회에 냉담했고 도리어 야단스러운 색채, 단순함, 분명한 평면성 등으로 야유와 조롱을 받았다.

다른 주요 작품

〈설교 후의 환영 (천사와 씨름하는 야곱)〉, 1888, 스코틀랜드 국립미술관, 에든버러, 영국

〈마나오 투파파우 (죽은 자의 영혼이 지켜본다)〉, 1892, 올브라이트-녹스 미술관, 뉴욕, 미국

〈우리는 어디서 왔고, 누구이며, 어디로 가는가?〉, 1897, 매사추세츠 미술관, 미국

후기인상주의 p.14

폴 고갱

증권 중개인이었던 폴 고갱은 인상주의 화가들과 함께 그림을 그리기 시작했다. 그러나 얼마 후 상징주의를 평면적인 색채와 대담한 윤곽선과 결합한 클루아조니즘 혹은 종합주의라는 새로운 양식을 개척했다. 이 양식은 또한 원시주의의 일부분이다. 고갱은 가족을 떠나 프랑스 남부에서 2개월 간 반 고흐와 함께 생활했고 그 이후에 타히티로 떠났다. 그는 타히티에서 그림을 그리고 소각을 했으며, 판화와 도자기를 만들었다.

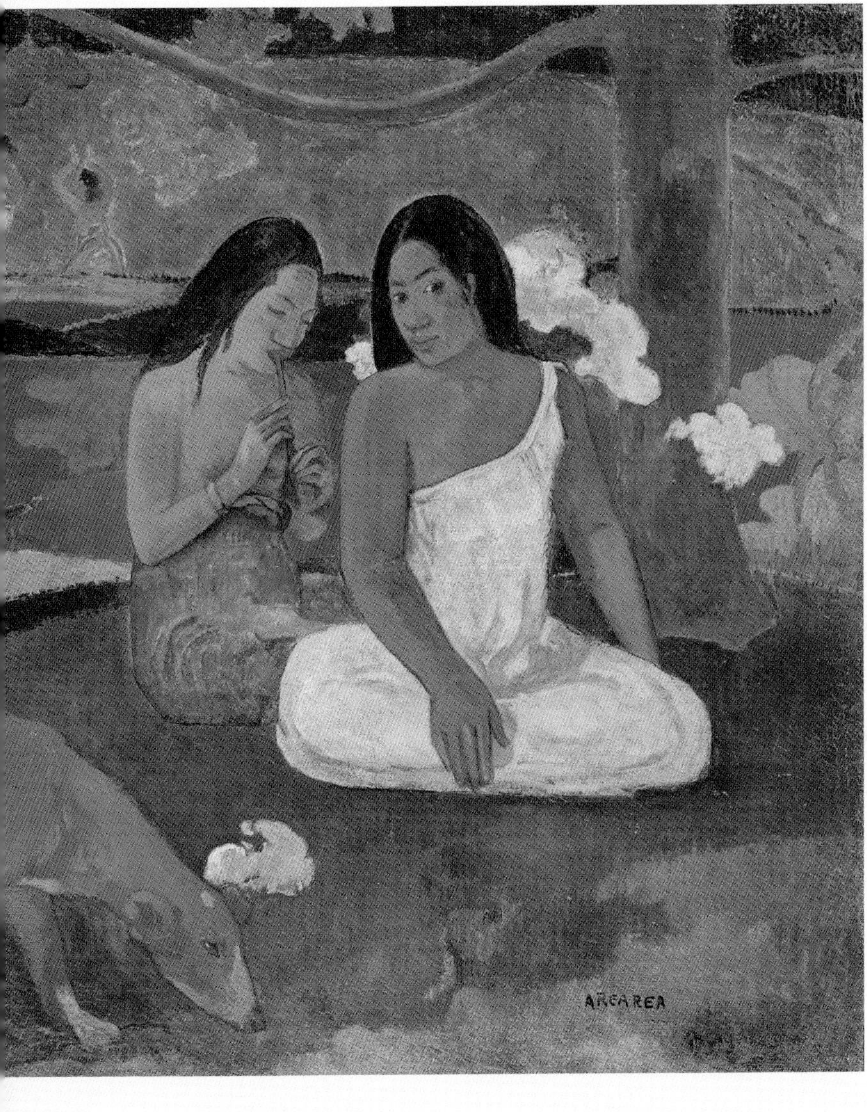

→ 동물 **p.165** 자연 **p.166** 풍경 **p.167** 빛 **p.170** 색채 **p.173** 캔버스에 유채물감 **p.194**

카드놀이하는 사람들

The Card Players

1890 – 1895

폴 세잔: 캔버스에 유채물감 • 47.5×57cm • 오르세 미술관, 파리, 프랑스

1890년대 초에 폴 세잔(1839~1906)은 카드놀이하는 사람들을 주제로 5점의 그림을 그렸다. 이 그림들은 크기와 인물의 수, 배경에서 조금씩 차이가 있다.

이 작품은 5점 중에서 첫 번째 혹은 마지막 버전이다. 세잔은 12점 이상의 예비 드로잉과 습작을 한 후에 고향 액상 프로방스의 그라네 미술관에 전시된 르냉 형제의 작품 〈카드놀이하는 사람들〉(1640경~1645)에 영향을 받아 동명의 그림을 그리기 시작했다. 세잔의 모델은 가족 소유의 토지 르 자드부팡에서 일하던 농민들이었다. 아주 천천히 공들여 그렸기 때문에 농민들은 여러 번 모델을 서야 했다. 세잔은 제한된 색채와 엷은 물감층을 사용하고, 빛, 어두운 색채, 색조 대비들로 그림 전체를 구성하며 구조와 견고한 형태를 드러내려고 했다. 그림 중앙의 병이 공간을 정확하게 둘로 분할한다. '인간 정물'로 지칭되었던 카드놀이하는 사람들은 감정을 드러내지 않은 채 게임에 집중하고 있다. 그래서 이 장면은 매우 고요하고 엄숙해 보인다. 이 그림은 농민을 그림의 중요한 요소로 활용했다는 점에서 이례적이었다. 세잔의 위치 때문에, 왼쪽의 사람이 더 많이 보이고 맞은편 사람의 등이 잘려 나갔다.

폴 세잔

수년 간 법학을 공부한 세잔은 화가가 되기 위해 학업을 포기했다. 쿠르베와 마네에게 영감을 받은 그는 처음에 인상주의 화가들과 함께 그림을 그렸지만, 인상주의를 '미술관의 작품처럼 견고하고 영속성이 있는 것으로 만들려는' 목표를 세웠다. 그 과정에서 세잔은 조롱과 모욕을 견뎌야 했지만, 그의 작품은 다음 세대의 미술, 특히 입체주의와 세잔이 '우리 모두의 아버지'라고 주장한 피카소와 마티스의 미술에 엄청나게 영향을 미쳤다.

후기인상주의 **p.14**

다른 주요 작품

〈커다란 소나무가 있는 생트 빅투아르 산〉, 1887경, 코톨드 갤러리, 런던, 영국

〈사과 바구니〉, 1893경, 시카고 아트 인스티튜트, 시카고, 일리노이 주, 미국

〈대수욕도〉, 1900, 내셔널 갤러리, 런던, 영국

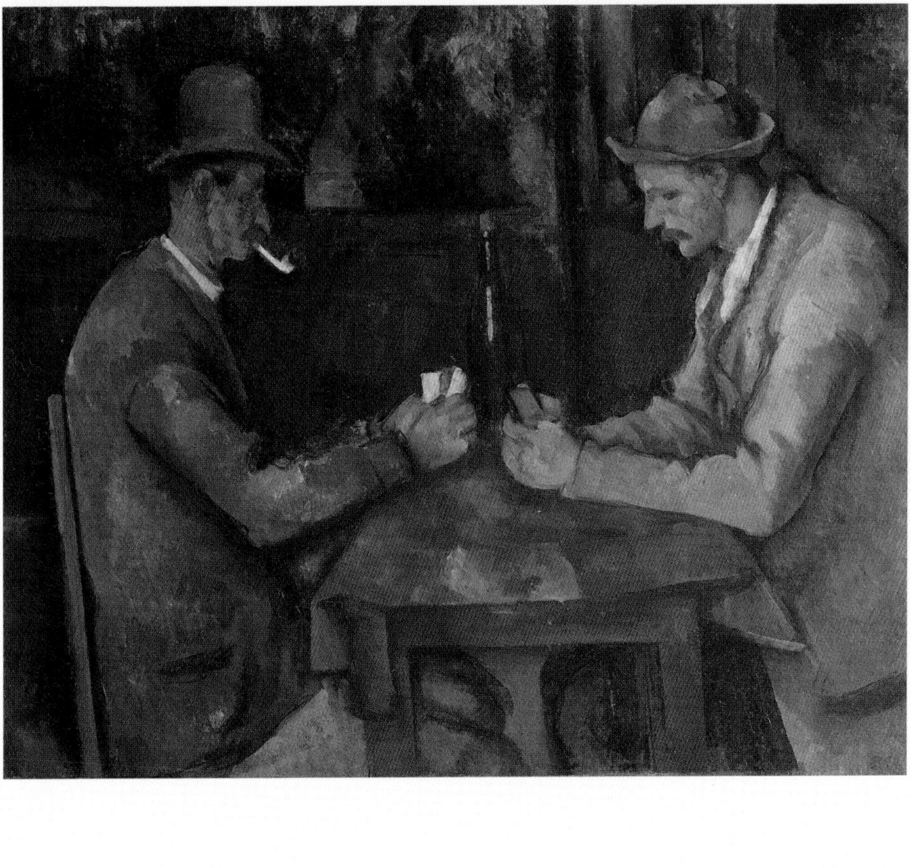

자연 **p.166** 풍경 **p.167** 정물 **p.169** 빛 **p.170** 색채 **p.173** 형태와 선 **p.174** 캔버스에 유채물감

마돈나 Madonna

1894

에드바르트 뭉크: 캔버스에 유채물감 • 91×70.5cm • 국립미술관, 오슬로, 노르웨이

에드바르트 뭉크(1863~1944)가 여성의 생애주기의 핵심으로 인식한 것을 상징하는 이 작품의 원제는 '사랑을 나누는 여자(*Woman Making Love*)'였다.

색채, 왜곡, 난해한 주제 등을 통해 뭉크는 미술로 인간의 감정을 표현한 최초의 화가 중 한 명이었다. 논란의 여지는 있지만, 이는 어머니와 누나의 때 이른 죽음 등 어린 시절의 경험에서 비롯되었다. 대단히 충격적인 경험들은 그가 죽음과 사랑, 고통과 여성을 연관시키도록 만들었고, 아버지의 맹목적인 신앙심에 대한 반발로 종교를 거부했다.

〈마돈나〉는 '생의 프리즈(*Frieze of Life*)' 연작에 속한 작품이다. 사랑과 죽음에 관한 22점의 그림으로 구성된 이 연작은 1902년 베를린 분리파 전시회에서 첫 선을 보였다. 뭉크는 한 점을 판매하고 다른 한 점을 다시 그렸고, 이 작품은 이 주제로 그린 5가지 버전 중 하나다.

원제에 따르면, 이 그림은 성행위를 하고 있는 여성을 나타낸다. 옷을 벗은 여자는 황홀경에 빠진 듯 눈을 감은 채 머리를 뒤로 젖히고 있고 그녀의 검은 머리는 뒤로 흘러내린다. 이와 대조적으로, 이 여인은 초기 기독교 이콘화의 성모마리아와 비슷하다. 다수의 학자들은 이 그림이 마리아가 예수를 잉태하는 순간인 수태고지를 그린 것이라고 주장하지만 그녀의 머리는 황금빛 후광이 아니라 피의 색인 붉은색으로 둘러싸여 있다. 이 여인에게서 발산되는 아우라처럼 흐르는 빛의 밴드는 당시 유행하던 아르누보 개념들을 반영한다. 여성에 대한 뭉크의 양가감정을 고려할 때, 이 여인은 새로운 생명을 잉태한 혹은 죽기 직전인 여신이나 그리스 신화 속 세이레네스일 수도 있다.

에드바르트 뭉크
노르웨이 화가인 뭉크는 색채, 왜곡, 상상력 등을 통해 죽음에 대한 강박을 표현했다. 그는 5세에 어머니를 폐결핵으로 잃었고, 누나 소피 역시 15세의 나이에 같은 병으로 세상을 떠났다. 우울하고 엄격한 아버지와 살면서 뭉크는 자주 아팠으며 불안한 성장기를 보냈다. 반 고흐, 고갱, 툴루즈-로트렉 등에 영향을 받은 그는 색다른 붓 터치와 색채, 감정을 자극하는 주제 등을 실험하며, 에칭, 석판화, 목판화, 회화 작품을 제작했다.

다른 주요 작품

〈비명〉, 1893, 국립미술관, 오슬로, 노르웨이

〈생의 춤〉, 1899~1900, 국립미술관, 오슬로, 노르웨이

〈아픈 아이〉, 1907, 테이트 모던, 런던, 영국

표현주의 p.20

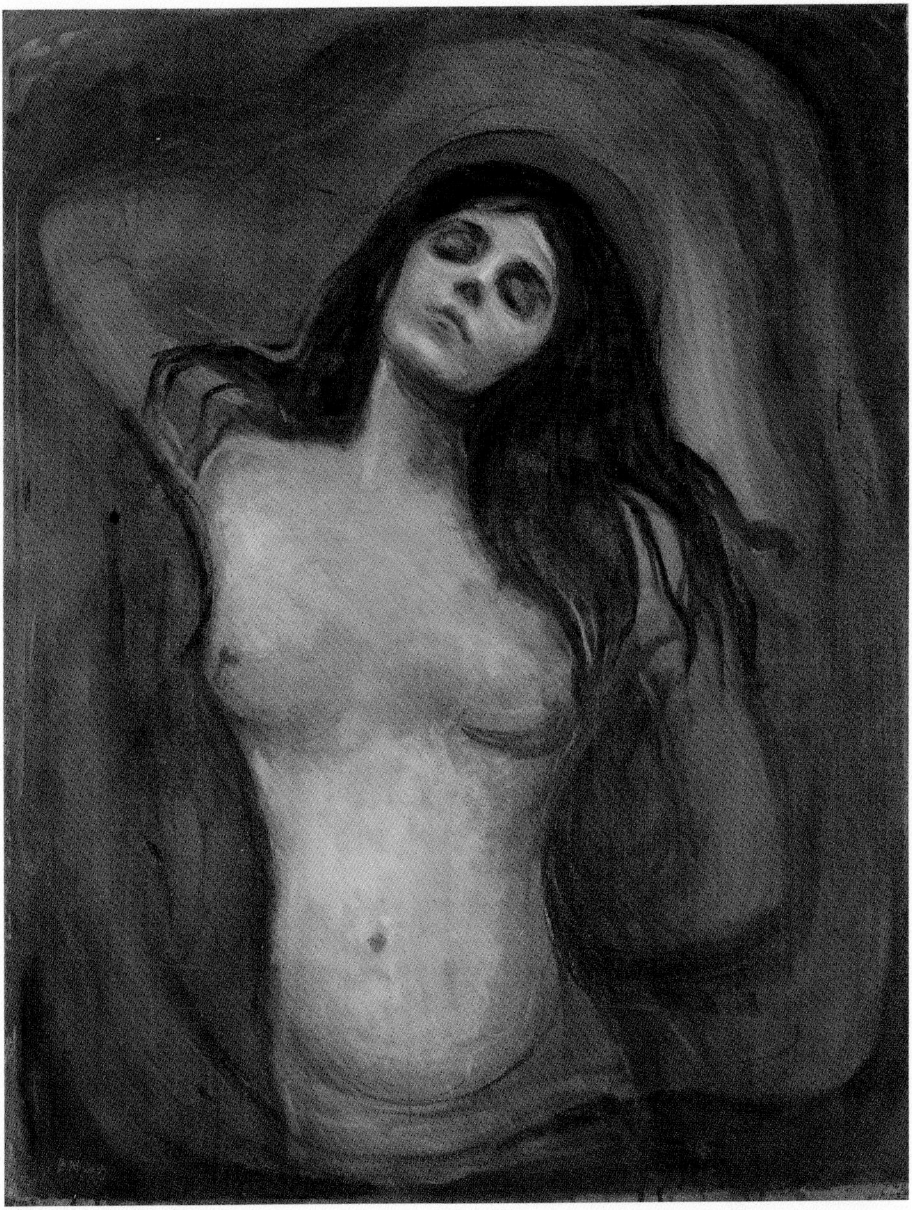

인물 **p.164** 빛 **p.170** 종교 **p.183** 젠더 **p.189** 캔버스에 유채물감 **p.194**

굽은 길(레스타크)

The Turning Road (L'Estaque)

1906

앙드레 드랭: 캔버스에 유채물감 • 129.5×194.9cm • 휴스턴 미술관, 휴스턴, 텍사스 주, 미국

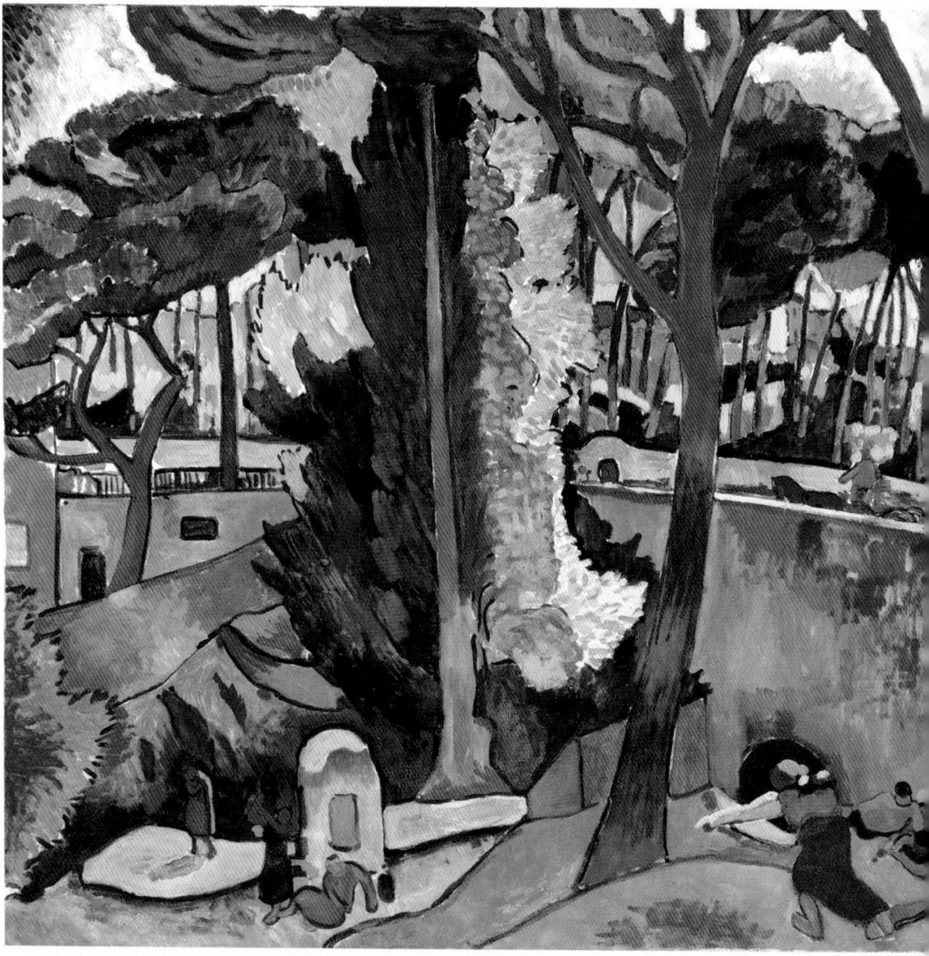

야수주의 **p.19**

다른 주요 작품

〈콜리우르의 배들〉, 1905, 노르트라인-베스트팔렌 미술관, 뒤셀도르프, 독일

〈앙리 마티스〉, 1905, 테이트 모던, 런던, 영국

〈국회의사당〉, 1905, 현대미술관, 트루와, 프랑스

앙드레 드랭

중산층 가정에서 성장한 드랭은 어릴 때부터 그림에 재능을 보였다. 그는 마티스, 블라맹크와 함께 야수파의 형성을 도왔지만, 평생 다양한 양식을 실험하며 시대를 초월한 양식을 만들려고 노력했다. 전반적으로 그는 형태를 단순화하고, 선명한 색채를 사용했으며, 늘 원시미술에 대한 강한 관심을 표현했다. 드랭의 그림은 다양한 현대미술의 개념이 발전하는 데 중요한 역할을 담당했다.

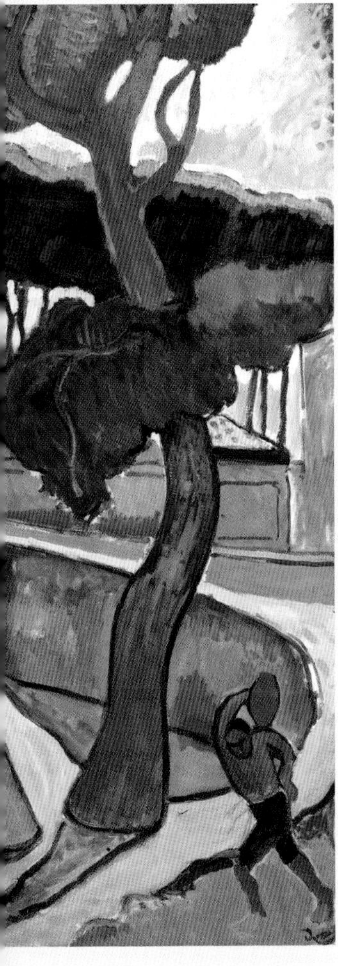

선명한 색채로 반짝이는 〈굽은 길(레스타크)〉는 앙드레 드랭(1880~1954)이, 세잔이 몇 년 전에 그림을 그리기도 했던, 프랑스의 마을 레스타크에서 마티스와 함께 휴일을 보내는 동안에 그렸던 것이다.

세잔과 브라크를 포함해 많은 화가들이 좋아했던 마을을 그린 이 작품은 야수파의 중요한 예다. 파란 윤곽선이 있는 화려한 색채들은 마을의 눈부신 햇빛과 드랭의 해방감을 전해준다.

드랭은 그림자와 색조를 그대로 묘사하는 관습을 버리고 보색들을 병치해 그가 직접 보았던 것을 표현했다. 그는 색채를 매우 제한하고 주로 원색을 사용했으며, 색채의 면들이 서로 스며들게 했다. 그래서 주황색, 보라색, 초록색 등이 어우러진다. 야수파는 색채를 정확한 재현이 아니라 그것의 표현적 특성에 맞게 사용했다. 드랭은 의도적으로 떨리는 에너지와 공간의 느낌을 만들어냈다. 공간과 거리감을 암시했음에도 불구하고 이 작품은 전통 회화처럼 삼차원 세계를 가장하지 않는다. 이것은 분명 그림이다. 또한 이 그림에는 패턴과 리듬이 존재한다. 대조적인 색채와 크기로 그려진 굽은 길과 직선의 나무들은 관람자의 시선을 그림 속으로 이끌어주며, 추상화가 출현하지 않았던 시기였지만 집과 인물은 거의 추상이다.

자연 p.166 풍경 p.167 초상 p.168 빛 p.170 색채 p.173 형태와 선 p.174
추상 p.175 캔버스에 유채물감 p.194

아델레 블로흐-바우어의 초상 I Portrait of Adele Bloch-Bauer I

1907

구스타프 클림트: 캔버스에 유채물감, 은박과 금박 • 138×138cm • 노이에 갤러리, 뉴욕, 미국

다른 주요 작품

〈팔라스 아테나〉, 1898, 빈 미술관, 빈, 오스트리아

〈베토벤 프리즈〉, 1902, 분리파의 집, 빈, 오스트리아

〈키스〉, 1907~1908, 벨베데레 오스트리아 갤러리, 빈, 오스트리아

'금빛 여인'으로도 알려진 이 작품은 아내의 초상화를 원한 부유한 은행가이자 설탕 생산업자 페르디난트 블로흐-바우어(1864~1945)가 주문한 것이다.

아델레 바우어(1881~1925)는 1890년대 말에 구스타프 클림트(1862~1918)를 만났다. 아델레 초상화 두 점 중에서 먼저 그린 것이 이 작품 〈아델레 블로흐-바우어의 초상 I〉이다. 클림트는 3년 만에 이 그림을 완성했다. 이 초상화는 금박과 은박, 그리고 다른 장식물을 사용했던 클림트의 황금시기(1899경~1910)의 마지막 그림이다. 아델레의 얼굴과 어깨, 팔과 손은 사실적으로 그려졌지만 나머지 부분은 아른거리는 금빛의 평면으로 보인다. 고대의 모자이크, 중세의 채식(彩飾)필사본과 켈트족의 장신구를 연상시키는 이 그림

비잔틴 미술에 영감을 받은 것이 분명한 이 반짝이는 그림은 고대 이집트, 미케네, 일본미술의 영향도 보여준다. 삼각형과 눈이 그려진 정교한 드레스의 장식은 고대 그리스 신화의 아르고스를 암시한다. 클림트에게 원은 대개 여성성을 상징하는 반면, 사각형은 남성성을 암시했다. 이는 클림트와 아델레가 외도를 했다는 추측에 힘을 실어준다.

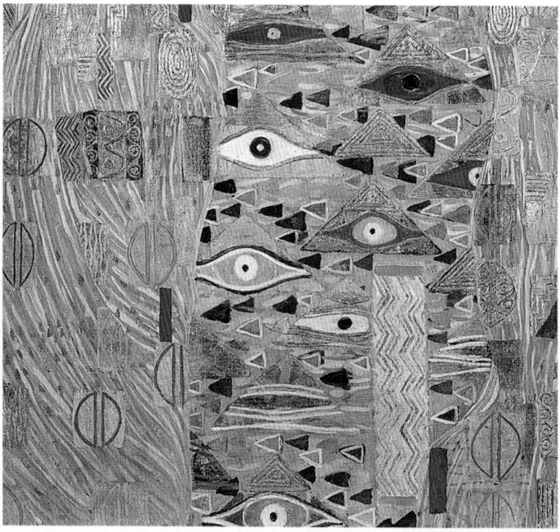

야수주의 p.19

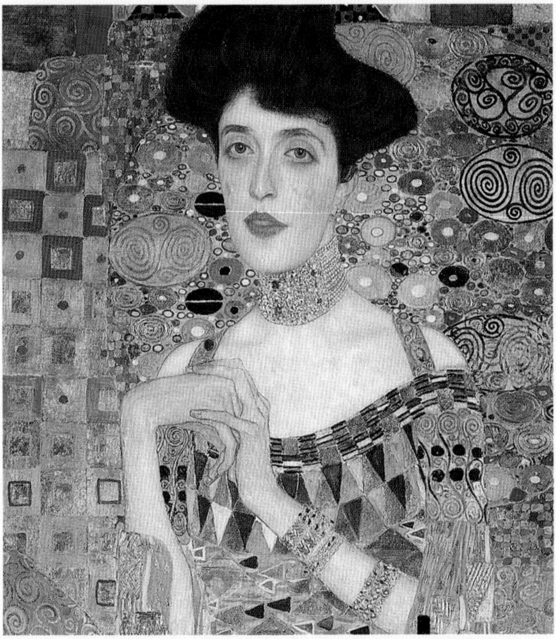

아델레 블로흐-바우어와 남편 페르디난트는 열정적인 미술 애호가였다. 두 사람은 미술작품을 주문하고 수집했으며, 클림트는 이들이 가장 아끼는 화가 중 한 명이었다. 아델레가 매주 열었던 살롱에는 작곡가, 작가, 정치인 등 빈의 문화적 엘리트들이 자주 드나들었다. 그녀는 사회개혁과 여성 참정권의 영향력 있는 지지자가 되었다.

은 전반적으로 20세기의 초상화라기보다 이국적인 비잔틴 이콘화처럼 보인다. 클림트는 1903년 이탈리아 여행에서 금박의 활용에 대한 영감을 얻었다. 당시 클림트는 라벤나의 산 비탈레 성당과 베네치아 산마르코 성당에서 비잔틴 모자이크를 보고 그 '유례없는 화려함'에 넋을 잃었다.

초반에 클림트는 매끄러운 물감과 실물 같은 꼼꼼한 세부묘사를 이용하며 빈 미술계의 기대에 충실함으로써 매우 개인적인 양식을 발전시켰다. 그러나 가상의 인물들과 아름다운 여성들의 초상, 또 보석처럼 다채로운 풍경과 알레고리로 관능적인 작품을 만들어내며 점차 그 길에서 벗어났다. 클림트는 이 그림을 그릴 때 모델의 성격을 묘사하는 데는 관심이 없었다. 그는 사실적으로 묘사된 얼굴과 손, 장식적이고 추상적인 드레스, 의자, 배경을 혼합했다. 금박, 유려한 선과 형태, 그림에 가득한 상징들은 아델레의 드레스 혹은 의자를 배경과 구분하기 힘들게 만든다.

구스타프 클림트

아르누보 시기의 가장 위대한 화가이자 빈 분리파의 창시자로 인정받는 오스트리아 화가 구스타프 클림트는 양식화된 형태와 상징주의의 인위적인 색채를 미에 대한 자신의 견해와 종합했다. 베네치아와 라벤나의 비잔틴 모자이크, 고대 이집트와 일본 미술, 그리고 티치아노, 루벤스, 한스 마카르트(1840~1884) 등에 큰 영향을 받은 그의 관능적인 그림들은 보수적인 빈에서 큰 논란을 야기했다.

자연 **p.166** 풍경 **p.167** 초상 **p.168** 빛 **p.170** 색채 **p.173** 형태와 선 **p.174**
추상 **p.175** 캔버스에 유채물감 **p.194**

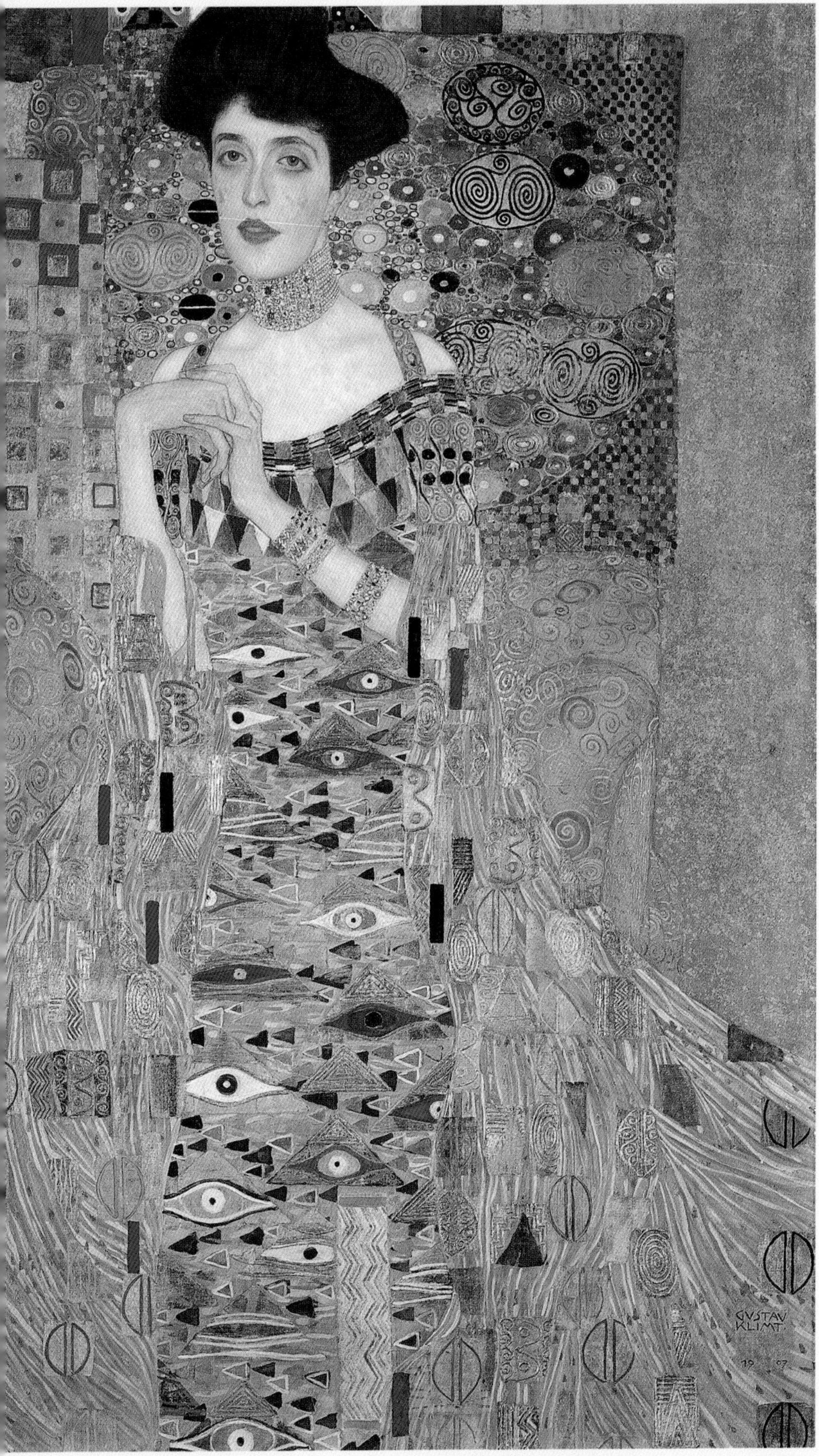
GVSTAV
KLIMT
19 07

아비뇽의 아가씨들

1907

Les Demoiselles d'Avignon

파블로 피카소: 캔버스에 유채물감 • 243.9×233.7cm • 현대미술관, 뉴욕, 미국

다른 주요 작품

〈거트루드 스타인의 초상〉, 1905, 메트로폴리탄 미술관, 뉴욕, 미국

〈마 졸리〉, 1911~1912, 현대미술관, 뉴욕, 미국

〈게르니카〉, 1937, 레이나 소피아 국립미술관, 마드리드, 스페인

〈아비뇽의 아가씨들〉에서 파블로 피카소(1881~1973)는 원근법을 드러내는 전통적인 방식들을 폐기하고, 이베리아 조각과 아프리카 가면에서 영향을 받은 들쭉날쭉한 형태와 얼굴을 가진 다섯 명의 누드 여성을 그렸다.

1907년 살롱 도톤에서 세잔 회고전을 보고 파리의 트로카데로 민족박물관을 방문한 후, 피카소는 수백 점의 예비 드로잉과 그림을 그렸고, 이후 이 기념비적인 작품을 완성했다. 당혹스러운 모습의 여자 다섯 명이 압축된 공간 속에 대충 그려진 커튼을 젖히고 모습을 드러낸다. 이들은 바르셀로나 아비뇽 가의 매춘부다. 아몬드 형태의 눈이 있는 3명은 피카소가 1906년에 루브르 박물관에서 본 고대 이베리아 조각의 영향을 드러낸다. 한편, 오른쪽 두 여자의 얼굴은 아프리카 가면과 비슷하다. 두 명은 커튼을 젖히고 있고 세 명은 관람자를 대담하게 응시한다. 이들의 어깨와 엉덩이, 팔과 다리는 각진 선과 평면으로 그려졌다. 겹쳐진 누드들은 세잔의 그림 〈수욕도(*Bathers*)〉(1898~1905)에서 영향을 받았고, 과장되게 기울어진 탁자의 윗면과 거기에 놓인 작은 과일 — 역시 날카롭고 각이 져 있는 수박 한 조각, 푸른 포도 한 송이, 사과와 배 — 은 세잔에 대한 존경심을 드러낸다. 세잔은 정물 주제를 부활시켰으며 한 캔버스에 다양한 각도에서 본 모습을 그린 화가였다. 이밖에도 과일은 전통적으로 성을 상징한다. 피카소는 유럽 미술의 이상을 공격함으로써 미술계에 충격을 주었고, 결국 완전히 새로운 무언가를 만들어내며 입체주의의 시작을 알렸다.

파블로 피카소

피카소는 화가이자 소묘화가, 조각가, 도예가였다. 그는 75년 이상을 왕성하게 활동하며 2만 점이 넘는 작품을 남겼다. 신동, 다재다능함과 창의력, 다작의 능력은 독보적인 유산을 남겼다. 피카소의 작품은 평생 그에게 명성과 부유함을 가져다주었다. 그는 20세기의 가장 영향력 있는 화가들 중 한 명이었다.

모더니즘 **p.18** 나이브 아트/원시주의 **p.21** 입체주의 **p.22**

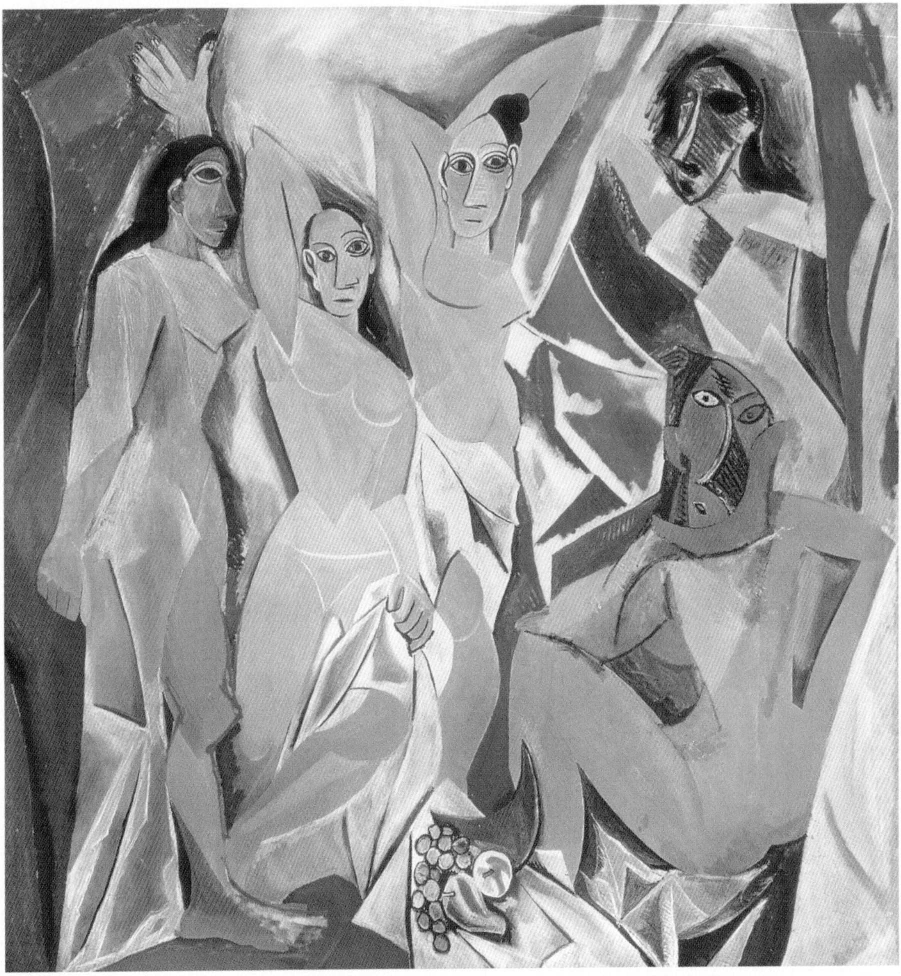

인물 **p.164** 정물 **p.169** 형태와 선 **p.174** 사회적 논평 **p.184** 캔버스에 유채물감 **p.194**

마드모아젤 포가니

Mademoiselle Pogány

1912

콘스탄틴 브랑쿠시: 흰색 대리석, 석회석 블록 • 44.4×21×31.4cm • 필라델피아 미술관, 펜실베이니아 주, 미국

콘스탄틴 브랑쿠시

모더니즘의 선구자인 브랑쿠시는 나무 조각과 민속공예 전통으로 유명한 루마니아의 한 마을에서 자랐다. 그는 1904년 파리로 가서 에콜데보자르에서 공부했고, 오귀스트 로댕과도 짧은 기간 함께 일했다. 브랑쿠시는 청동과 대리석으로 부드러운 윤곽선을 가진 형태들을 만들고, 하나의 아이디어를 다양한 재료의 여러 버전으로 제작하면서 자신만의 고유 양식을 형성하기 시작했다

〈마드모아젤 포가니〉는 우아하고 절제된 조각품으로, 콘스탄틴 브랑쿠시(1876~1957)가 1910~1911년 파리에서 헝가리 화가 마르짓 포가니(1879~1964)를 모델로 제작한 작품이다.

종종 20세기 가장 중요한 조각가로 여겨지는 브랑쿠시는 장식이나 확실한 기법이 전혀 없는 매끈한 곡선 형태들을 창조했다. 그의 작품은 단순해 보인다. 그러나 세부묘사를 걷어낸 것은 형태를 정제하고 주제의 본질을 드러내려는 의도였다.

브랑쿠시는 조각에 대한 유년기 기억에서 영향을 받아 직접 재료를 깎거나 파내는 디렉트 카빙(direct carving) 기법을 개척했다. 1910년에 포가니는 브랑쿠시에게 자신의 초상 조각을 만들어 달라고 하고, 파리의 그의 작업실에서 여러 차례 포즈를 취했다. 브랑쿠시는 작업실에서 만든 다수의 찰흙 습작을 훗날 모두 부셔버렸다. 하지만 그녀를 그린 드로잉들은 간직했다. 포가니가 헝가리로 돌아간 1911년 이후에 브랑쿠시는 기억을 더듬어 이 대리석 조각상을 제작했고, 나중에 청동과 대리석 버전들을 추가했다. 이 조각상은 대리석이라는 재료와 포가니가 가진 고유한 아름다움을 모두 드러낸다. 브랑쿠시는 아몬드 형태의 큰 눈, 가느다란 코, 섬세한 귀, 긴 머리, 얼굴을 감싼 우아한 손 등을 포함해 포가니의 얼굴 특징을 강조했다. 이 작품은 1913년 뉴욕에서 열린 유명한 아모리 쇼(미국 최초의 국제 근대 미술전)에서 수많은 다른 혁신적인 작품이 있었음에도 불구하고 가장 많은 관심을 받았다.

다른 주요 작품

〈잠자는 뮤즈〉, 1909~1910, 허시혼 미술관과 조각공원, 워싱턴 DC, 미국

〈키스〉, 1916, 필라델피아 미술관, 펜실베이니아 주, 미국

〈공간 속의 새〉, 1928, 현대미술관, 뉴욕, 미국

모더니즘 **p.18** 나이브 아트/원시주의 **p.21** 입체주의 **p.22**

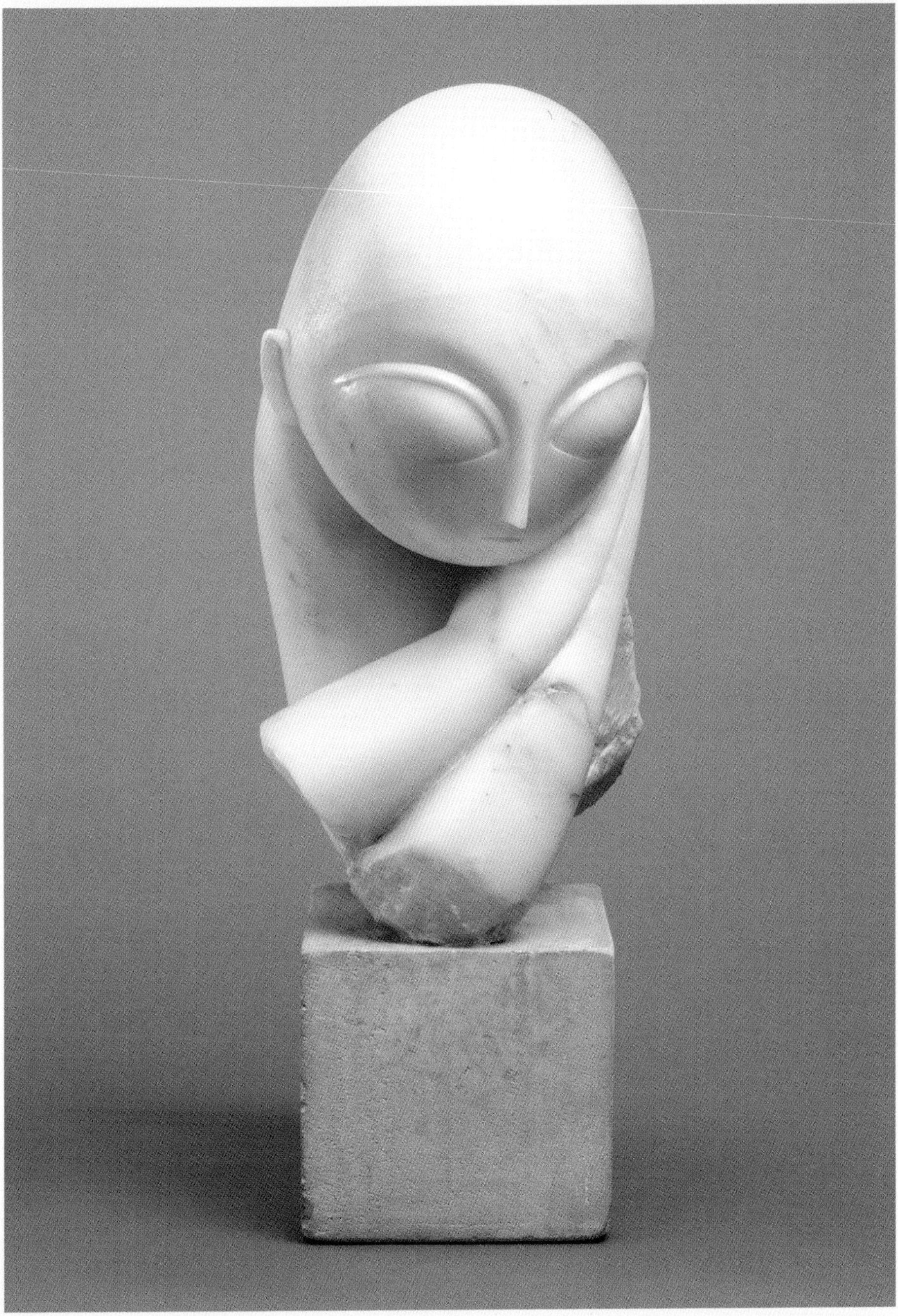

인물 **p.164** 초상 **p.168** 형태와 선 **p.174** 돌조각 **p.200**

자전거 바퀴 Bicycle Wheel

1913

마르셀 뒤샹: 원작 1913 • 복제품 1964 • 색칠한 부엌의자에 뒤집어 올려놓은 자전거 바퀴와 포크 • 126.5×63.5×31.8cm • 이스라엘 박물관, 예루살렘, 이스라엘

다른 주요 작품

〈계단을 내려오는 누드〉, 1912, 필라델피아 미술관, 펜실베이니아 주, 미국

〈샘〉, 1917, 현대미술관, 뉴욕, 미국

〈구혼자들에 의해 발가벗겨진 신부, 혹은 큰 유리〉, 1915~1923, 필라델피아 미술관, 펜실베이니아 주, 미국

〈자전거 바퀴〉는 마르셀 뒤샹(1887~1968)의 최초의 '레디메이드(Readymade)'이며 레디메이드라는 용어가 생기기도 전에 제작되었다.

오브제들이 개조되고 결합되었기 때문에 이 작품은 '조합된 레디메이드'라고 알려지게 되었다. 뒤샹은 "1913년에 자전거 바퀴를 부엌의자에 고정시키고 바퀴가 돌아가는 것을 바라봐야겠다는 근사한 생각이 떠올랐다"라고 상기했다. 이 작품은 운동 에너지에 대한 그의 관심을 형상화한 것이다. 이는 독보적이고 불손하며 대단한 영향력이 있었다. 뒤샹은 미학적인 아름다움과 기교라는 미술의 가치들을 무시하고 작품의 외형이 아니라 발상에 집중했으며, 작품을 이루는 요소들에 대한 전제에 도전하며 예술적 기술이라는 확립된 개념들을 파괴했다. 어떤 면에서 〈자전거 바퀴〉는 뒤샹이 미술계와 그 관습들을 조롱하는 방식이었지만 처음에 이 작품을 제작했을 때는 "우연이라는 개념과 더 관련이 있었다. 어떻게 보면 그것은 사물을 그냥 내버려두는 것이고 작업실에 일종의 창조적 분위기를 조성하는 일이었다…, 돌아가는 바퀴는 마음을 달래고 위안을 준다…, 난 작업실에 자전거 바퀴를 두는 게 좋았다. 벽난로에서 춤추는 불꽃을 바라보는 것처럼, 자전거 바퀴를 바라보는 것이 좋았다. 그것은 작업실에 벽난로를 두는 것과 비슷했고 바퀴의 움직임을 보면 불꽃이 연상되었다."

마르셀 뒤샹

아마도 20세기 영향력이 가장 큰 화가였던 마르셀 뒤샹은 대개 '개념미술의 아버지'로 간주된다. 프랑스 노르망디에서 태어난 뒤샹은 두 형을 좇아 화가가 되었다. 처음에는 카툰을 팔아 돈을 벌었고, 그 다음에는 후기인상주의와 상징주의 화가였던 오딜롱 르동(1840~1916)에게 영감을 받은 작품을 제작했다. 4차원을 그린다는 개념에 큰 흥미를 느꼈던 뒤샹은 입체주의, 미래주의, 다다 등에 몰두했다.

다다 p.28

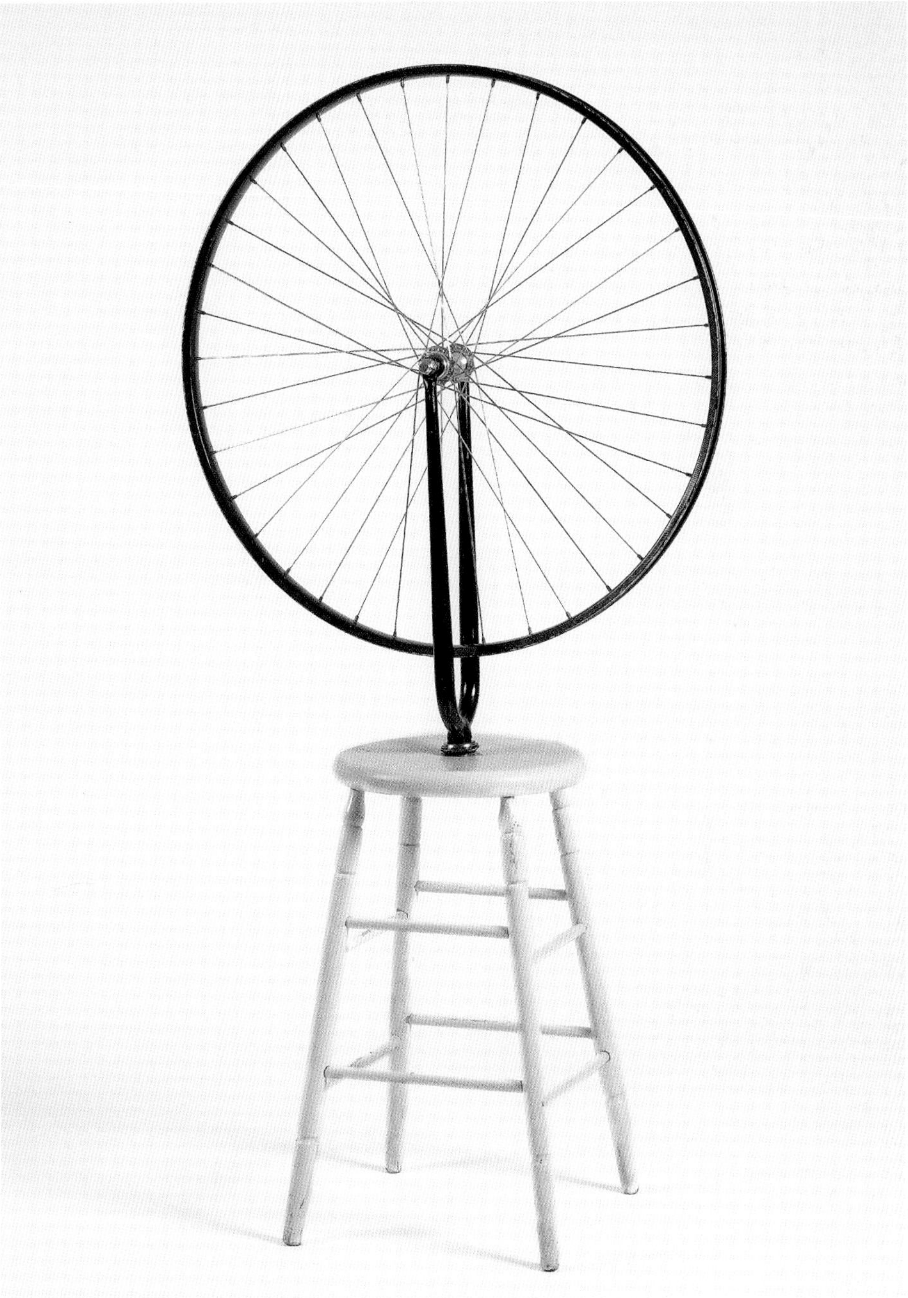

역동주의 **p.172** 형태와 선 **p.174** 추상 **p.175** 사회적 논평 **p.184** 레디메이드 **p.204** 산업재료 **p.212**

베를린 거리 풍경

Berlin Street Scene

1913

에른스트 루트비히 키르히너: 캔버스에 유채물감 • 121×95cm • 노이에 갤러리, 뉴욕, 미국

전 세계, 특히 당대 독일 정세에 불안감을 느낀 에른스트 루트비히 키르히너(1880~1938)는 다른 화가들과 공동으로 만든 다리파가 1913년에 해체된 직후, 고독과 불안의 시기에 〈베를린 거리 풍경〉을 그렸다.

거리를 걷고 있는 두 명의 매춘부를 수많은 남자들이 지켜보고 있다. 키르히너에게 매춘부는 위협과 부패로 가득한 현대의 도시를 상징했다. 거친 붓질과 부자연스러운 색채는 움직임과 불안감을 강조한다. 알브레히트 뒤러(1471~1528), 반 고흐, 고갱, 중세미술과 원시미술, 신인상주의 등 다양한 사조에서 영향을 받은 키르히너는 1913년부터 1915년에 걸쳐 회화, 드로잉, 판화 등으로 이 작품을 포함해 베를린 거리 풍경 연작을 제작했다. 위협적이고 불쾌감을 주는 삐죽삐죽한 모습의 매춘부들은 많은 이들이 당시 독일에 만연하다고 생각했던 도덕의 부재와 불길한 느낌을 표현한다. 호블 스커트와 깃털 장식 모자 등 최신 유행의 의복과 이들의 오만함은 그 주변의 남자무리와 직접적으로 대비된다. 치우치고, 기울어진 원근법이 불안하게 만드는 왜곡을 가중시킨다. 다리파 화가들은 캔버스의 평면성을 강조했고 이미지를 단순화시켰으며 종종 강렬한 물감을 사용했다. 이 그림을 그리기 몇 달 전에 다리파가 해체되었음에도 불구하고 키르히너는 들쭉날쭉한 붓질과 어색한 구성으로 다리파 양식을 이어나갔다.

에른스트 루트비히 키르히너

바이에른 출생의 키르히너는 독일의 가장 영향력 있는 표현주의 화가들 중 한 명이며, 원초적인 감정을 표현하고, 거친 물감 자국, 격렬한 왜곡, 들쭉날쭉한 붓질, 부자연스러운 색채를 사용한 작품으로 유명해졌다. 그는 건축을 공부한 후에 화가가 되기로 결심했다. 1905년 키르히너와 그의 친구 프리츠 블라일(1880~1966), 카를 슈미트-로틀루프(1884~1976), 에리히 헤켈(1883~1970)은 표현주의에 활기를 불어넣은 다리파를 만들었다. 이들은 "모든 혁명적인 세력을 규합하기를" 바란다고 선언했다.

다른 주요 작품

〈거리의 다섯 여자〉, 1913, 루트비히 미술관, 쾰른, 독일

〈포츠담 광장〉, 1914, 국립미술관, 베를린, 독일

〈군인으로 그려진 자화상〉, 1915, 앨런 기념 미술관, 오하이오 주, 미국

표현주의 p.20

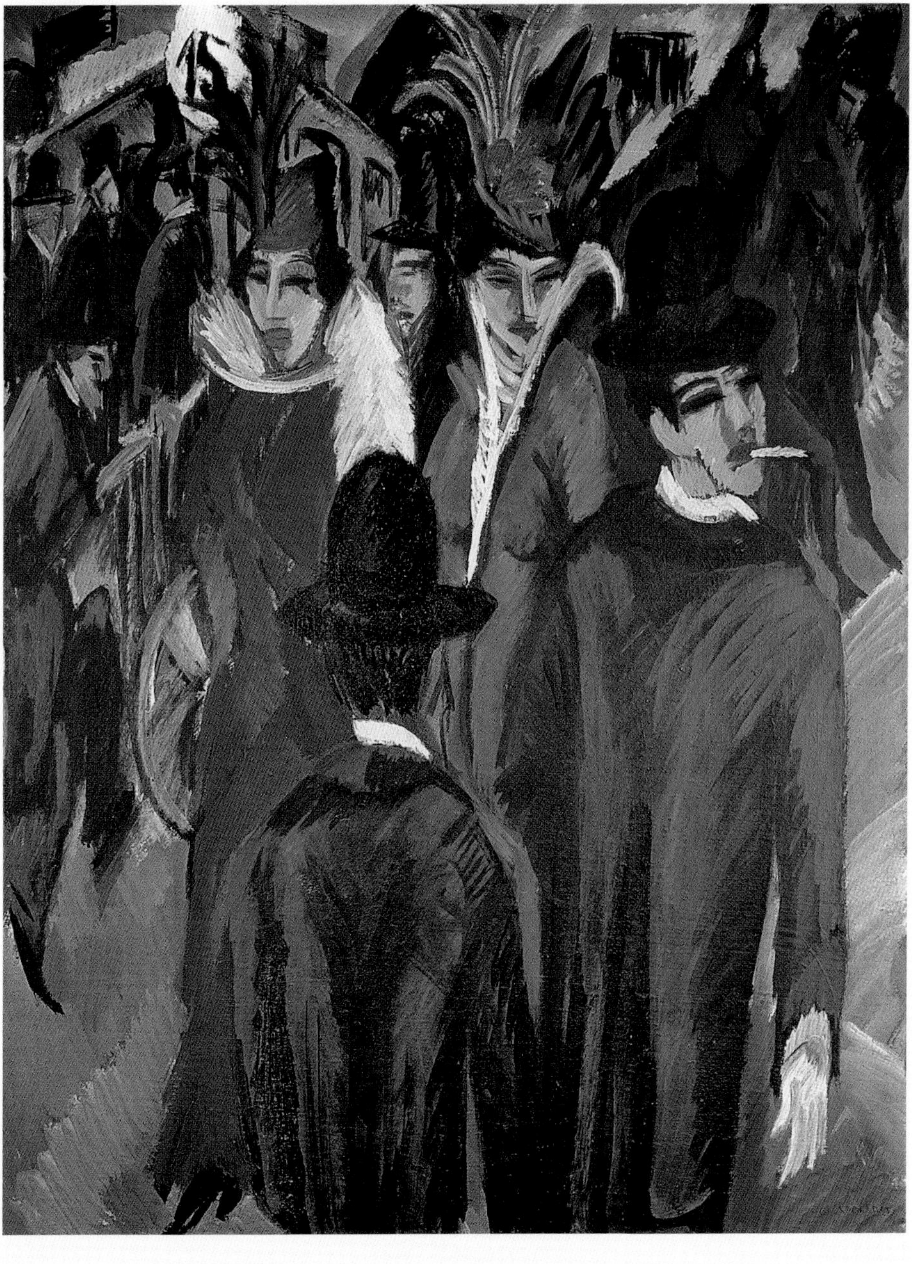

인물 **p.164** 색채 **p.173** 형태와 선 **p.174** 추상 **p.175** 사회적 논평 **p.184** 캔버스에 유채물감 **p.194**

일렉트릭 프리즘
Prismes Électriques

1914

소니아 들로네-테르크: 캔버스에 유채물감 • 250×250cm • 현대미술관, 퐁피두센터, 파리, 프랑스

다른 주요 작품

〈르 발 뷜리에〉, 1913, 현대미술관, 퐁피두센터, 파리, 프랑스

〈동시적인 드레스〉, 1913, 개인소장

〈리듬〉, 1938, 파리 시립현대미술관, 파리, 프랑스

소니아 들로네-테르크(1885~1979)는 어린 시절에 우크라이나에서 본 천과 비슷한 헝겊 조각을 이은 퀼트를 그녀의 아이를 위해 만들고 나서 선명한 색채가 돋보이는 〈일렉트릭 프리즘〉을 그렸다.

원근법이나 깊이를 보여주려는 그 어떠한 시도도 하지 않은 이 작품은, 평면적인 색채의 조각들과 동심원들이 진동하는 것처럼 보인다. 다양한 색채의 천 조각을 연결하는 퀼트에서 영감을 받은 들로네-테르크는 전통적인 우크라이나의 직물, 슈브뢸의 동시대비이론, 시인 블레즈 상드라르(1887~1961)와 공동으로 작업한 『시베리아 횡단열차와 소녀 잔느 드 프랑스의 산문』의 원리와 입체주의 개념들을 토대로 이 그림을 그렸다. 그녀는 색채의 동시성이 자연광과 전깃불에 의해 생성되며, 시골과 도시에서 볼 수 있다고 주장했다. 이 그림은 파리의 생미셸 대로변에 설치된 비교적 새로운 전기 램프들이 만드는 광학적 효과들을 묘사한다. 두 명의 인물이 식별가능하다. 색채 소용돌이가 겹쳐지면서 분주한 거리에 떨어지는 빛 에너지로 전환되고, 굴절되어 활기찬 색채의 원반들로 바뀐다. 4차원 개념에 매료된 들로네-테르크는 여기서도 그것을 탐구했다. 그녀와 남편 로베르는 이런 방식을 '색채동시주의'라고 불렀지만, 친구였던 작가 겸 미술비평가 기욤 아폴리네르(1880~1918)는 그것의 리드미컬한 특성을 때문에 신화 속의 음악가 오르페우스의 이름을 따 오르피즘이라고 명명했다.

소니아 들로네-테르크

러시아에서 자란 소니아 들로네-테르크는 독일에서 미술을 공부했고 파리에 거주하며 작업했다. 그녀와 남편은 시각적 강렬함과 리듬에 도달하기 위해 색과 형태가 결합된 활기 넘치는 그림을 그렸다. 들로네-테르크는 평생 그림을 그리고, 직물과 의복, 무대장치 등을 디자인했으며, 직물디자인 회사와 상점을 운영하고 시인들과 공동 작업을 했다.

오르피즘 p.24

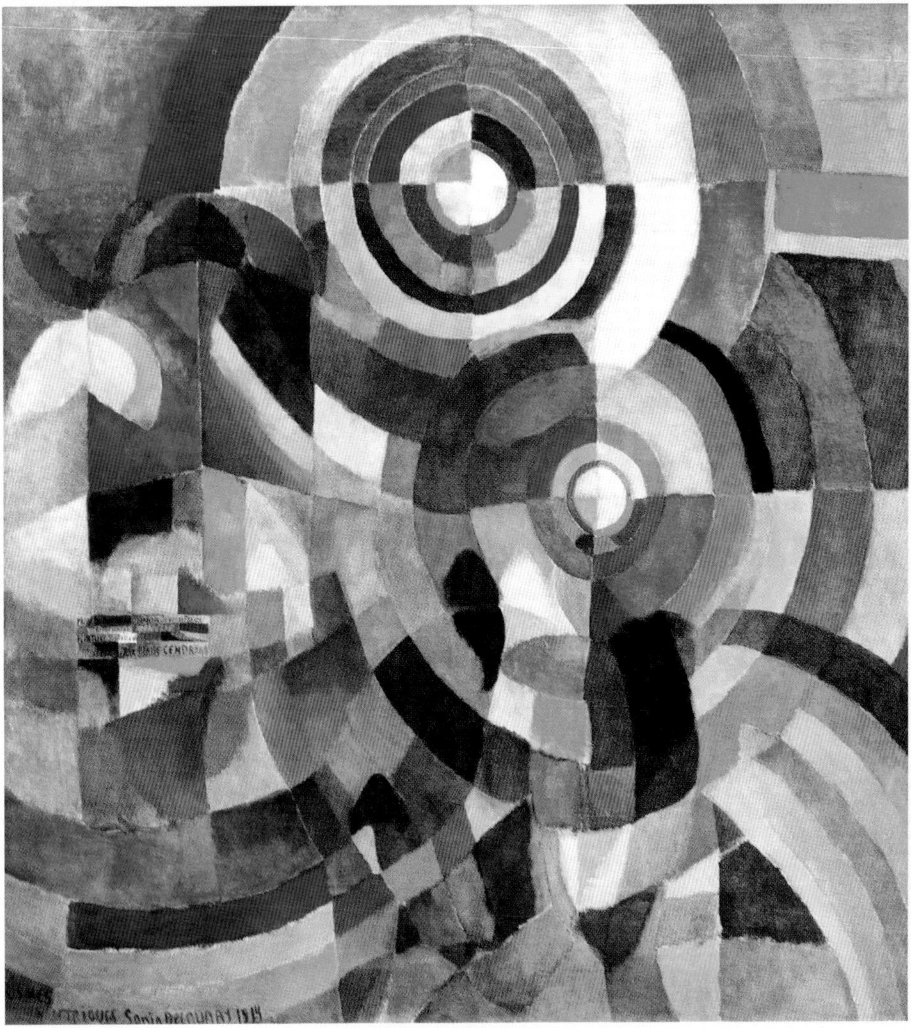

빛 **p.170** 역동주의 **p.172** 색채 **p.173** 형태와 선 **p.174** 추상 **p.175** 음악 **p.177** 캔버스에 유채물감 **p.194**

사랑 노래 The Song of Love

1914

조르조 데 키리코: 캔버스에 유채물감 • 73×59.1cm • 현대미술관, 뉴욕, 미국

조르조 데 키리코
그리스에서 성장한 데 키리코는 그리스 신화와 이탈리아 미술에 강한 흥미를 느꼈다. 그는 1911년에 파리로 가서 앵데팡당전과 살롱 도톤 등 전시회에 참여했다. 제1차 세계대전이 발발하자 이탈리아로 돌아간 그는 카를로 카라를 만나서 함께 형이상학적 회화를 발전시켰다. 데 키리코의 그림에는 일반적으로 과장된 원근법, 일관성 없는 요소들이 있는 광장, 불길해 보이는 아케이드가 나온다.

〈사랑 노래〉는 어울리지 않는 물건들로 물질적 세계(현실 세계)를 넘어서는 삶의 요소들을 표현하고 있다.

조르조 데 키리코(1888~1978)는 상징주의 화가 막스 클링거(1857~1920)와 아르놀트 뵈클린(1827~1901), 독일 철학자 프리드리히 니체(1844~1900), 아르투르 쇼펜하우어(1788~1860), 오토 바이닝거(1880~1903)에 매료되었다. 보기에는 터무니없는 병치이지만, 그는 '물리적 세계를 넘어선' 세계에 존재하는 사물들을 표현하기 위해 여러 가지 의미로 그것들을 선택했다.

거리에는 불안한 분위기가 스며들어 있다. 초록색 공은 어린 시절을 떠올리게 하고, 구성의 중심을 잡아준다. 거대한 고무장갑은 외과의사, 주부, 산파의 장갑 등으로 다양하게 해석되었다. 데 키리코에게 장갑은 운명, 기회, 우연, 영향 등과 연관되는 한편, 고전적인 대리석 흉상은 미술의 아름다움, 특히 이탈리아와 그리스 미술을 상징한다. 이 조각상은 수백 년 동안 완벽한 미의 구현으로 인식되었고, 기원전 350경~325에 그리스에서 제작된 소실된 청동 조각상을 복제한 〈벨베데레 아폴론(*The Apollo Belvedere*)〉에서 나온 아폴론의 흉상이다. 아폴론은 태양의 신이자 아름다움, 빛, 시와 음악의 신이다. 니체도 아폴론에 관해 글을 썼다. 한편, 데 키리코는 모더니티와 권력, 속도의 상징으로서, 그리고 무의식으로의 여행을 암시하는 기차를 그려 넣었다. 전체적으로 이 작품은 제1차 세계대전으로 황폐화되고 있던 사회의 무분별함을 일깨운다.

다른 주요 작품

〈시인의 불확실성〉, 1913, 테이트 모던, 런던, 영국
〈거리의 신비와 멜랑콜리〉, 1914, 개인소장
〈불안한 뮤즈들〉, 1916, 개인소장

형이상학적 회화 **p.25**

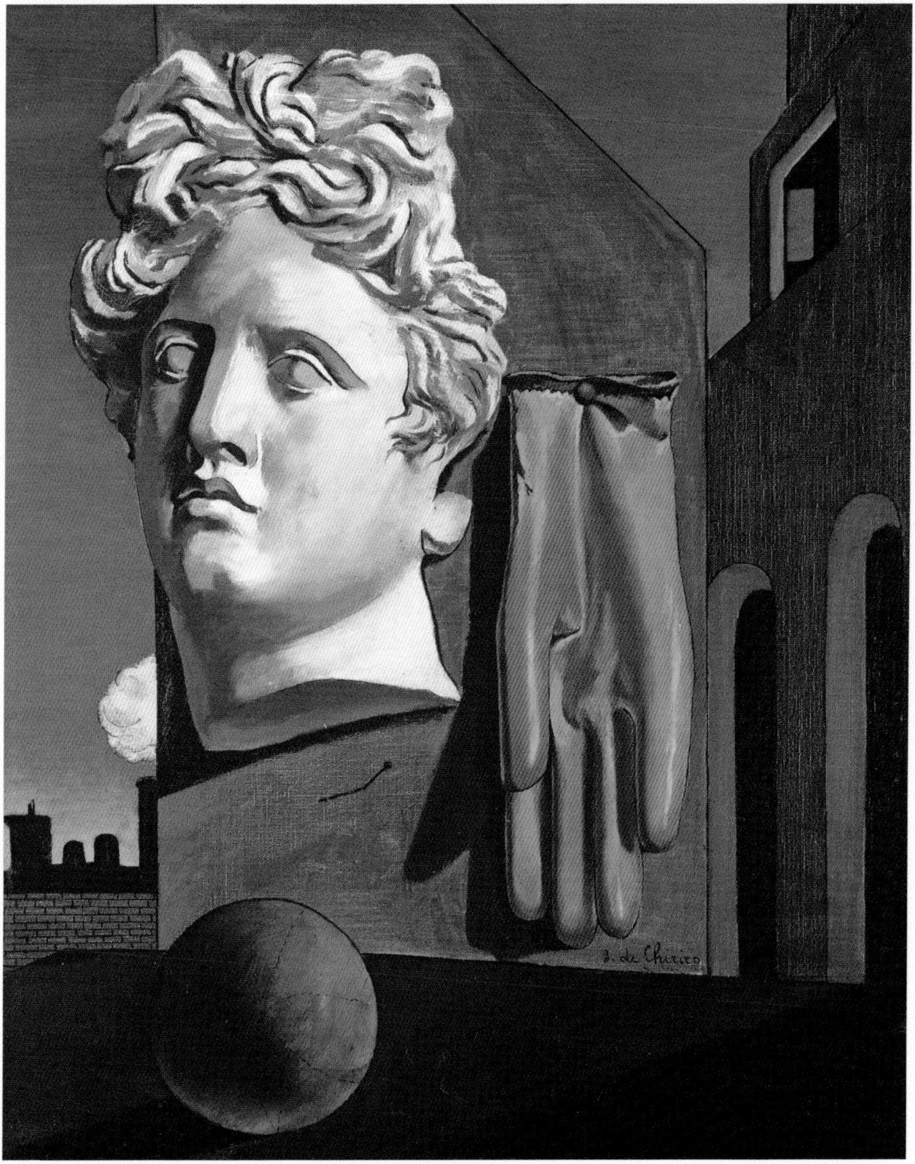

빛 **p.170** 음악 **p.177** 도시 환경 **p.180** 캔버스에 유채물감 **p.194**

작전 중인 무장 열차

Armoured Train in Action

1915

지노 세베리니: 캔버스에 유채물감 • 115.8×88.5cm • 현대미술관, 뉴욕, 미국

다른 주요 작품

〈피갈의 댄서〉, 1912, 볼티모어 미술관, 메릴랜드 주, 미국

〈바다=댄서(마레=발레리나)〉, 1914, 솔로몬 R. 구겐하임 미술관, 뉴욕, 미국

〈모자판매인〉, 1910~1911, 필라델피아 미술관, 펜실베이니아 주, 미국

〈작전 중인 무장열차〉가 제작된 해, 이탈리아는 제1차 세계대전에 참전했고 미래주의자들은 "전쟁은 미술의 동력이다"라고 선언했다.

이탈리아 화가 지노 세베리니(1883~1966)는 파리의 당페르-로슈로 기차역이 내려다보이는 집에 살면서 군인과 보급품을 실은 기차가 오가는 것을 보았다. 기차 안에는 얼굴이 보이지 않는 병사 다섯 명이 소총을 들고 웅크리고 있다. 총에서 나오는 연기와 발사되고 있는 대포들이 병사들을 둘러싸고 있다. 다른 미래주의 화가들처럼 세베리니도 전쟁이 이탈리아를 과거로부터 해방시켜 새로운 이탈리아의 정체성을 만들어낼 것이라고 믿으며 전쟁을 찬양했다. 그는 "최대한 경이로운 기계적 형태들로 전쟁을 연구하고 그림으로 생생하게 표현하려고 노력하라"는 동료 미래주의 화가 필리포 마리네티(1876~1944)의 충고를 따랐다.

기계의 동력, 전쟁, 도시 생활의 빠른 속도 등을 찬양한 이 그림은 세베리니의 후기 회화, 즉 하나의 이미지가 하나의 개념을 표현하는 '이미지-개념'을 예고한다. 이 그림은 1914년 11월『르 미루아르』에 발표된 사진 한 장에서 영감을 얻었지만 공중에서 본 모습은 세베리니의 작업실에서 내려다보는 시점을 반영한다. 기차의 역동성은 색채의 평면들로 분해된다. 이러한 접근방식은 다양한 시점이 공존하는 입체주의에서 나왔다. 배경의 산등성이가 있는 들판을 가리는 연기는 시골의 파괴를 암시한다. 기차와 대포의 리벳 같은 세부요소는 기계를 강조하고, 역동적인 구성은 폭력과 에너지, 속도를 찬양한다.

지노 세베리니

세베리니는 로마에서 미술을 공부한 후 움베르토 보초니를 만났고 두 사람은 자신들에게 영감을 준 자코모 발라의 작업실을 방문했다. 얼마 후 파리로 이주한 세베리니는 시냑, 브라크, 후안 그리스, 아메데오 모딜리아니(1884~1920), 피카소를 만났다. 그는 1910년 미래주의 운동에 가담했고 주로 인물, 빛, 역동성을 묘사했다. 또한 벽화와 프레스코화, 모자이크 등을 제작했고 미술에 관한 저서와 에세이를 집필했다.

미래주의 **p.23**

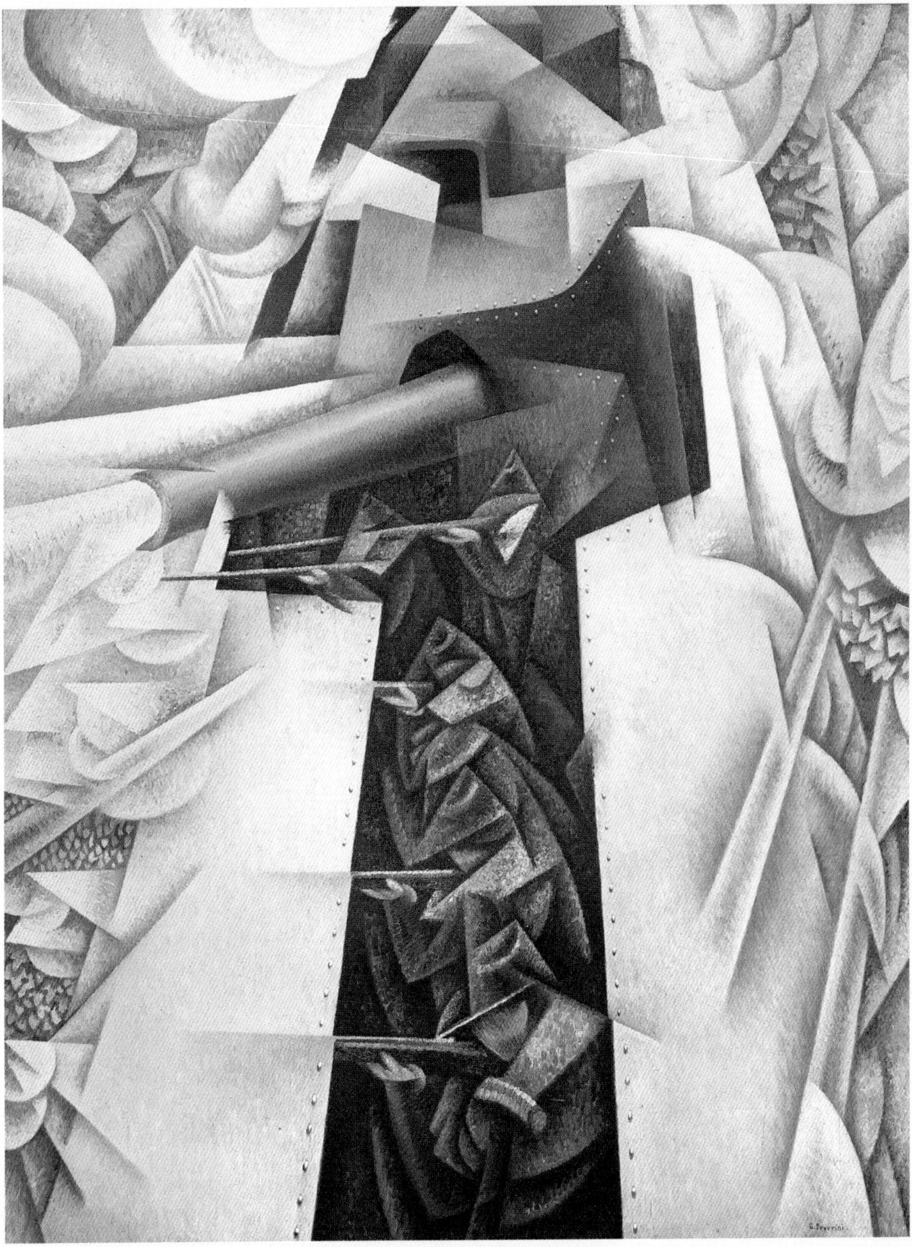

인물 **p.164** 빛 **p.170** 역동주의 **p.172** 색채 **p.173** 형태와 선 **p.174** 애국심 **p.178**
캔버스에 유채물감 **p.194**

검은 사각형 Black Square

1915

카지미르 말레비치: 린넨에 유채물감 • 79.5×79.5cm • 트레티야코프 미술관, 모스크바, 러시아

다른 주요 작품

〈날아가는 비행기〉, 1915, 현대미술관, 뉴욕, 미국

〈절대주의 회화〉, 1916, 시립미술관, 암스테르담, 네덜란드

〈절대주의 구성: 흰색 위의 흰색〉, 1918, 현대미술관, 뉴욕, 미국

1916년에 카지미르 말레비치(1878~1935)는 검은 사각형 그림이 "새로운 미술의 모습…, 순수한 창작의 첫 걸음"이라고 선언했다.

말레비치는 그의 새로운 미술이 '순수한 예술적 감정의 우월성'을 토대로 하고 있기 때문에 절대주의라고 불렀다. 그는 미술이 주제를 초월해야 한다고 생각했고 형태와 색은 서사를 넘어 '가장 중요한 것'이 되어야 했다. 말레비치는 페트로그라드(현 상트페테르부르크)에서 1915년에 열린 「마지막 미래주의 회화 전시회 0.10」에 처음으로 선보인 〈검은 사각형〉이 무언가에 관한 것이 아닌 최초의 미술작품이라고 생각했음을 설명하는 유인물을 제작했다. 그는 이렇게 말했다. "지금까지 현실의 속성이 전혀 없는 그림을 그리려는 시도가 없었다" 〈검은 사각형〉은 완전히 비재현적인 '예술을 위한 예술'이다. 이 그림은 전시장의 벽 높은 곳에 걸렸는데, 이는 전통적인 러시아 가정에서 성인의 이콘화를 거는 위치와 같다. 1927년에 말레비치는 『비구상의 세계』에서 다음과 같이 말했다. "나는 현실세계의 무거운 짐에서 미술을 해방시키려고 필사적으로 노력하며 정사각형의 형태를 도피처로 삼았다." 말레비치는 1915년과 1930년 사이에 〈검은 사각형〉의 네 번째 버전을 제작했다. 그러나 처음으로 평범한 사각형을 그렸던 때는 미래주의 오페라 〈태양에 대한 승리〉의 무대 커튼을 디자인했던 1913년이었다.

카지미르 말레비치

1907년에 모스크바로 이주한 후, 말레비치는 칸딘스키, 나탈리아 곤차로바(1881~1962), 미하일 라리오노프(1881~1964) 등의 아방가르드 화가들과 교류하며, 다이아몬드의 잭(Jack of Diamonds), 당나귀 꼬리(Donkey's Tail), 타깃(Target), 청년동맹(Youth Union) 등을 비롯한 여러 미술단체에 가입했다. 1913년에 모스크바에서 열린 아리스타크 렌투로프(1882~1943)의 전시회는 말레비치가 절대주의를 발전시키는 데 영향을 미쳤다.

절대주의 p.27

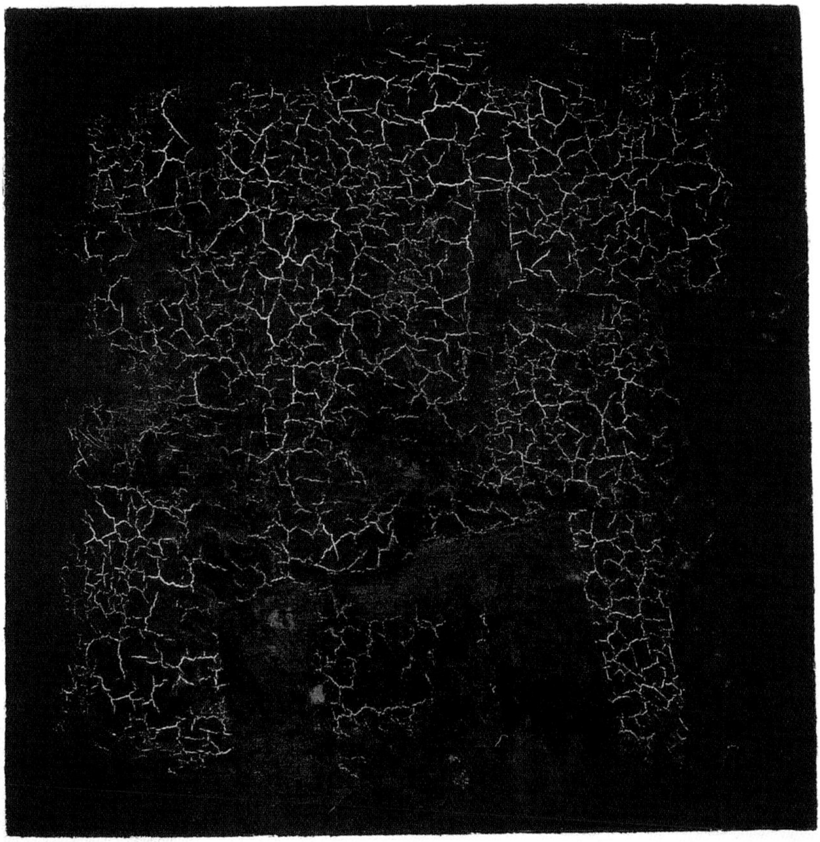

색채 **p.173** 형태와 선 **p.174** 추상 **p.175** 애국심 **p.178** 캔버스에 유채물감 **p.194**

제3인터내셔널 기념비

Monument to the Third International

1919
–
1920

블라디미르 타틀린: 나무, 철, 유리 • 420×300×80cm

다른 주요 작품

〈생선장수〉, 1911, 트레티야코프 미술관, 모스크바, 러시아

〈누드〉, 1913, 트레티야코프 미술관, 모스크바, 러시아

〈Letatlin〉, 1929~1932, 항공우주 박물관, 모니노, 러시아

실제로 건설된 적은 없지만, 〈제3인터내셔널 기념비〉는 근원적인 구조들을 보여주려던 세잔의 노력에서 나온 입체주의에 대한 직접적인 응답이었다.

러시아 구성주의 발전의 중심인물이었던 블라디미르 타틀린(1885~1953)은 미술이 사회에 유용한 것이어야 한다고 생각했고 구조물의 틀을 드러냄으로써 기계시대를 포용했다. 아무런 장식이 없는 이 탑은 세 개의 거대한 유리방으로 구성되어 있었다. 하나의 공간 위에 다른 공간이 있고, 각각의 공간은 기하학적 형태, 즉 1층은 정육면체, 중간층은 원뿔, 꼭대기는 원통의 형태를 띠며 서로 다른 속도로 회전하도록 되어 있었다.

1917년 러시아 혁명 이후, 타틀린은 소련 거리에 놓인 차르 시대의 기념비적인 건축물들을 새 체제의 이념을 지지하는 디자인으로 교체하며, 볼셰비키의 지도자 블라디미르 레닌(1870~1924)을 위해 일했다. 전당대회와 회의를 위해 설계된 정육면체 형태의 일층은 일 년에 한 번 회전한다. 집행위원회에 할당된 중간층의 원뿔은 한 달에 한 번 회전하고, 하루에 한 번 회전하는 원통 형태의 꼭대기는 전 유럽에 방송을 내보내는 보도기관으로 사용될 예정이었다. 땅에서 보이는 구름에 공산주의의 슬로건을 투사하는 프로젝터가 설치된 이 기념비는 상트페테르부르크의 네바 강 양쪽 기슭에 세워질 예정이었다.

블라디미르 타틀린

러시아 미래주의에서 파생된 광선주의(Rayonism)에 영향을 받기 전에 타틀린은 이콘화 화가였다. 그는 파리에서 3차원적 혼합매체 구성을 위한 피카소의 형태분석 과정을 발견했으며, 공학기술을 조각에 적용한 일군의 모스크바 화가들을 이끌었다. 이러한 접근방식은 구성주의로 발전되었다. 타틀린은 재료의 잠재력과 그러한 재료로 창조할 수 있는 기하학적인 형태들을 탐구했다.

구성주의 **p.26**

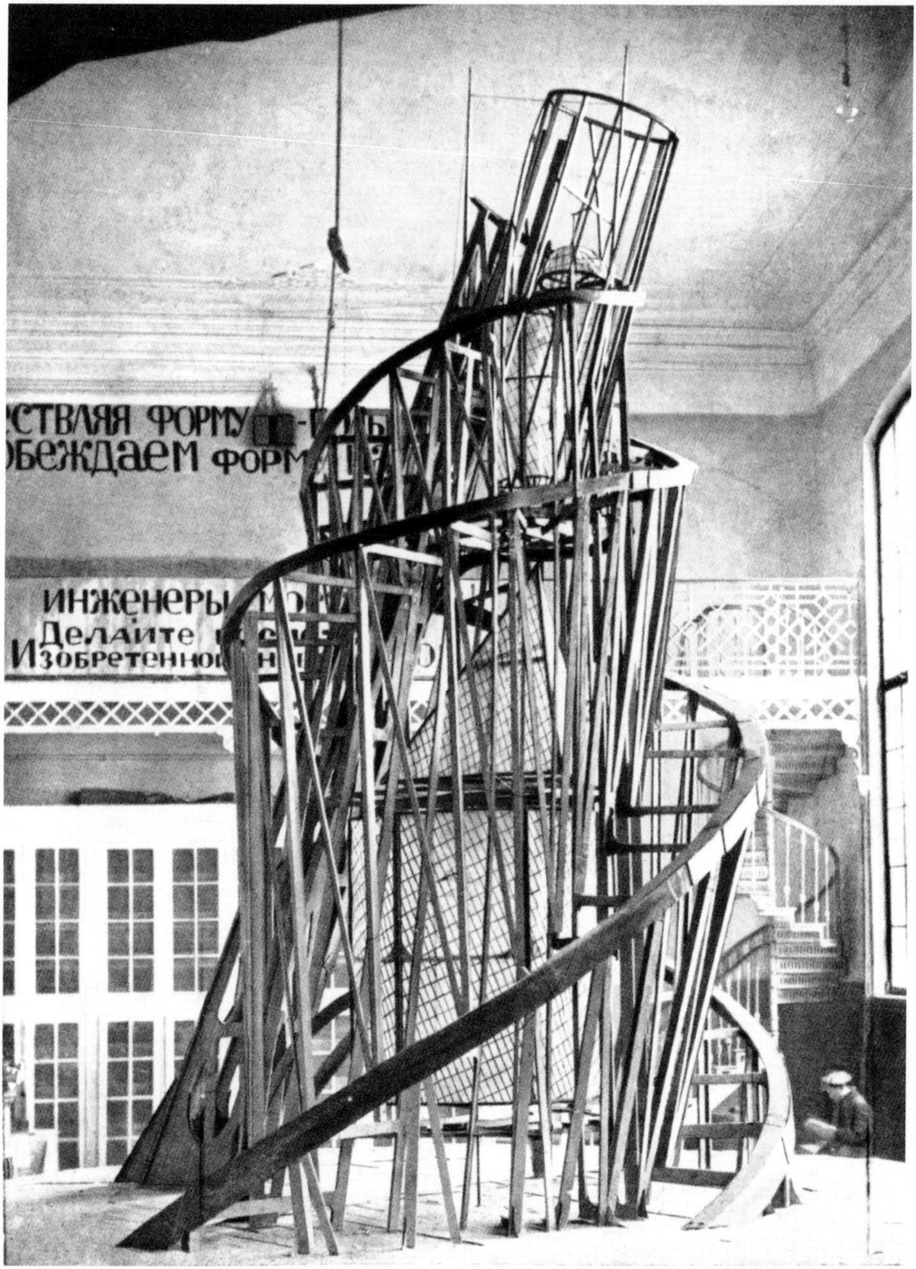

→ 형태와 선 **p.174** 추상 **p.175** 도시환경 **p.180** 애국심 **p.178** 산업재료 **p.212**

경작된 밭 The Tilled Field

1923–1924

호안 미로: 캔버스에 유채물감 • 66×92.7cm • 솔로몬 R. 구겐하임 미술관, 뉴욕, 미국

화가, 조각가, 도예가로 활동하면서 호안 미로(1893~1983)는 상상력으로 생물 형태를 연상시키는 물체를 묘사하는 새로운 형태의 미술, 바이오모픽 아트(biomorphic art)를 창조했다.

미로의 첫 초현실주의 그림이었던 〈경작된 밭〉은 중세 스페인의 태피스트리(색실로 그림을 짜넣어 표현한 직물 공예)와 히에로니무스 보스(1450경~1516)의 작품에서 영감을 받아 그린 것이다. 시골을 배경으로 등장하는 유기적이며 평면적인 형태들은 카탈루냐에 있는 미로의 가족농장 풍경을 보여준다. 소나무 잎에 있는 거대한 눈과 그 아래 여러 개의 눈이 있는 솔방울은 초기 기독교 미술의 작은 눈이 달린 천사의 날개에서 나왔다. 나무줄기의 큰 귀는 모든 사물에는 살아있는 영혼이 깃들어 있다는 미로의 믿음을 반영하며, 소가 끄는 쟁기를 든 양식화된 인물은 미로가 잘 알고 있던 스페인의 선사시대 알타미라 벽화를 바탕으로 그려졌다. 세 개의 깃발 — 프랑스, 카탈루냐, 스페인 국기 — 은 중앙집권적인 스페인 정부로부터 독립하려는 카탈루냐의 노력들을 나타낸다. 파리에서 피카소는 미로에게 사물을 해체하고 구성요소들을 그리드에 배열하는 입체파의 방식을 보여주었다. 'jour(하루)'라는 단어가 보이는 파리의 신문과 고깔을 쓴 스페인 도마뱀이 있는 나무 하단은 입체주의의 정물 배열을 연상시킨다. 미로는 공식적으로 초현실주의 그룹에 가입한 적이 없었지만 초현실주의를 주창한 앙드레 브르통은 미로가 "우리 중에서 가장 초현실주의적"이라고 주장했다.

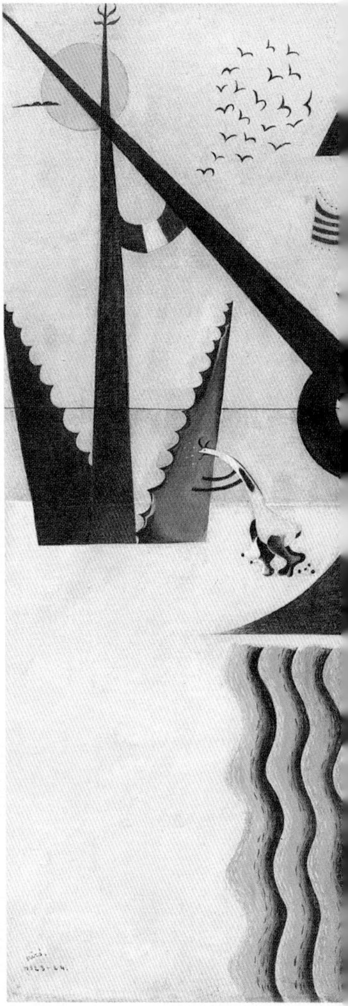

다른 주요 작품

〈카탈루냐 풍경(사냥꾼)〉, 1924, 현대미술관, 뉴욕, 미국

〈모성〉, 1924, 스코틀랜드 국립미술관, 에든버러, 영국

〈여성과 사랑에 빠진 암호와 별자리〉, 1941, 시카고 아트 인스티튜트, 일리노이 주, 미국

초현실주의 p.32

호안 미로

바르셀로나의 장인 가정에서 태어난 미로는 야수파의 밝은 색채와 입체파의 파편화된 구성에서 영향을 받았다. 그의 초기작은 이러한 개념들과 카탈루냐의 로마네스크 벽화의 조합이었다. 미로는 1920년에 파리로 갔고, 파리에서 너무 가난하고 배가 고파 환각에 빠졌다고 주장했다. 훗날 미로의 환상들은 근원적인 진실을 드러낸다고 생각한 '자동기술법'에 영감을 주었다.

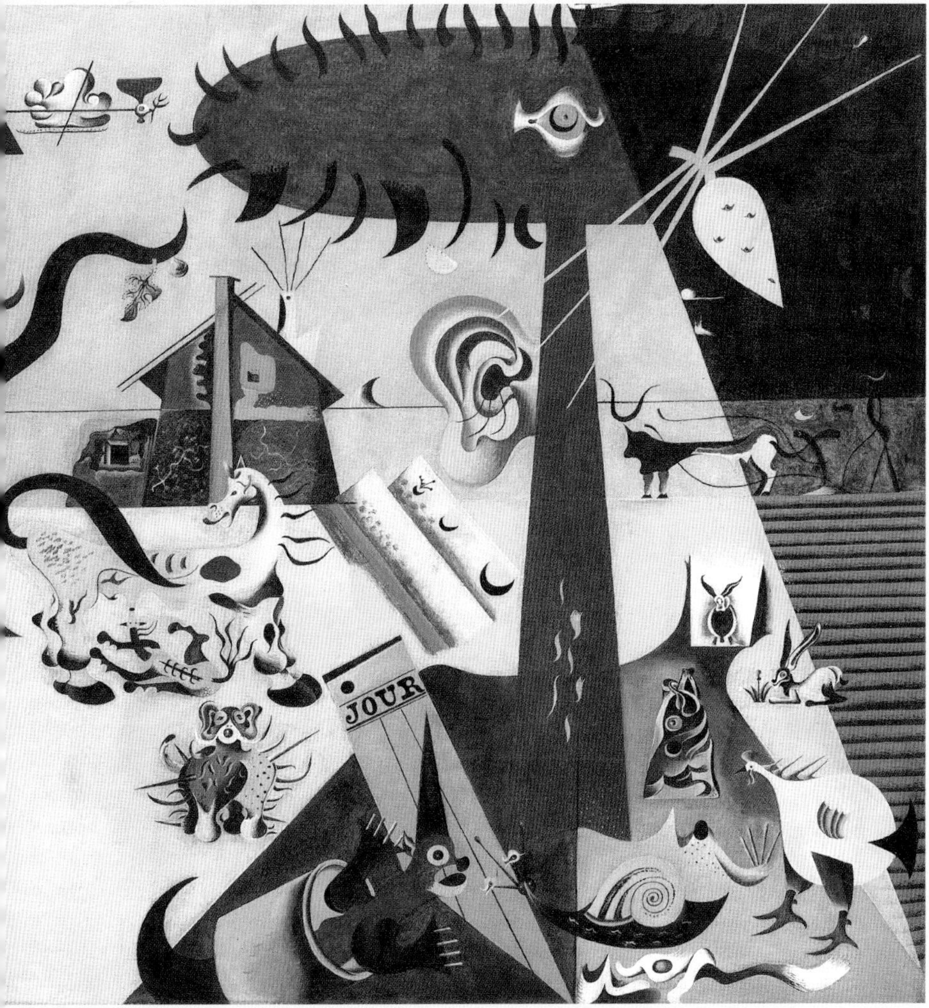

풍경 **p.167** 색채 **p.173** 형태와 선 **p.174** 추상 **p.175** 애국심 **p.178**
캔버스에 유채물감 **p.194** 자동기술법 **p.207**

밝은 타원 In the Bright Oval

1925

바실리 칸딘스키: 마분지에 유채물감 • 73×59cm • 티센-보르네미사 국립미술관, 마드리드, 스페인

바실리 칸딘스키(1866~1944)는 1910년에 수채물감으로 작은 추상화를 그리긴 했지만 유채물감으로 그린 완전한 추상화는 1914년에 나왔다.

〈밝은 타원〉을 제작했던 시기에 그는 색채 이론들을 탐구했고 색과 형태의 관계에 특히 관심을 가졌다. 그는 1922년부터 1933년까지 바우하우스에서 삼원색을 기하학적 형태와 연결시키는 것과 관련된 이론들을 가르쳤다. 리드미컬한 형태, 색채, 패턴으로 만들어진 이 작품은 완전한 추상으로 보이지만, 칸딘스키에게는 보편적인 의미도 갖고 있는 그림이었다.

칸딘스키는 공감각의 소유자였는데, 이는 그가 소리를 듣거나 글을 읽을 때 머릿속에서, 그리고 어디에서나 색을 '보았음'을 의미한다. 그는 또한 1875년에 신지학협회를 창립한 헬렌 블라바츠키(1831~1891)의 우주론에 관한 저서와 신지학에 대한 견해를 상세히 설명한 루돌프 스타이너(1861~1925)에게 매료되었다. 이러한 책들은 칸딘스키에게 미술과 정신성에 관한 대안적인 사고방식을 소개했다. 색이 고유한 정신적인 차원을 갖고 있다는 것은 이러한 개념들 중 하나다. 칸딘스키는 화가들이 '내면의 소리'에 귀를 기울이고 색과 형태를 통해 그것을 표현해야 한다고 생각했다. 그는 이 그림을 제작한 해에 미술의 근본원리에 대해 탐구한 『점, 선, 면』을 집필하고, 기하학적 형태의 중요성과 색의 의미를 강조했다.

바실리 칸딘스키

칸딘스키는 변호사로서의 성공적인 이력을 포기하고 화가가 되었다. 그는 학생들을 가르쳤고 자신의 이론에 관한 책을 집필했으며, 러시아 동화와 민속미술, 모네의 그림, 야수파와 표현주의 등에 영향을 받았다. 그는 1909년에 신지학협회에 가입했고 나중에 청기사 창립에 동참했다. 1911년에 있었던 아르놀트 쇤베르크(1874~1951)의 음악회는 칸딘스키의 미술이론을 완전히 변화시켰다.

다른 주요 작품

〈구성 4〉, 1911, 노르트라인-베스트팔렌 미술관, 뒤셀도르프, 독일

〈구성 7〉, 1913, 트레티야코프 미술관, 모스크바, 러시아

〈여러 개의 원〉, 1926, 솔로몬 R. 구겐하임 미술관, 뉴욕, 미국

모더니즘 p.18 표현주의 p.20 바우하우스 p.30

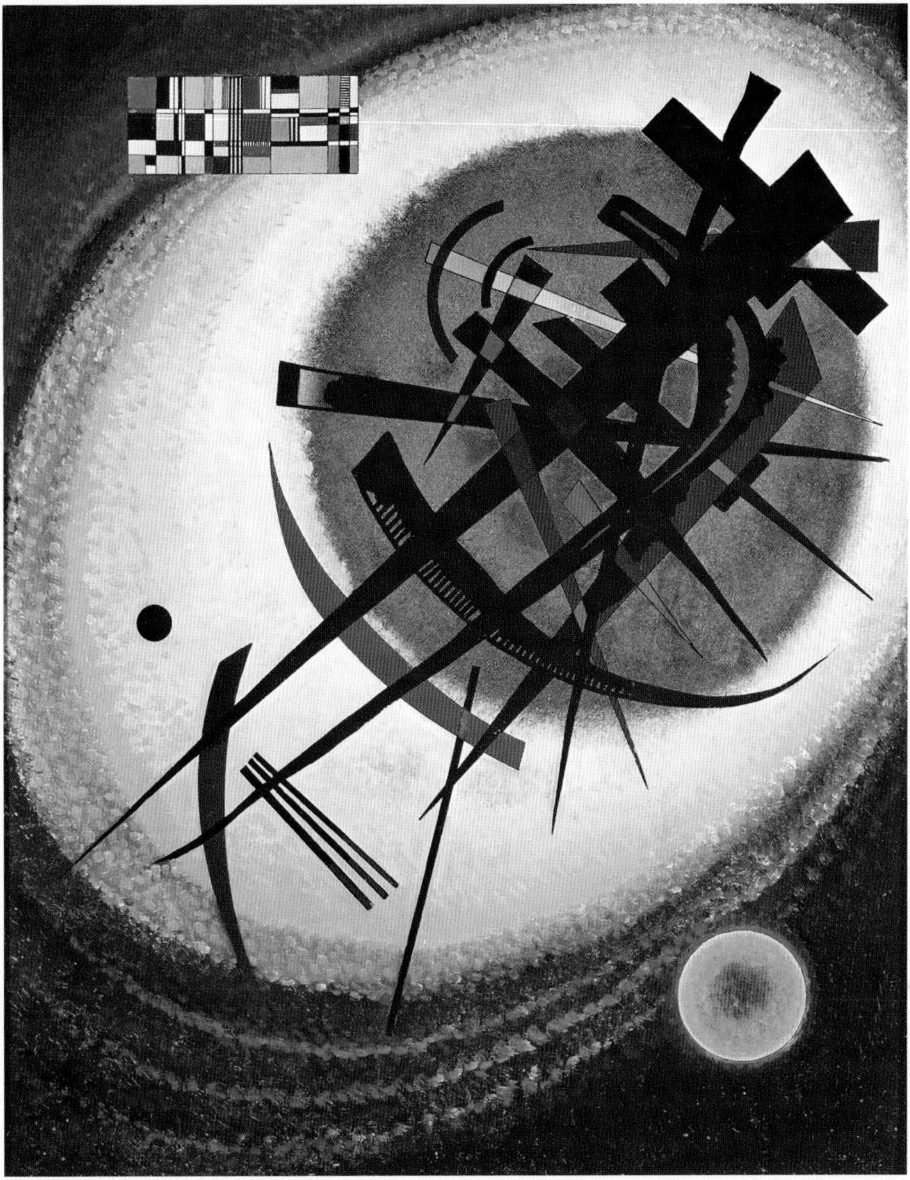

역동주의 **p.172** 색채 **p.173** 형태와 선 **p.174** 추상 **p.175** 음악 **p.177**

셀프서비스 식당 Automat

1927

에드워드 호퍼: 캔버스에 유채물감 • 71.4×88.9cm • 디모인 아트센터, 아이오와 주, 미국

다른 주요 작품

〈촙 수이〉, 1929, 개인소장

〈밤을 새우는 사람들〉, 1942, 시카고 아트 인스티튜트, 일리노이 주, 미국

〈호텔 로비〉, 1943, 인디애나폴리스 미술관, 인디애나 주, 미국

원래 상업적인 일러스트레이터였던 에드워드 호퍼(1882~ 1967)는 오랫동안 무명화가로 고군분투했지만, 〈셀프서비스 식당〉으로 수많은 화가와 영화감독에게 크게 영향을 미쳤다.

어두운 밤, 겨울 외투를 입은 여성이 셀프서비스 식당에 홀로 앉아 있다. 그녀의 뒤로 커다란 창문에 줄지어 늘어선 전등이 비친다. 밤중인 듯하다. 셀프서비스 식당은 24시간 영업을 한다. 어둠이 여자를 둘러싸고 있고, 여자는 실내에 있음에도 유행하는 외투를 입고 모자를 쓰고 있다. 추운 것이 분명하다. 그녀는 텅 빈 듯한 식당의 출입문 옆, 삭막한 조명이 비치는 탁자에 앉아 있다. 검은색 나무 의자, 작은 라디에이터, 창턱의 과일 그릇이 근처에 있다. 여자의 옷과 셀프서비스 식당은 어둠 속 창문 너머에 행복한 가족과 친구들이 가득한 마을이나 도시가 있음을 암시한다. 그러므로 이 장면은 모호하다. 여자는 외롭고 내성적이며, 자신만의 생각에

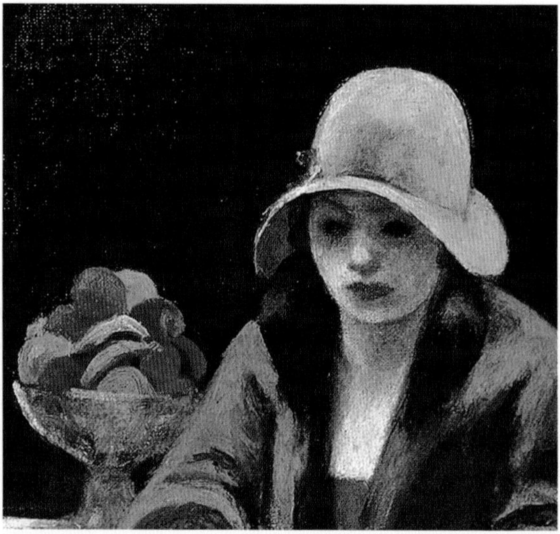

밝은 주황색과 붉은색 과일 가까이에 있는 여자의 노란색 모자, 창백한 피부, 초록색 코트가 관람자의 시선을 끈다. 호퍼의 다른 작품 속 여성 인물과 마찬가지로 이 여자의 모델은 아내 조였다.

미국 사실주의 **p.17** 모더니즘 **p.18**

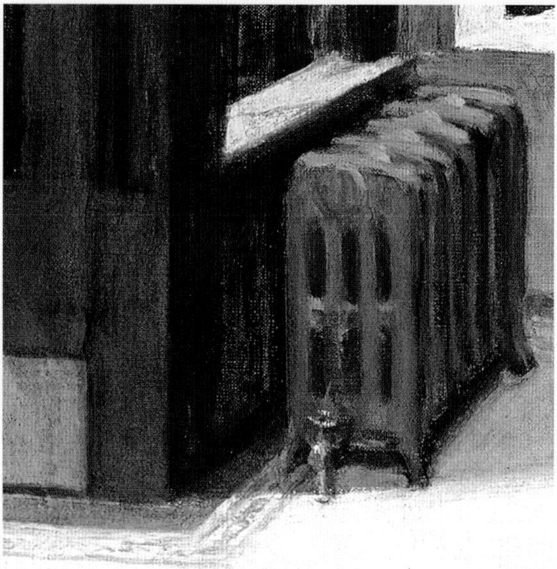

(왼쪽) 그림 가장자리의 잘려 나간 요소들은 호퍼의 일러스트 기술과 영화에 관한 지식을 증명한다. 그것은 우리 머릿속에서 이미지를 완성하도록 요구한다.

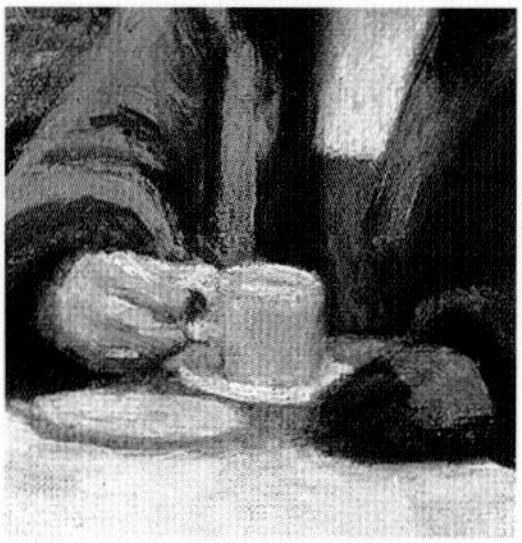

(위) 여자는 장갑을 한쪽만 벗었다. 급했거나 너무 추워서 다른 한쪽을 벗을 수 없었던 것 같다. 그녀는 한동안 여기에 있었던 것이 분명하다 — 컵 앞의 빈 접시와 컵받침은 앉아 있는 동안 커피와 스낵을 먹었음을 암시한다.

빠져 있는 듯하다. 관람자들은 그녀가 왜 추운 밤에 홀로 여기에 있는지 궁금해진다. 이곳에 얼마나 있었을까? 누군가를 기다리고 있는가, 아니면 잠시 거쳐 가는 길일까? 맞은편에서 여자를 보게 만드는 호퍼의 직접적이고 실제 같은 양식은 이 장면 속에 들어가 있는 것처럼 느끼게 만든다.

에드워드 호퍼

뉴욕 주 허드슨 강 부근의 어퍼 나이액에서 태어난 호퍼는 상업적인 일러스트레이션, 회화, 유럽미술을 공부했다. 그는 일러스트레이터로 일했고, 수채화와 판화도 판매했으며, 1924년이 되어서야 화가로 인정받았다. 그는 일을 그만두고, 아내 조 — 그의 유일한 여성 모델 — 와 함께 고독한 인물, 도시의 휘황찬란함, 긴 그림자 등이 나오는 당대 미국 도시의 삶의 장면을 그리기 시작했다.

→ 인물 **p.164** 빛 **p.170** 도시환경 **p.180** 사회적 논평 **p.184** 캔버스에 유채물감 **p.194**

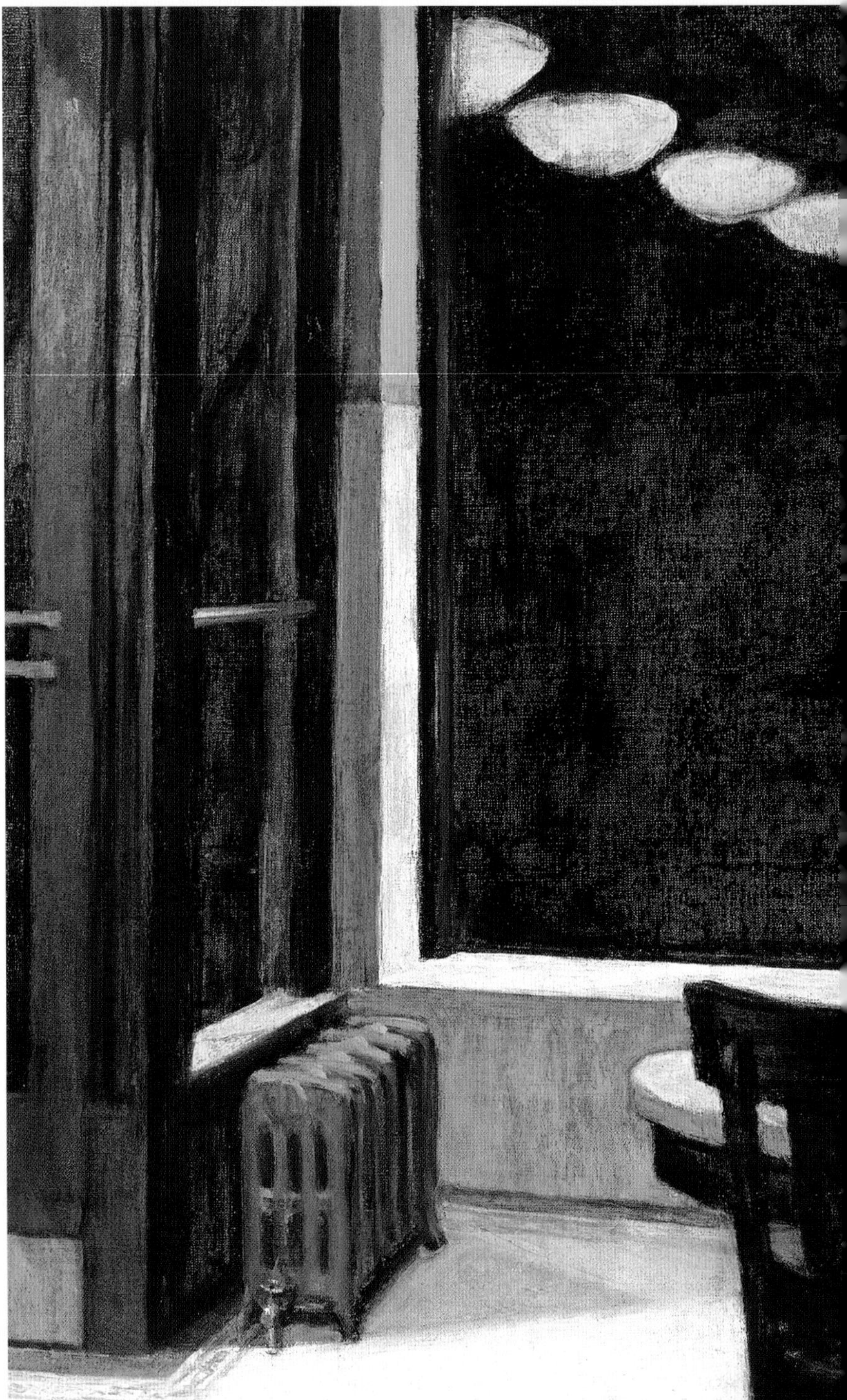

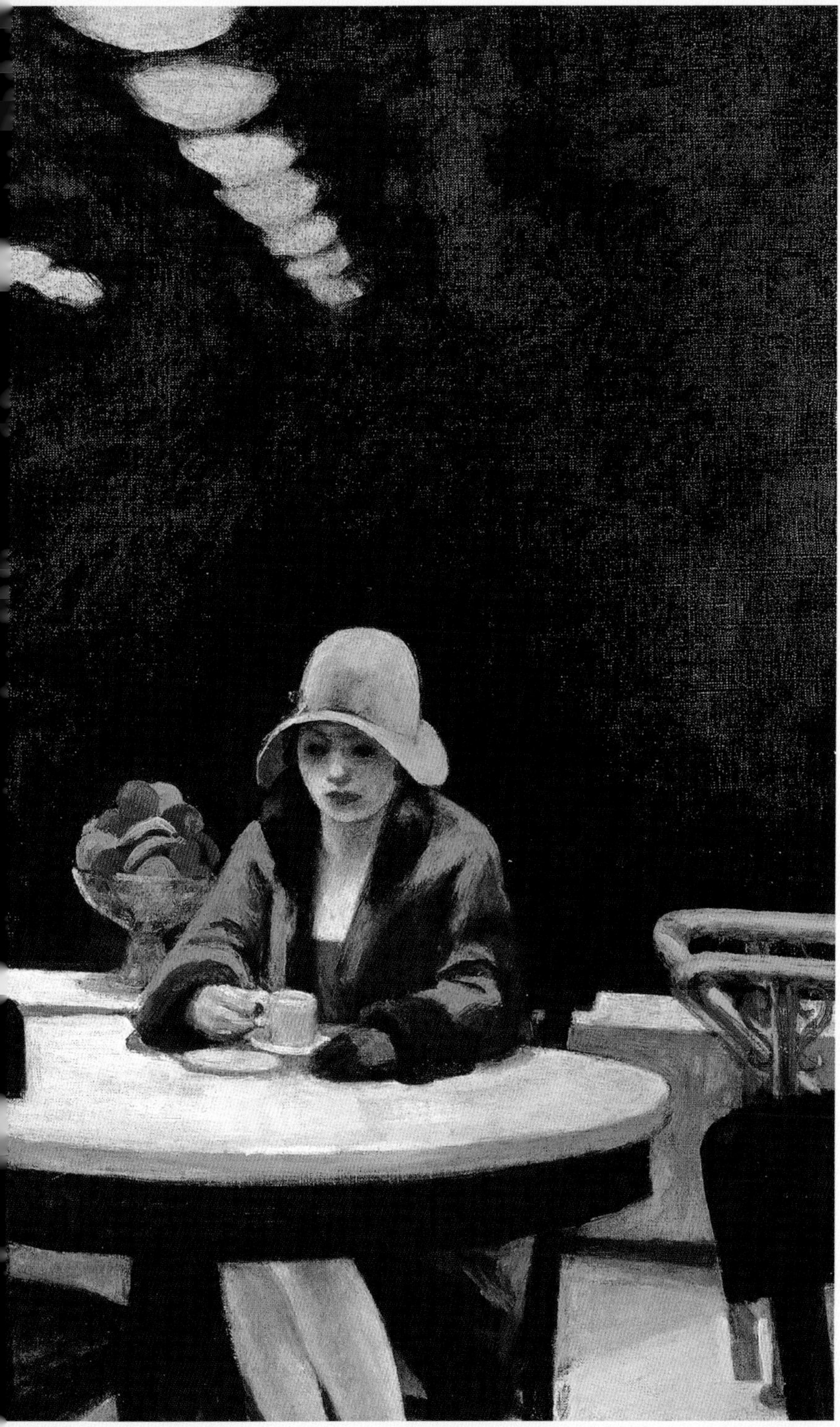

이미지의 배반 (이것은 파이프가 아니다)

1929

The Treachery of Images (This is Not a Pipe)

르네 마그리트: 캔버스에 유채물감 • 60.3×81×2.54cm • 로스앤젤레스 카운티 미술관, 캘리포니아 주, 미국

벨기에의 초현실주의 화가 르네 마그리트(1898~1967)는 단어와 이미지를 결합하며 언어와 의미 사이의 간극을 강조했다.

단어와 이미지의 연관성과 의미를 궁금해 하도록 만들었던 마그리트는 이 거대한 파이프 그림 〈이미지의 배반(이것은 파이프가 아니다)〉을 건축가이자 디자이너였던 르코르뷔지에(1887~1965)의 1923년 저서『건축을 향하여』에서 가져온 것으로 보인다. 그의 말대로, 이것은 파이프가 아니라 파이프 그림이다. 이 사실을 알고 있음에도, 우리는 이미지가 그것이 나타내는 것을 구현한다고 생각하는 경향이 있다. 그래서 이미지는 환영과 실재를 혼동시키며 모순을 드러낸다. 매끄러운 물감, 자연스러운 색, 실물과 같은 색조 대비로 그려진 이 그림은 실제 사물을 단지 재현한다. 다시 말하면, 사물 그 자체는 아니라는 의미다. 마그리트의 회화양식은 광고계에서의 그의 경력을 반영한다. 광고에서는 제품판매를 위해 실물과 똑같은 이미지가 단어와 결합된다. 데 키리코에 대한 존경심은 그의 미술에 지대한 영향을 미쳤다. 마그리트는 그림보다 주제를 더 중요하게 만들기 위해 노력하며 다음과 같이 말했다. "나는 실제 그림이 주목받지 않고 거의 보이지 않게 하려고 늘 애쓰고 있다. 나는 가장 단순한 어조를 찾으려고 하는 작가처럼 작업한다. 독자가 글에서 볼 수 있는 유일한 것은 그가 표현하고자 했던 개념이기 때문에 작가는 모든 문체의 효과를 피한다. 그래서 그리는 행위는 숨겨진다."

르네 마그리트

마그리트가 열두 살 되던 해 어머니가 투신자살했다. 그가 어머니의 시신을 보았다는 이야기가 자주 나오지만 사실이 확인된 적은 없다. 다른 초현실주의자들의 대담한 성격과 달리, 조용한 사람이었던 마그리트는 톱햇을 쓴 익명의 남자를 자신의 또 다른 자아로 종종 그렸다. 1926년에 그는 브뤼셀에서 벨기에 초현실주의 그룹을 공동으로 창립했다.

초현실주의 p.32

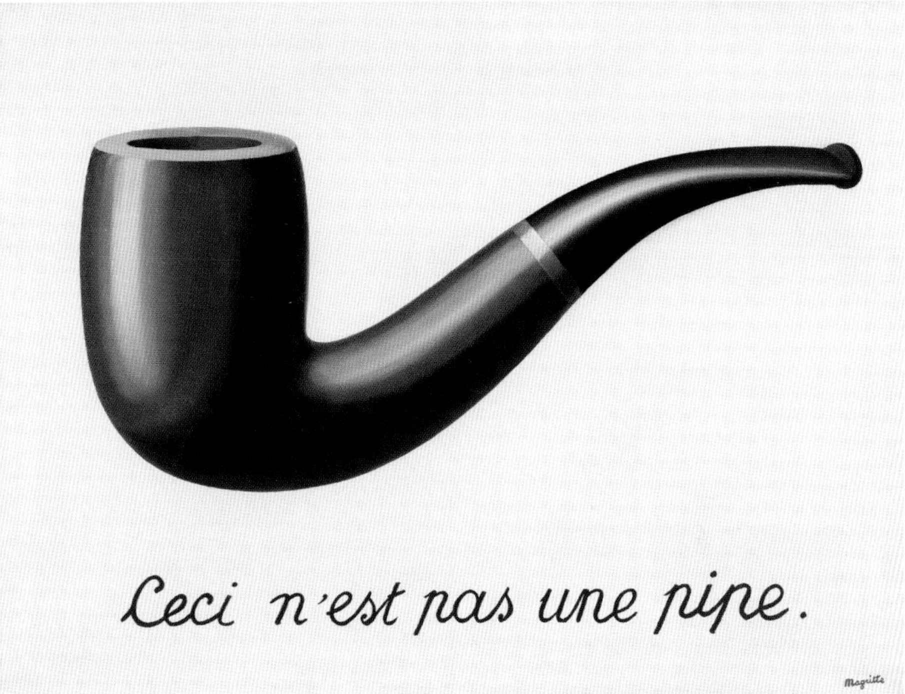

다른 주요 작품

〈빛의 제국〉, 1950, 솔로몬 R. 구겐하임 미술관, 뉴욕, 미국

〈골콘다〉, 1953, 메닐 컬렉션, 텍사스 주, 미국

〈사람의 아들〉, 1964, 개인소장

→ 정물 **p.169** 색채 **p.173** 형태와 선 **p.174** 기억 **p.176** 캔버스에 유채물감 **p.194**

잭인더풀핏 4번

Jack-in-the-Pulpit No. IV

1930

조지아 오키프: 캔버스에 유채물감 • 101.6×76.2cm • 국립미술관, 워싱턴 DC, 미국

잭인더풀핏을 묘사한 〈잭인더풀핏 4번〉은 크기와 꽃이 캔버스를 채우는 방식으로 인해 혁신적이었다.

조지아 오키프(1887~1986)는 관객을 이미지 안으로 끌어들이기 위해 사진을 바싹 잘라낸 모더니스트 사진작가 겸 영화감독인 폴 스트랜드(1890~1976)와 남편인 사진작가 알프레드 스티글리츠(1864~1946)의 영향을 받았다. 클로즈업 장면을 그린 최초의 화가 중 한 명이었던 오키프는 윌리엄 메릿 체이스(1849~1916)의 표현적인 붓질, 아서 웨슬리 다우(1857~1922)의 세심하게 그려진 선과 색조 그리고 색채의 힘, 아서 도브(1880~1946)의 유려하고 추상적이며 유기적인 형태들을 만드는 법을 배웠다. 그녀는 클로즈업된 꽃에 대해 이렇게 말했다. "아무도 꽃을 제대로 보지 않는다 — 제대로 — 꽃은 아주 작다…, 나는 혼잣말을 했다…, 난 꽃을 크게 그릴 거야. 꽃을 보는 데 시간이 걸린다는 사실에 사람들은 놀라게 될 것이다." 이 작품은 실재와 추상을 결합시키는 능력을 증명하는 한편, 여전히 전통적인 자연계의 주제를 탐구하고 있음을 보여준다. 그녀는 잭인더풀핏을 좋아했다. 1930년, 그녀는 뉴욕에 살며 구불구불한 선과 절묘한 색채 조합을 활용해 이 꽃을 여섯 개의 버전으로 그렸다. 이런 식으로 오키프는 꽃에 집중함으로써 바쁜 뉴욕 사람들의 눈길을 끌었고 그들이 놓쳤을 자연의 아름다움과 정교함을 인식하게 만들었다. 또한 단순화된 형태들과 확신에 찬 붓놀림으로 바른 부드러운 물감은 아르데코 시기를 반영하고 있다.

조지아 오키프

오키프는 거대한 크기의 꽃, 고층 건물, 동물 뼈를 그렸다. 20세기 가장 혁신적인 미국화가 중 한 명으로 인정받았고 때로 '미국 모더니즘의 어머니'로 불리고 있다. 오키프는 그 시대의 여성으로는 드물게 좋은 교육을 받았다. 저명한 사진작가 알프레드 스티글리츠가 그녀의 작품을 전시한 후에 오키프는 유명해졌고, 두 사람은 결혼했다. 말년에 그녀는 뉴멕시코 주에 살면서 그림을 그렸다.

다른 주요 작품

〈양귀비〉, 1928, 와이즈먼 미술관, 미니애폴리스, 미국

〈흰독말풀〉, 1936, 인디애나폴리스 미술관, 인디애나폴리스, 미국

〈구름 위 하늘〉, 1965, 시카고 아트 인스티튜트, 시카고, 일리노이 주, 미국

모더니즘 **p.18**

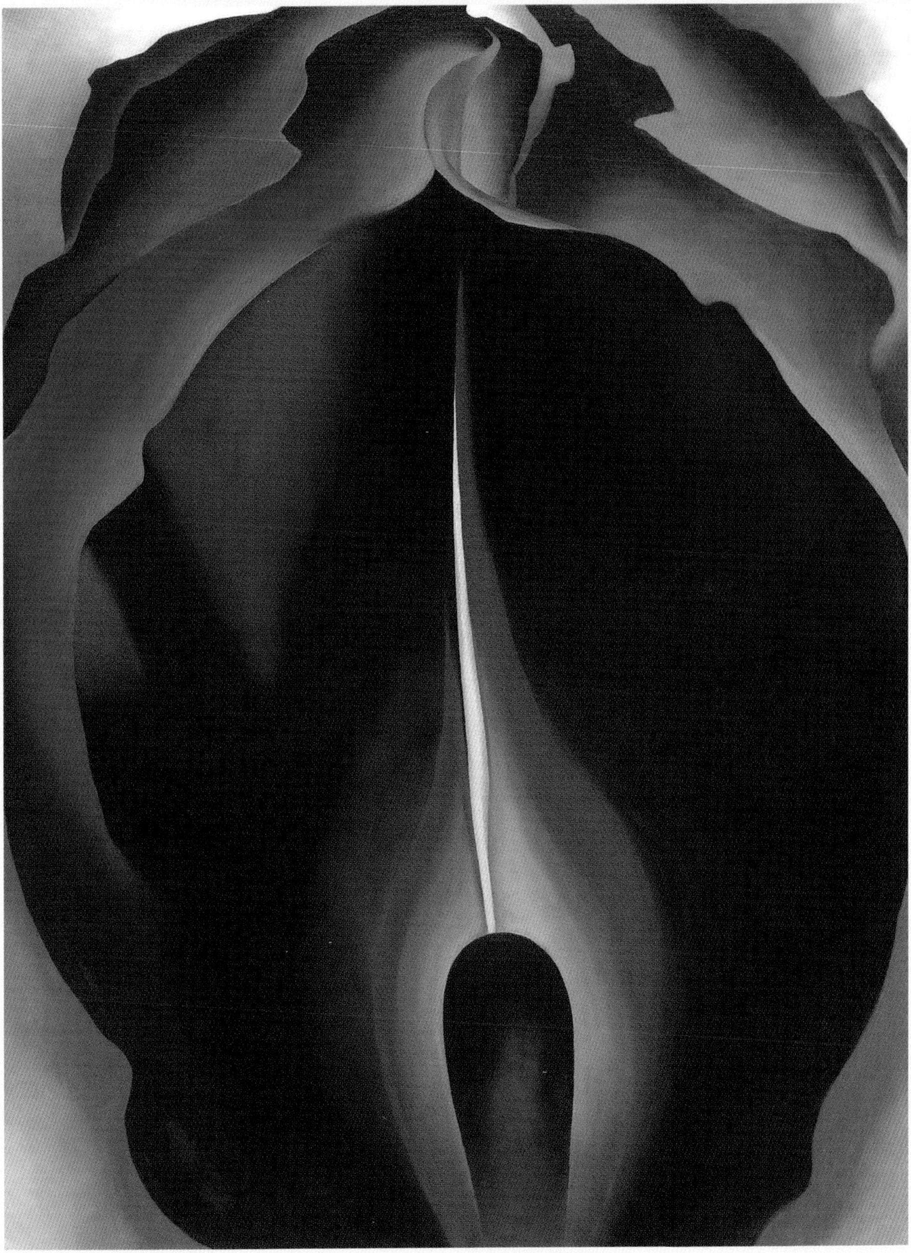

자연 **p.166** 정물 **p.169** 색채 **p.173** 형태와 선 **p.174** 기억 **p.176** 캔버스에 유채물감 **p.194**

흰색, 붉은색, 노란색의 구성

1936

Composition in White, Red and Yellow

피트 몬드리안: 캔버스에 유채물감 • 80×62.2cm • 로스앤젤레스 카운티 미술관, 캘리포니아 주, 미국

다른 주요 작품

〈저녁: 붉은 나무〉, 1908~1910, 헤이그 시립미술관, 헤이그, 네덜란드

〈붉은색, 파란색, 노란색의 구성〉, 1930, 쿤스트하우스 취리히, 스위스

〈흰색, 붉은색, 노란색의 구성〉, 1936, 로스앤젤레스 카운티 미술관, 캘리포니아 주, 미국

〈흰색, 붉은색, 노란색의 구성〉는 피트 몬드리안(1872~1944)이 수년 간 발전시킨 신조형주의의 중요한 예다.

평면으로 보이는 이 그림은 최소의 원색과 직선으로 구성되었고, 수많은 모더니즘 운동들과 마찬가지로 예술적 위계의 폐기를 목표로 했던 새로운 미학적 조형언어에 속했다. 두꺼운 검은 수평선과 수직선을 사용한 몬드리안은 캔버스를 여러 개의 직사각형으로 분할하고, 그중에서 두 개의 사각형을 순수한 붉은색과 노란색으로 칠했다. 균형과 조화, 순수성에 심취했던 그는 1917년 이후에 점점 색채를 혼합하지 않고, 검은색, 흰색, 회색과 함께 순수한 붉은색, 노란색, 파란색만으로 작업했다. 그러나 추상적이고 리드미컬한 화면을 창조하기 위해 자와 목탄으로 처음 그렸던 격자 체계는 계속 사용했다.

일련의 경험들은 몬드리안의 급진적인 회화양식을 야기했다. 1909년에 신지학의 신비주의 원칙들은 몬드리안에게 강력하게 영향을 미치기 시작했다. 그는 그림의 모든 요소를 축소시킴으로써 그가 믿었던 우주를 지배하는 신비한 에너지와 세계의 정신적 질서를 표현하려고 했다. 1916년에 테오 반 두스부르흐(1883~1931)를 만난 후, 두 네덜란드 화가는 데스틸 운동을 확립하는 역할을 했다. 이 운동을 통해 몬드리안은 그의 미술이론을 탐구하는 새로운 보편적 조형언어를 만들고 싶어 했고, 그것은 그의 철학적 신념을 토대로 모든 것을 가장 순수한 형태와 상태로 축소시키는 것으로 나타났다.

피트 몬드리안

네덜란드에서 성장한 몬드리안은 처음에 풍경화를 그리는 화가였다. 그는 칸딘스키처럼 신지학의 신비주의 원칙에 빠지면서, 급진적으로 그림을 단순화하기 시작했고 모든 요소들을 본질로 축소시킨 추상적 작품을 제작했다. 그는 데스틸 운동의 창시자이자 주도적인 역할을 담당한 사람이었고, 그의 축소된 시각적 조형언어와 이론에 관한 저서들은 미술과 디자인, 건축 등에 큰 영향을 미쳤다.

모더니즘 **p.18** 신조형주의 **p.29**

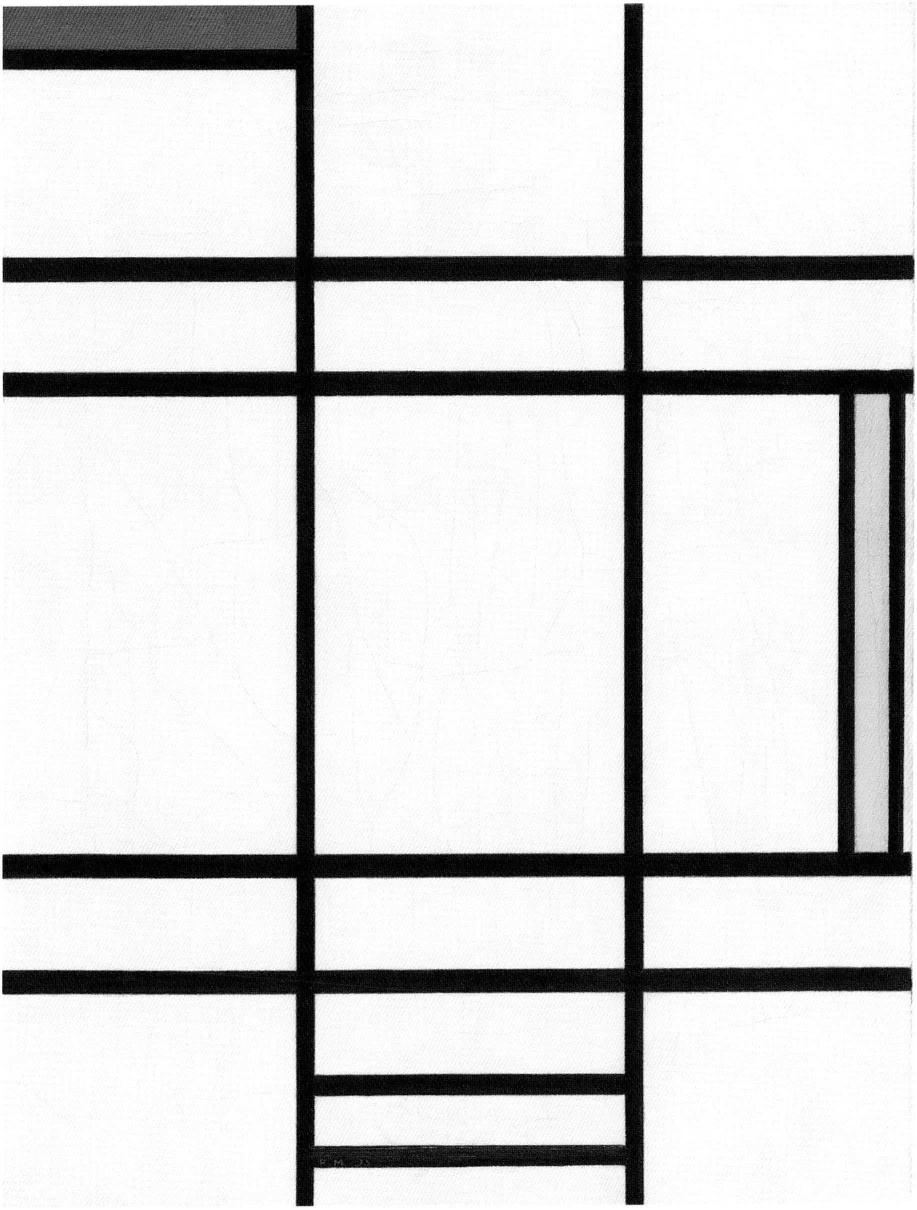

색채 **p.173** 형태와 선 **p.174** 추상 **p.175** 음악 **p.177** 캔버스에 유채물감 **p.194**

가시목걸이와 벌새가 있는 자화상 Self-Portrait with Thorn Necklace and Hummingbird

1940

프리다 칼로: 캔버스에 유채물감 • 61.2×47cm • 해리 랜섬 센터, 텍사스 대학교, 오스틴 주, 미국

다른 주요 작품

〈두 명의 프리다〉, 1939, 현대미술관, 멕시코시티, 멕시코

〈머리를 짧게 깎은 자화상〉, 1940, 현대미술관, 뉴욕, 미국

〈부서진 기둥〉, 1944, 돌로레스 올메도 박물관, 멕시코시티, 멕시코

프리다 칼로(1907~1954)가 자화상인 〈가시목걸이와 벌새가 있는 자화상〉을 그린 시기는 사진작가 니콜라스 머레이(1892~1965)와 사랑에 빠지고 디에고 리베라(1886~1957)와 이혼한 직후였다.

칼로는 여섯 살 때 소아마비에 걸렸고, 그 때문에 그녀의 오른쪽 다리는 왼쪽보다 더 약했다. 그녀는 18세에 당한 심각한 버스사고에서 완전히 회복되지 못했다. 평생 30번이 넘는 수술을 받았고 고통 속에서 살았다. 그녀는 심리상태에 도움이 되기 위해 그림을 그리기 시작했다. 죽은 검은 벌새가 있는 이 자화상은 상징으로 가득하다. 멕시코의 민속 전통에서 죽은 벌새는 행운의 부적이었다. 칼로가 자주 탐구했던 아스텍 문명에서 벌새 펜던트는 전쟁의 신 위칠로포치틀리를 상징한다. 목걸이의 가시가 피부 속을 파고 들어가 피가 흐른다. 이는 그녀의 신체적 고통과 십자가에 달린 예수의 가시관을 나타낸다. 어깨의 검은 원숭이는 리베라에게 받은 선물로, 리베라를 상징하는 듯하다. 원숭이가 목걸이를 잡아당겨서 가시가 피부를 찌른다. 왼쪽 어깨의 검은 고양이는 그녀가 겪고 있는 우울증의 징후이다. 고양이는 목걸이에 걸린 새에게 달려들 기회를 노리고 있는 것처럼 보인다. 고양이 역시 가시를 더 팽팽히 당기고 있다. 짙은 눈썹 아래, 관람자를 응시하고 있는 칼로의 눈은 아무런 감정이 없는 듯하다.

프리다 칼로

흥미진진한 미술 못지않게 비극적인 삶으로도 유명한 칼로는 신체적으로나 정신적으로 매우 충격적인 사건들, 독일계 멕시코인이라는 그녀의 정체성에 영향을 받았다. 칼로는 1928년 멕시코 공산당에 가입하고, 1929년에 디에고 리베라와 결혼했으며, 멕시코의 전통 복식인 테바나를 입고 토착적인 주제를 묘사하기 시작했다. 그러나 칼로의 삶은 여전히 힘들었다. 남편 리베라는 불 같은 성격의 소유자였고 아내에게 충실하지 못했다. 칼로는 47세의 나이로 세상을 떠났다.

마술적 리얼리즘 p.31

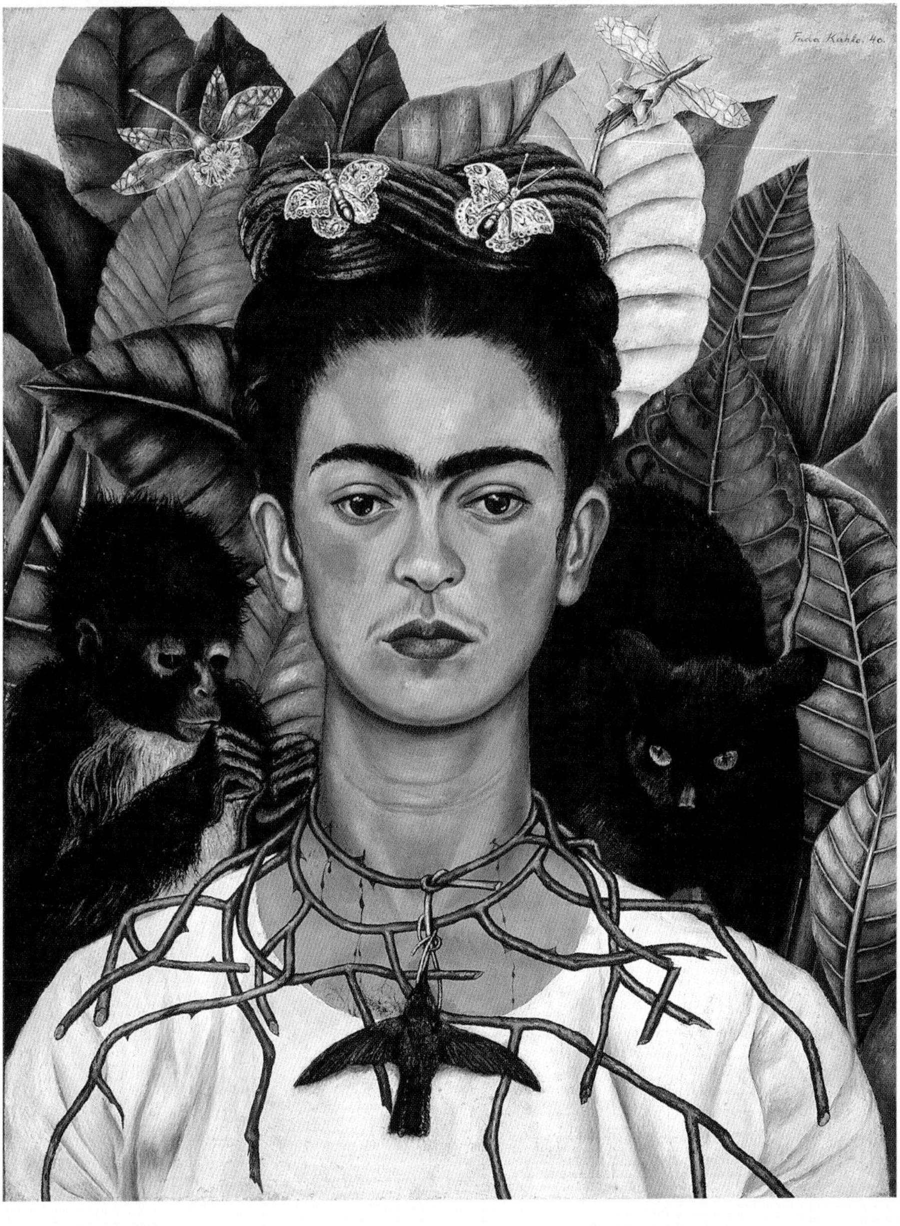

인물 **p.164** 동물 **p.165** 자연 **p.166** 초상화 **p.168** 자아/정체성 **p.187** 캔버스에 유채물감 **p.194**

펠라고스 Pelagos

1946

바바라 헵워스: 오크나무 토대에 느릅나무와 줄 • 43×46×38.5cm • 테이트, 런던, 영국

바바라 헵워스
늘 자연에서 영감을 받았던 헵워스는 요크셔에서 자랐고 콘월에 30년 넘게 거주하며 작업했다. 학교에서 음악상을 받았음에도 불구하고 리즈 미술학교와 왕립미술대학을 다녔다. 이탈리아 미술에 대한 관심을 통해 디렉트 카빙(모형이나 스케치 없이 바로 작업하기) 기법을 사용했다. 영국 추상화가 벤 니콜슨(1894~1982)과 결혼한 후에 그녀의 작품은 더 추상적으로 변했다.

구형과 나선형의 조각품 〈펠라고스〉는 콘월의 세인트아이브스 만의 형태에서 영감을 받았고 조가비, 파도 혹은 만의 커브를 암시한다.

바바라 헵워스(1903~1975)는 매끄럽게 다듬은 이 작품에 그리스어로 '망망대해'를 의미하는 '펠라고스'라는 제목을 붙였고 "내 자신, 바다, 바람, 혹은 언덕 사이에서 내가 느꼈던 긴장"을 표현하기 위해 팽팽한 줄을 원했다고 말했다. 헵워스는 1939년 콘월로 이주한 후에 풍경, 특히 바다의 큰 파도와 바람이 휘몰아치는 해변에 대한 시각을 보여주는 작품을 제작하기 시작했다. 이 조각은 그중 하나였다. 부서지기 전의 파도를 떠올리게 하는 옅은 파란색은 바다 거품을 연상시키고 매끈한 겉면의 황갈색과 대비된다.

헵워스는 끌과 느릅나무 한 덩어리로 이 작품을 제작했다. 직선의 일곱 줄은 두 개의 곡선 끝부분과 대비되며 악기를 암시한다. 움푹 파낸 내부는 구멍을 뚫은 헵워스의 전작들에 기반을 두고 있고, 소용돌이치는 바다, 물결이 이는 것, 해안 동굴, 작은 만에서 그녀가 받은 인상을 반영한다. 감정을 자극하면서도 이해하기가 어려운 이 작품은 크리스천 사이언스에 대한 관심과 정신적인 것에 대한 강조에서 나왔다. 헵워스는 자신이 본 것을 재현하지 않고 느낀 것을 표현했다고 설명했다.

다른 주요 작품

〈엄마와 아이〉, 1934, 테이트 브리튼, 런던, 영국

〈코린토스〉, 1954~1955, 테이트 리버풀, 머지사이드, 영국

〈날개 달린 인물〉, 1963, 홀스 스트릿, 런던, 영국

모더니즘 p.18

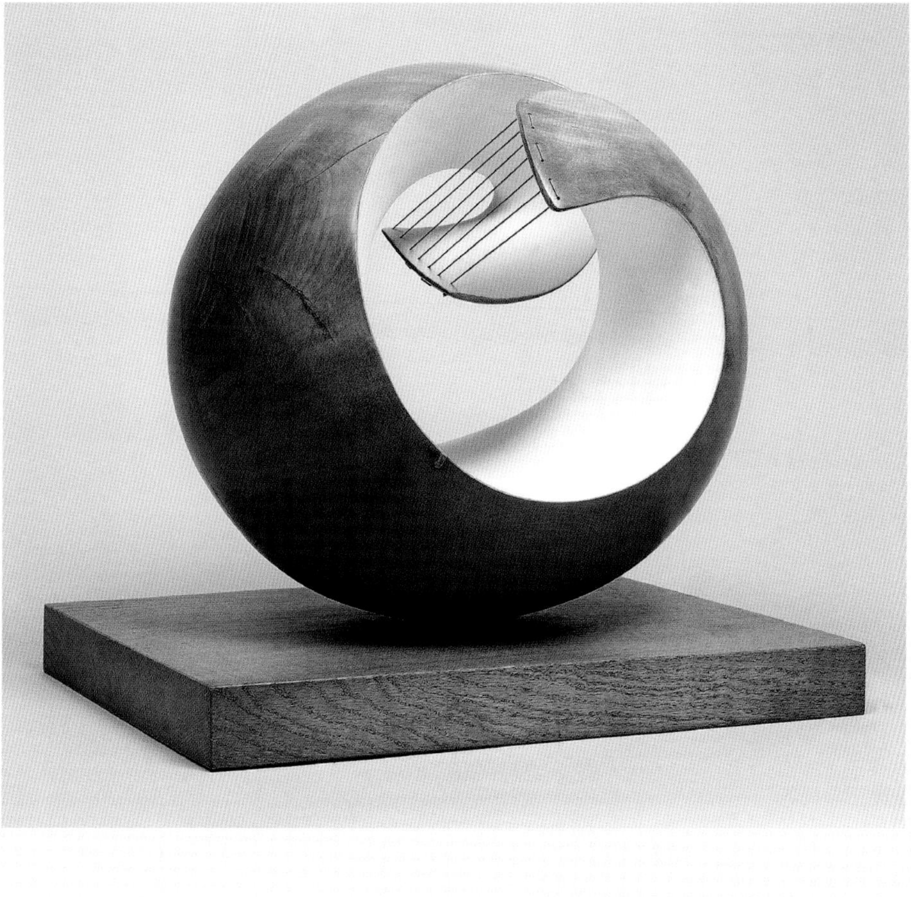

자연 **p.166** 시간 **p.171** 역동주의 **p.172** 형태와 선 **p.174** 추상 **p.175** 기억 **p.176** 음악 **p.177**
나무 조각 **p.201**

연금술 Alchemy

1947

잭슨 폴록: 모래, 자갈, 섬유와 유채물감, 알루미늄, 알키드 에나멜페인트, 그리고 커머셜 프린트 직물 위에 나무 • 114.6×221.3cm • 솔로몬 R. 구겐하임 재단, 페기 구겐하임 컬렉션, 베네치아, 이탈리아

다른 주요 작품

〈가을 리듬, 30번〉, 1950, 메트로폴리탄 미술관, 뉴욕, 미국

〈1번, 라벤더 안개〉, 1950, 국립미술관, 워싱턴 DC, 미국

〈푸른 기둥들〉, 1952, 오스트레일리아 국립미술관, 캔버라, 오스트레일리아

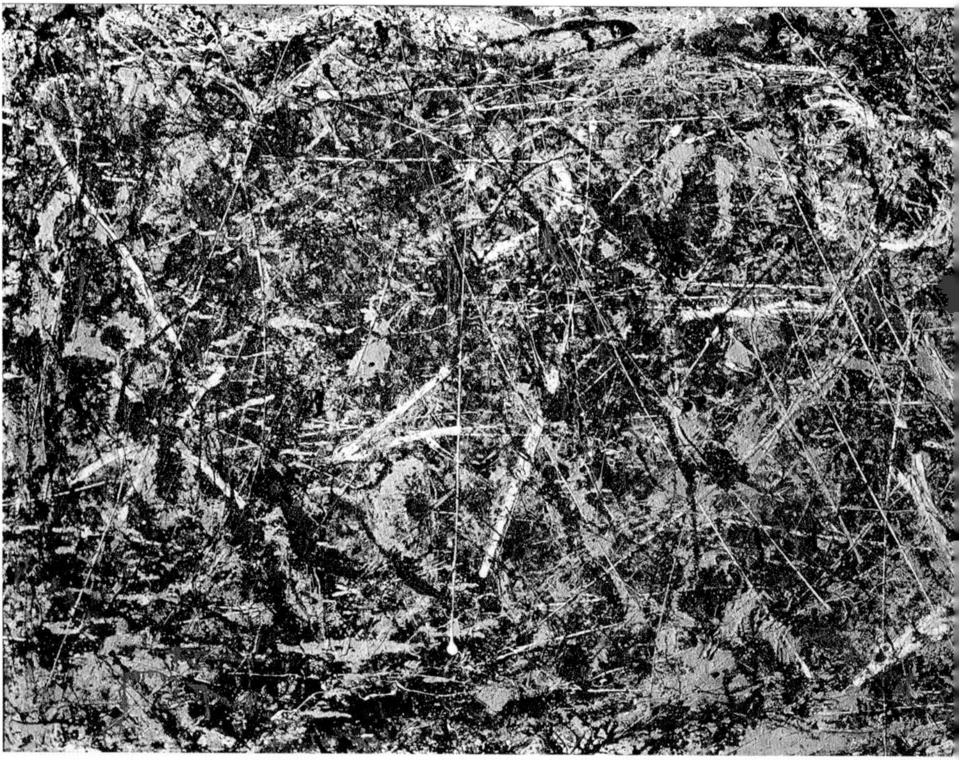

추상표현주의 p.33

잭슨 폴록

현대미술에서 가장 급진적인 추상 양식 중 하나를 창안한 폴록은 자신의 방법들로 회화를 재정의했고, 1940년대와 1950년대에 손꼽히는 추상표현주의 화가가 되었다. 신지학, 북미 원주민 미술, 멕시코 벽화운동 등에 흥미를 느꼈던 폴록은 미술학생연맹(Art Students League)에 등록했고 나중에는 공공사업진흥국(WPA)의 연방미술사업계획에 참여했다. 혁신적인 방식으로 인해 그는 '잭 더 드리퍼(Jack the Dripper)'라는 별명을 얻었다.

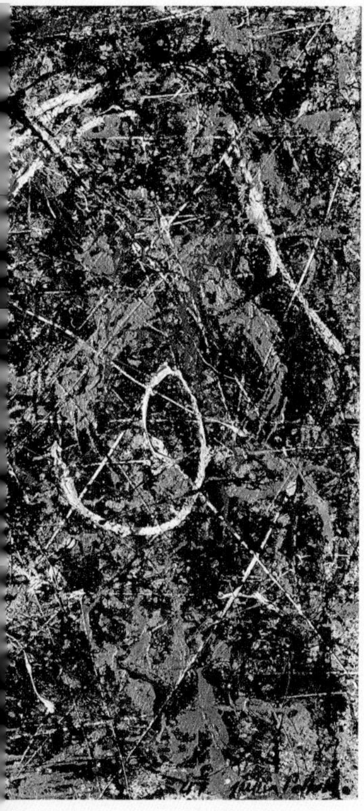

잭슨 폴록(1912~1956)의 뿌리기 그림 중 초기작품에 속하는 〈연금술〉은 그의 독창적인 액션 페인팅을 보여준다.

폴록은 대개 바닥에 거대한 캔버스를 놓고 작업했지만, 이 작품은 어머니의 베틀에 펼쳐 놓은 식탁보에 그린 것이다. 그는 한동안 식탁보를 응시한 후, 식탁보 주위를 걸어 다니며 상업용 물감을 쏟아 붓고 온몸을 이용해 뿌리고 튀기고 떨어뜨리며, 전통적인 회화 관례와 도구, 기법, 주제를 버렸다. 이 그림은 물감이 아닌 다른 어떤 것을 사용해 완성했을 것이라 상상할 수 없다. 폴록은 '유광 에나멜'로 판매되던 새로운 산업용 합성수지 바탕의 물감을 활용했다. 유채 물감보다 더 유동성이 있고 저렴했기 때문에 이 물감을 선호했던 것이다.

폴록은 작품의 표면에 관한 그의 생각뿐 아니라 초현실주의 개념인 우연과 자동기술법을 이용했다. 그는 스틱을 사용해 표현적이고 창조적인 몸짓으로 물감을 튀기고 쏟아 붓고, 리드미컬한 춤을 추듯이 움직이며 겹쳐진 물감의 긴 선과 결을 쌓아올렸다. 여기서 폴록은 19개의 색을 사용했다. 자동기술법, 그리고 무의식의 억압된 기억에 관한 융의 이론 외에도, 이 작품은 프랙털 — 자연적이고 불규칙적이며 파편화되고 반복되는 형태와 구조 — 로 구성되어 있는 것으로 분석되고 있다.

→ 역동주의 **p.172** 색채 **p.173** 형태와 선 **p.174** 추상 **p.175** 자동기술법 **p.207** 에나멜페인트 **p.208**

생명의 나무 Tree of Life

1948 – 1951

앙리 마티스: 스테인드글라스 • 515×252cm • 로제르 채플, 방스, 프랑스

앙리 마티스
20세기 가장 유명하고 영향력 있는 화가들 중 한 명인 마티스는 처음에는 법학도였지만, 충수염에서 회복된 후 아카데미 쥘리앙과 에콜데보자르에서 미술을 공부했다. 1903년에 마티스와 친구들은 매년 열리는 파리 살롱전의 대안으로 살롱 도톤을 기획했다. 그의 강렬한 그림은 야수파라는 용어의 원천이 되었고 그는 이 운동의 선구자로 간주된다.

십이지장암 수술을 받고 나서 2년이 지난 1943년, 앙리 마티스(1869~1954)는 니스에서 프랑스 남동부의 방스로 이사를 갔다.

요양 중이었던 그는 간호사와 친해졌고, 그녀는 그를 떠나 도미니크회 수녀원에 들어갔다. 시간이 흘러 그녀는 마티스에게 수녀들이 경배를 드릴 장소가 없다는 말을 했고, 마티스는 같은 곳에서 요양하고 있던 건축에 관심이 많은 수련 수사 루이 베르트랑 레시기에에게 이를 전했다. 이후 4년 동안 두 사람은 니스 부근의 한 언덕에 수녀들을 위한 로제르 채플을 설계했다. 1949년에 마티스는 니스에 있는 그의 아파트인 오텔 레지나로 돌아와, 그곳에서 채플의 벽화와 스테인드글라스 창문을 위해 커다란 목탄 습작과 종이 오리기(컷 아웃) 작업을 했다. 마티스가 종합적으로 설계한 첫 채플이었던 로제르 채플은 1951년에 봉헌되었다. 마티스는 이 채플이 "전 생애에 걸친 작업의 정점, 어마어마하고 어렵고 진지한 작업의 결과물"이라고 말했다.

〈생명의 나무〉는 마티스가 앱스의 창을 위해 제작한 것이다. 강렬한 초록색을 배경으로 생생한 노란색 꽃과 선명한 파란색 타원이 있다. 간략하고 대담한 디자인은 방스에서 풍부하게 자라는 프리클리 페어 선인장에서 나왔다. 마티스는 "색의 영적인 표현은 의심할 여지가 없다는 느낌이 들었다"라고 말했다.

다른 주요 작품

〈마티스 부인의 초상(초록색 선)〉, 1905, 국립미술관, 코펜하겐, 덴마크
〈춤(첫 번째 버전)〉, 1909, 현대미술관, 뉴욕, 미국
〈붉은 작업실〉, 1911, 현대미술관, 뉴욕, 미국

모더니즘 **p.18** 야수주의 **p.19**

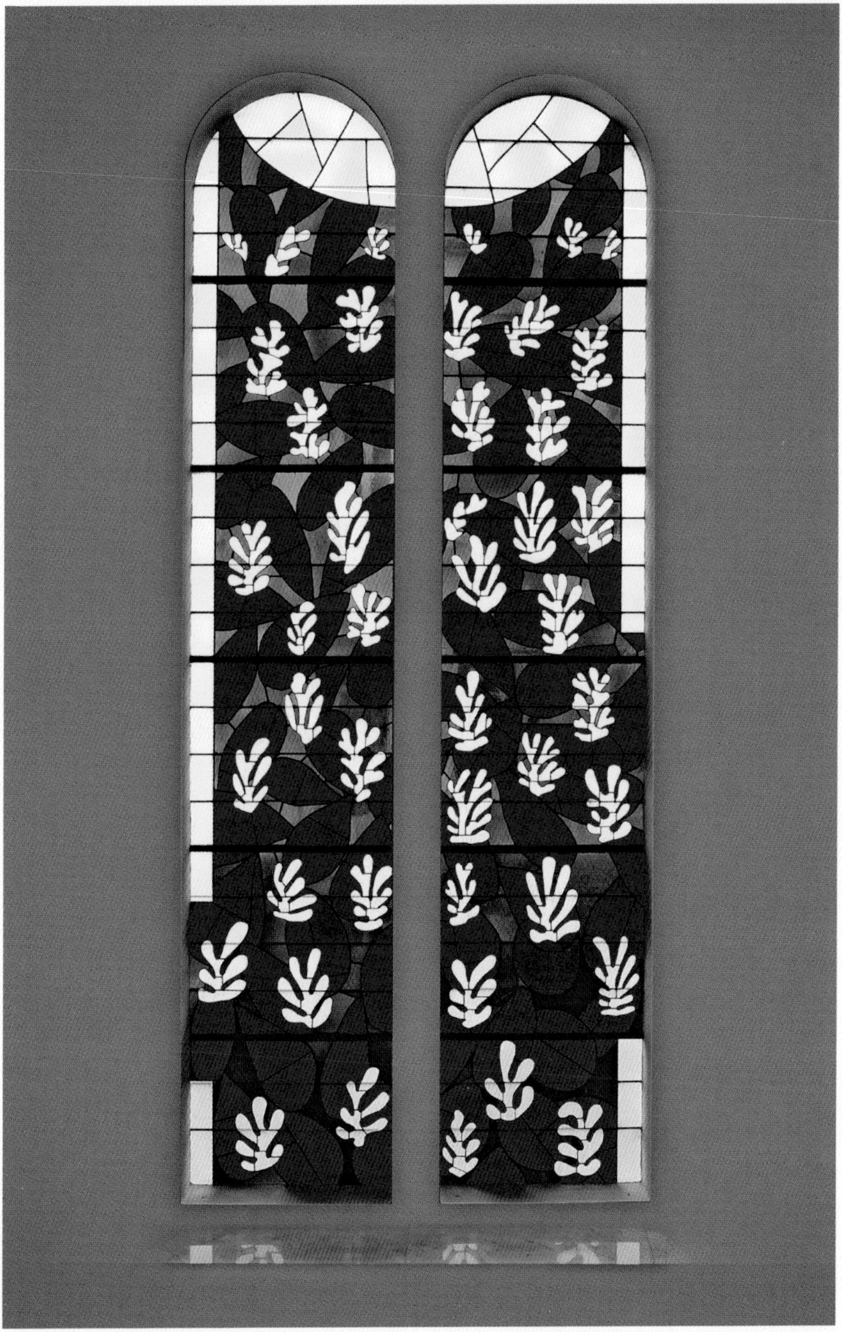

인물 **p.164** 빛 **p.170** 도시환경 **p.180** 사회적 논평 **p.184** 캔버스에 유채물감 **p.194**

무엇이 오늘날의 가정을 이토록 색다르고 매력적으로 만드는가?

1956

Just What Is It That Makes Today's Homes So Different, So Appealing?

리처드 해밀턴: 콜라주 • 26×23.5cm • 튀빙겐 미술관, 튀빙겐, 독일

팝아트라는 명칭을 탄생시킨 리처드 해밀턴(1922~2011)의 이 콜라주 작품은 제2차 세계대전 이후의 소비주의를 표현한다.

1956년에 해밀턴은 현재 영국 팝아트 운동의 시작으로 인식되는, 런던에서 열린 인디펜던트 그룹의 전시회 「이것이 내일이다」의 기획을 도왔다. 해밀턴은 미국의 광고와 소비 붐을 강조하며, 팝아트를 "대중적이며 순간적이고 소모적이고 저비용의 대량생산되고 젊고 재치가 넘치고 섹시하며 술책을 쓰며 매력 있는 빅 비즈니스"로 정의했고 전시회 포스터와 도록을 위해 이 콜라주 작품을 제작했다. 〈무엇이 오늘날의 가정을 이토록 색다르고 매력적으로 만드는가?〉는 당대 미국 잡지에서 오려낸 이미지들, 예를 들어 보디빌더와 노란색으로 브랜드 이름 'Tootsie POP'이 새겨진 붉은 셀로판지로 감싼 거대한 막대사탕 등 미국에서 제조된 소비재를 포함하고 있다. 이 현대적인 방에는 새로운 유형의 리놀륨, 유행하는 소파, 최신식 진공청소기를 비롯해 매우 탐나는 상품들이 들어차 있다. 텔레비전은 당시 영국에서 많은 사람들의 욕망의 대상이었고, 햄 통조림은 전후 식습관의 변화를 나타낸다. 비스듬히 기댄 여자는 그려진 무화과 잎 유두 장식을 착용하고 머리에 전등갓을 쓰고 있다. 잡지 『영 로맨스』의 표지는 1950년 11월 광고에서 나온 것인데, 해밀턴이 이것을 미술작품으로 활용한 것은 로이 리히텐슈타인(1923~1997)이 훗날 활용한 개념들을 예고한다.

다른 주요 작품

〈크라이슬러사에 보내는 경의〉, 1957, 테이트 브리튼, 런던, 영국

〈남성복과 장신구에 다가올 트렌드의 가장 확실한 진술을 향하여〉, 1962, 테이트 브리튼, 런던, 영국

〈스윙잉 런던 67(f)〉, 1968~1969, 테이트 브리튼, 런던, 영국

리처드 해밀턴

런던 태생의 해밀턴은 전기부품회사에서 수습사원으로 일하며 세인트마틴스 미술학교에서 야간수업을 들었다. 그는 왕립 아카데미 스쿨과 버먼트트레이닝센터에서 공부했다. 제2차 세계대전 이후에 왕립아카데미로 돌아온 그는 이후 슬레이드 미술학교에 진학했고, 그곳에서 다른 화가들과 함께 독립 그룹을 만들고 문화의 시사적인 측면에 관해 토론했다.

팝아트 p.38

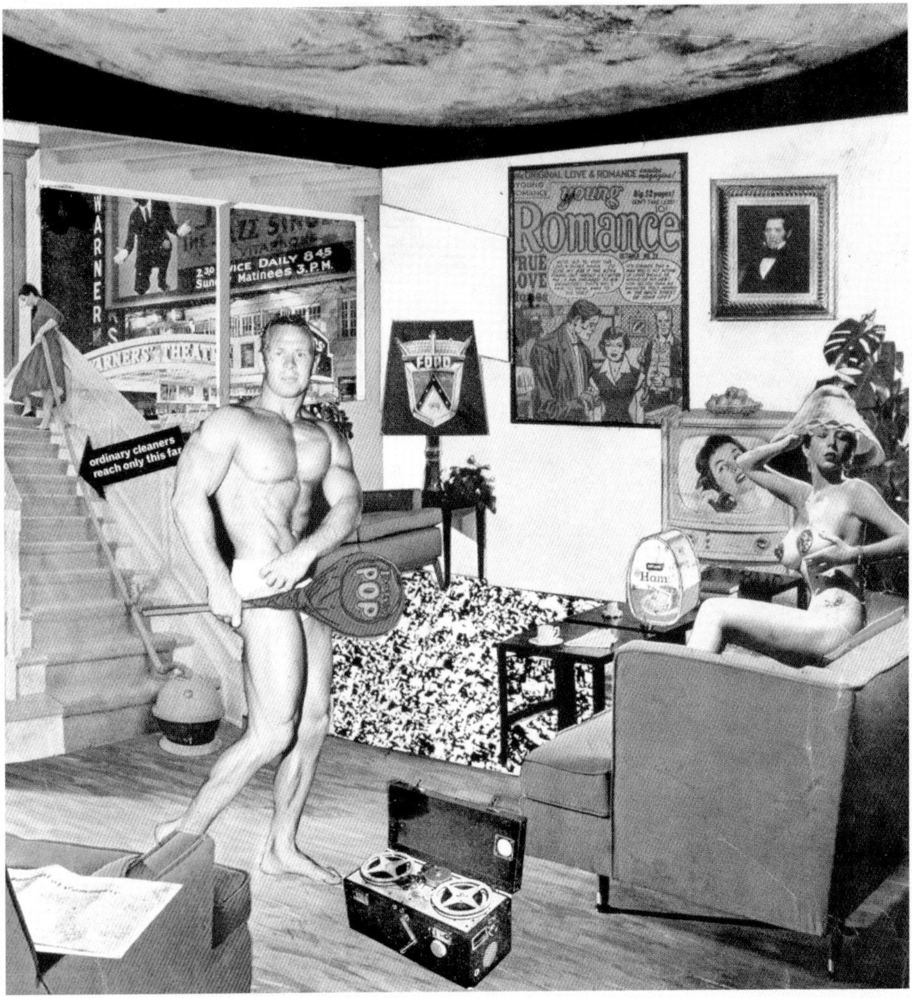

인물 p.164 기억 p.176 사회적 논평 p.184 소비주의 p.185 콜라주 p.202

1957, # 20

1957

마크 로스코: 캔버스에 유채물감 • 233×193cm • 오스트레일리아 국립미술관, 캔버라, 오스트레일리아

다른 주요 작품

〈3번/13번(주황색 위 자홍색, 검은색, 초록색)〉, 1949, 현대미술관, 뉴욕, 미국

〈주황색과 노란색〉, 1956, 올브라이트-녹스 미술관, 뉴욕, 미국

〈네 개의 짙은 빨강〉, 1958, 휘트니 미술관, 뉴욕, 미국

캔버스 위를 부유하는 듯한 짙은 색채 블록으로 만들어진 마크 로스코(1903~1970)의 이 그림은 그의 전성기 양식을 대표하는 작품이다.

〈1957, #20〉은 '고동색 위의 검은색, 갈색' 혹은 '짙은 빨간색과 검은색'으로도 알려져 있는데, 이는 로스코가 어두운 색을 사용하기 시작한 이래로 초반에 작업한 것이다. 수년 동안 밝은 색을 사용했던 그는 1957년에 어두운 그림이 관람자들에게 희망을 줄 수 있다는 믿음과 그의 우울증을 반영하는 어두운 색을 선택했다. 분류되기를 거부했지만, 로스코는 니체의 철학, 그리스 신화, 러시아-유대 혈통 등에서 영향을 받은 색면화가로 잘 알려져 있다. 색, 균형, 깊이, 크기 등에 집중한 그의 그림은 잠재의식적인 차원에서 관람자에게 감정들을 불어넣는다. 이 작품에 몰두하고 있을 때 로스코는 "미국에서 가장 격렬한 그림을 그리고 있다"고 말했다. 또 자신의 그림은 45센티미터가량 떨어져서 보아야한다고 했다. 관람자들이 자신(로스코)이 작업할 때처럼 그림에 가까이 있다면, 자신과 동일한 정신적 경험, 대개는 명상과 초월의 감정을 느끼게 될 것이라 믿었기 때문이다.

이 작품을 위해 그는 캔버스를 붉은 물감으로 적셨고 그런 다음 장식업자들이 쓰는 브러시로 넓고 빠르며 전면적인 몸짓으로 어두운 색을 칠했다. 가장자리가 부드럽고 흐릿해지면서 약간의 역동성과 깊이감이 생겼다.

마크 로스코

러시아(현재 라트비아)에서 태어난 로스코는 어릴 적 가족과 함께 미국 북서부로 이주했다. 그는 예일 대학교의 장학금을 받았지만 중퇴하고 대신 파슨스 디자인스쿨 아트 스튜던츠 리그에 다녔다. 그의 초기작은 표현주의적이었지만 나중에 초현실주의와 칼 융(1875~1961)의 심리학 이론의 영향을 받아, 그의 말처럼 인간의 조건을 표현하는 경계가 불분명한 색채들을 창조하며 형태들을 축소했다.

색면회화 p.34

색채 **p.173** 추상 **p.175** 캔버스에 유채물감 **p.194**

세 개의 깃발 Three Flags

1958

재스퍼 존스: 캔버스에 납화 • 77.8×115.6×11.7cm • 휘트니 미술관, 뉴욕, 미국

다른 주요 작품

〈네 개의 얼굴이 있는 과녁〉, 1955, 현대미술관, 뉴욕, 미국

〈부정출발〉, 1959, 개인소장

〈그려진 청동〉, 1960, 루트비히 미술관, 쾰른, 독일

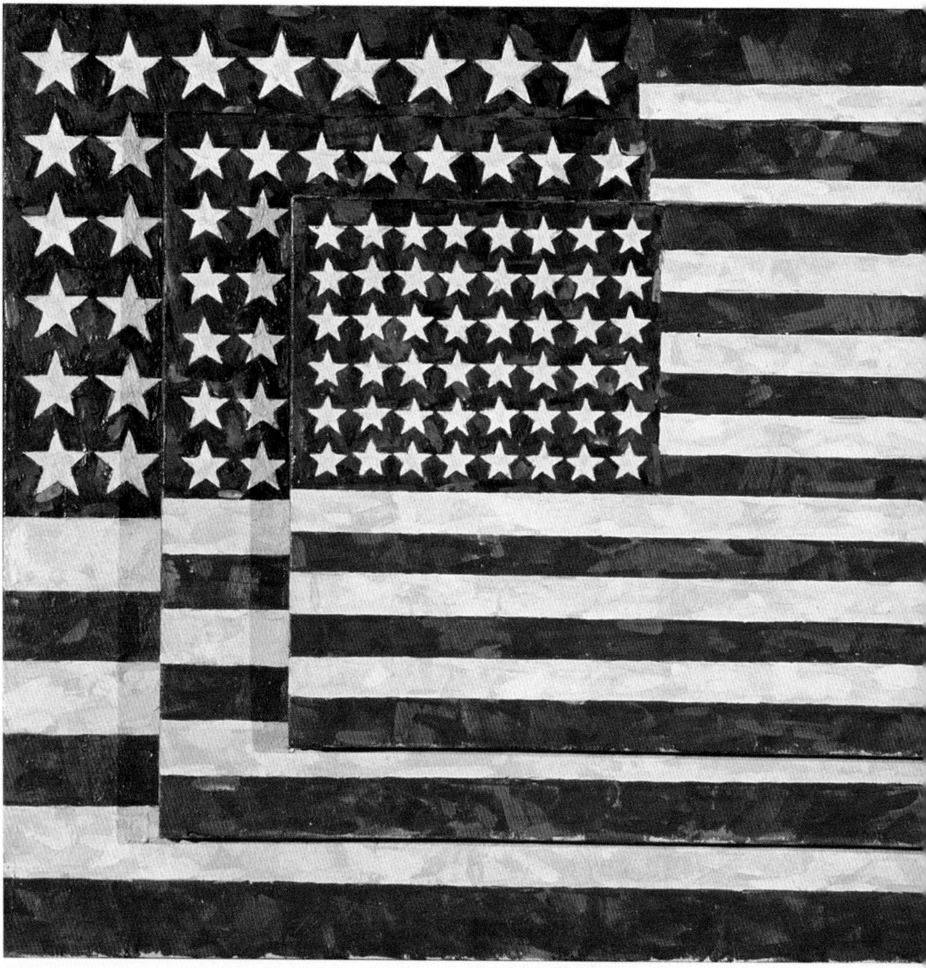

네오 다다 p.36 팝아트 p.38

재스퍼 존스

존스는 추상표현주의, 네오다다, 팝아트와 가장 강력히 연관된 미국화가다. 그의 회화, 판화, 조각은 팝아트, 미니멀리즘, 개념미술 등의 다양한 미술사조에 영향을 주었다. 그의 기법은 추상표현주의의 즉흥성과 통제된 물감 활용법을 통합했으며, 일상적인 사물들과 회화적인 양식의 조합은 순수미술과 일상생활 사이의 경계를 무너뜨렸다.

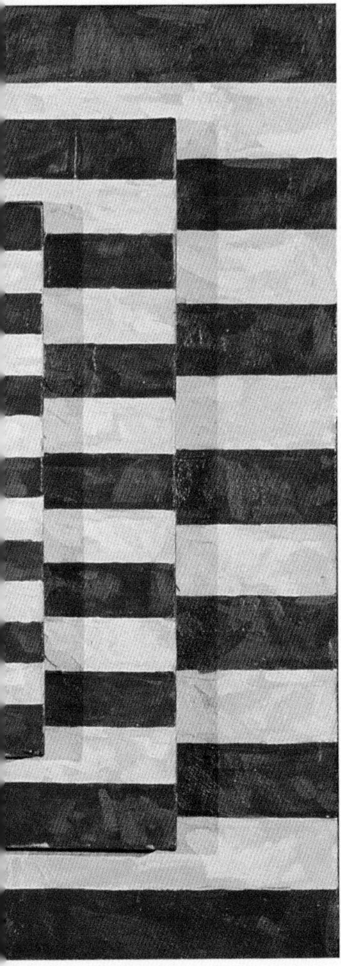

재스퍼 존스(1930~)는 작품에 깃발, 과녁, 지도, 맥주와 커피 캔 같은 알아볼 수 있는 사물들을 활용함으로써 미술과 대중문화를 혼합했다.

존스는 〈세 개의 깃발〉에 대한 아이디어를 꿈에서 얻었다고 말하며 1954년에 48개의 별과 13개의 줄이 있는 미국 국기를 처음으로 그리기 시작했다. 그는 사람들이 국기를 '눈 여겨 보는 것이 아니라 그냥 보고 있음'을 드러냈다. 즉, 국기를 미술의 주제로 선택함으로써 관람자들이 그것을 새로운 방식으로 인식하게 된다는 의미다. 뒤샹의 레디메이드가 익숙한 사물들을 미술작품으로 재인식하는 것과 동일한 정서에서 나왔다.

존스는 이 작품을 1958년에 제작하기 시작했다. 세 개의 캔버스를 쌓아 올렸고, 가장 작은 캔버스를 관람자와 가장 가까운 꼭대기에 두었다. 그는 처음에 주택용 에나멜페인트를 썼지만, 얼마 후에 안료를 엉기게 하기 위해 밀랍을 사용하는 오래된 매체인 납화로 돌아갔다. 붓질이 가해질 때 따뜻한 밀랍에 머물러 있는 이러한 안료 혼합물이 굳어지며, 각각의 붓질은 두껍고 두드러지면서 강렬하고 거의 조각 같은 질감을 만들어내게 된다. 각각의 국기는 거의 정확한 색채와 비율로 묘사되고, 층으로 배열된 캔버스는 이 그림을 3차원적 오브제로 변형시킨다. 존스는 다음과 같이 말했다. "미국 국기의 디자인을 사용하는 것은 나에게 많은 도움이 되었다. 디자인할 필요가 없었기 때문이다."

→ 기억 **p.176** 애국심 **p.178** 사회적 논평 **p.184** 납화 **p.209**

공간 개념 '기다림'

Spatial Concept 'Waiting'

1960

루치오 폰타나: 캔버스 • 100×80cm • 20세기 미술관, 밀라노, 이탈리아

다른 주요 작품

〈공간개념〉, 1949, 국립현대미술관, 로마, 이탈리아

〈공간개념, 기대〉, 1959, 솔로몬 R. 구겐하임 미술관, 뉴욕, 미국

〈공간개념, 신의 종말〉, 1963, 루치오 폰타나 재단, 밀라노, 이탈리아

루치오 폰타나(1899~1968)는 캔버스를 뚫고 긋거나 자름으로써 공간과 무한성에 관한 개념들을 탐구했다.

1959년에 폰타나는 캔버스를 베기 시작했다. 이러한 접근방법은 공간주의로 발전되었다. 그는 실제 세계의 무언가를 재현하거나 장식하지 않고 현실 공간과 깊이의 느낌을 만들어낼 생각으로 캔버스를 한 번 혹은 여러 번 그었다. 〈공간 개념 '기다림'〉에서 베기(taglio)는 날카로운 날을 이용한 단 한 번의 몸짓으로 생성되었다. 검은 거즈로 캔버스의 뒤를 받쳐주었기 때문에 어두운 부분은 빈 공간의 외형과 공간감을 만들어낸다. 이 연작에 속한 다른 작품에서 폰타나는 다양한 크기와 형태로 캔버스를 베었고, 한 줄로 그은 캔버스 뒤에는 'Attesa'('기대'나 '희망'을 의미)를, 여러 번 그은 캔버스에는 복수형인 'Attese'을 써놓았다. 그는 1966년 베니스 비엔날레에 이러한 캔버스로 가득 채운 방을 전시했다.

이 작품은 외관과 접근방식에서 전통미술과 달랐을 뿐 아니라, 고통이나 상처를 암시한다. 베기는 즉흥적으로 보일 수 있지만 사실 세심하게 계획한 다음에 한순간 완성한 것이다 — 붓 터치를 대신한 손으로 베기. 폰타나는 "나는 파괴한 것이 아니라 구성했다"라고 주장했다.

루치오 폰타나

폰타나는 아르헨티나와 이탈리아에서 성장했고 나중에 프랑스에서 살았다. 그는 화가들뿐 아니라 조각가들과 함께 작업했고, 파리의 추상-창조 그룹에 합류한 후, 1946년에 부에노스아이레스의 알타미라 아카데미를 창립했다. 그는 공간주의에 관한 선언문을 여러 번 썼으며, 그 이후의 거의 모든 작품을 공간개념으로 지칭했다. 이 그림들은 두 개의 유형, 즉 구멍파기(buchi)와 베기(tagli)로 나눌 수 있다.

공간주의 **p.35** 아르테 포베라 **p.41**

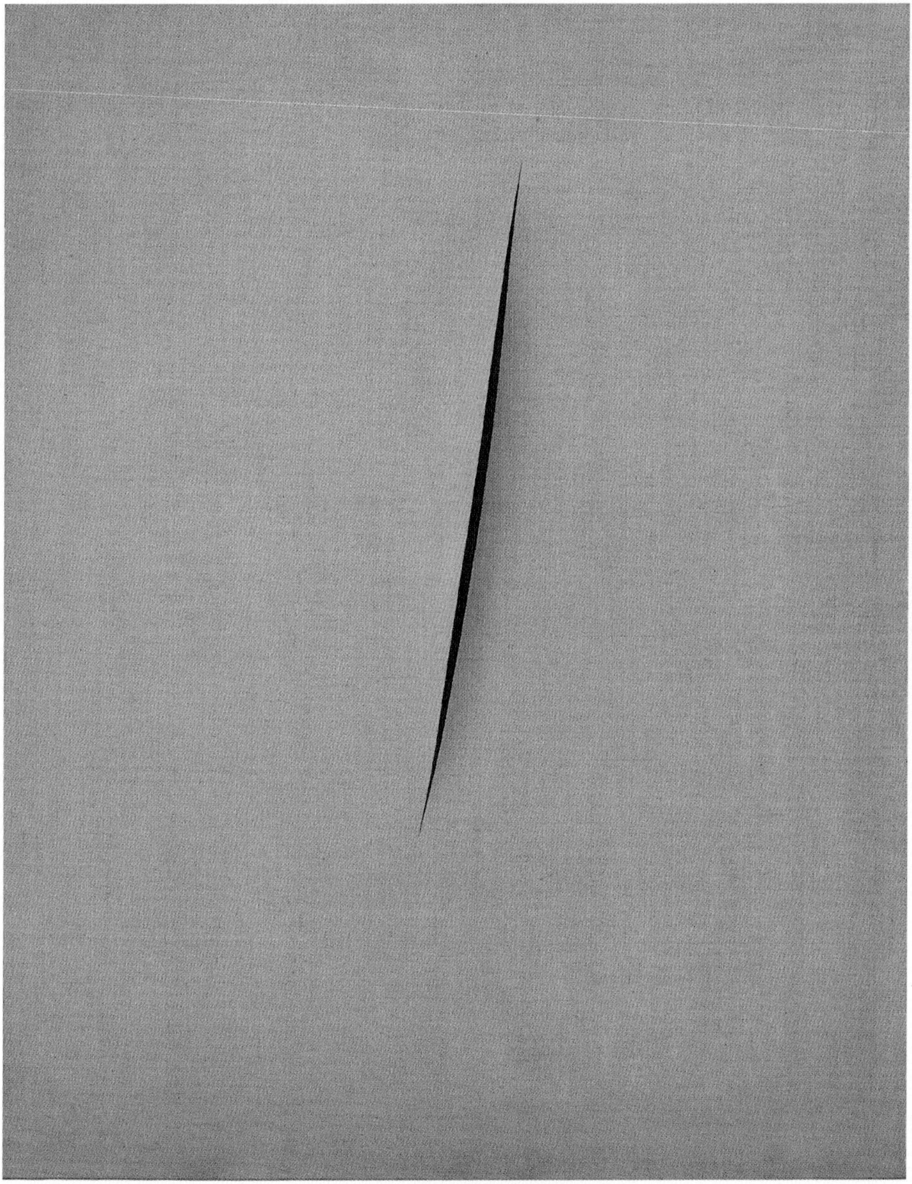

시간 p.171 형태와 선 p.174 추상 p.175 기억 p.176

캠벨 수프 캔 Campbell's Soup Cans

1962

앤디 워홀: 32개의 캔버스에 합성폴리머페인트 • 각각의 캔버스 50.8×40.6cm • 현대미술관, 뉴욕, 미국

1962년 앤디 워홀(1928~1987)은 캠벨 수프 캔 그림과 판화를 제작하기 시작했다. 이는 미술에 혁명을 일으켰고 미국에서 팝아트의 시작을 도왔다. 이후 몇 년 동안 워홀은 〈캠벨 수프 캔〉이 가장 좋은 작품이었다고 말했다. "난 캠벨 수프 캔을 그렸어야 했고, 계속해서 그랬어야 했다."

화가가 되기 전에 워홀은 뉴욕에서 보수가 아주 높은 성공한 상업 일러스트레이터였다. 1960년대에 그는 어떻게 하면

소비주의가 그 어느 때보다 더 광고와 포장에 노출되어 있음을 알게 된 워홀은 낯선 방식으로 익숙한 것들을 보여주기로 결심했다. 수프 캔 이미지를 만들기 위해 연필을 이용해 투사한 사진이미지를 베낀 다음, 캔에 종류별로 글자를 투사하고 베꼈고 손으로 채색했다.

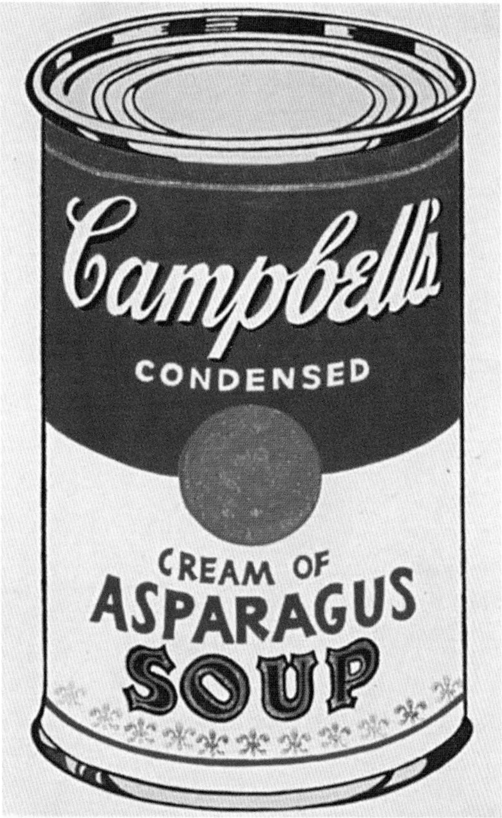

다른 주요 작품

〈마릴린 두폭화〉, 1962, 테이트 모던, 런던, 영국

〈초록색 코카콜라 병〉, 1962, 휘트니 미술관, 뉴욕, 미국

〈세 명의 엘비스〉, 1963, 샌프란시스코 현대미술관, 캘리포니아 주, 미국

팝아트 p.38

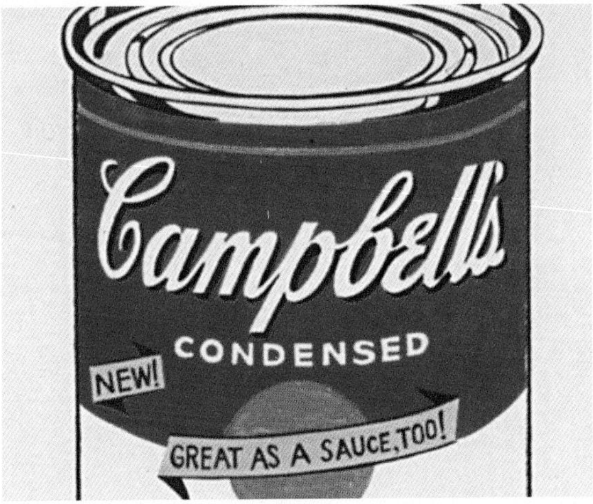

전통적인 회화 기술을 거의 시도하지 않은 이 평면적인 상업포장재 이미지는 무엇이 미술관에 전시될 가치가 있는 미술인가라는 질문을 제기했다. 워홀은 미술과 화가의 역할, 현대 사회에서 인식되는 방식 등에 관한 전통적인 전제에 도전했다.

화가로 성공할 수 있는지에 대해 갤러리 주인이자 인테리어 디자이너였던 뮤리엘 라토(1931~2003)와 이야기했다. 그녀는 수프 캔과 달러 지폐처럼 사람들이 매일 사용하는 사물을 그리라는 제안을 했고, 워홀은 이 아이디어에 50달러를 지불했다. 그는 광고의 반복과 균일성을 모방해 캠벨 수프 캔의 이미지를 반복 복제했고, 3차원을 보여주려고 하지 않고 색조의 단계적 변화를 없앴으며, 짧은 곡선의 검은 선으로 광택을 나타내고 의도적으로 평면적인 외형을 만들어냈다. 그는 실제 캠벨 수프의 라벨 색에 따라 이러한 이미지들을 그렸고 캔의 맨 아래쪽에 백합 패턴을 찍었다. 이렇게 함으로써 상업미술, 소비주의, 스테레오타입, 독창성, 고급문화와 저급문화에 대한 확고한 신념에 맞서는 동시에 뒤샹의 레디메이드처럼 작가는 혁신가라는 개념에 이의를 제기했다. 캠벨 수프 캔은 미국 전역의 식료품점에서 판매되었다. 워홀은 소비사회의 혜택들 중 하나가 가장 가난한 사람들이 가장 부유한 사람들과 동일한 것을 구입하거나 경험할 수 있다는 사실이라고 설명했다. 그리고 미술도 그렇게 되어야 한다. 이 작품을 완성한 직후에 워홀은 실크스크린 기법을 활용하기 시작했다.

앤디 워홀
광고계를 떠난 후, 워홀은 상업미술의 공정을 이용해 영화배우, 상품포장, 선정적인 신문기사 등 실크스크린 기법의 이미지를 만들었다. 그의 그림, 판화, 사진, 3차원 작품들은 처음에 논란을 일으켰지만 결국 순수미술, 재료, 기법, 전통, 그리고 고급미술과 저급미술의 경계에 대한 생각을 변화시켰다.

색채 **p.173** 형태와 선 **p.174** 기억 **p.176** 애국심 **p.178** 사회적 논평 **p.184** 상업주의 **p.185**

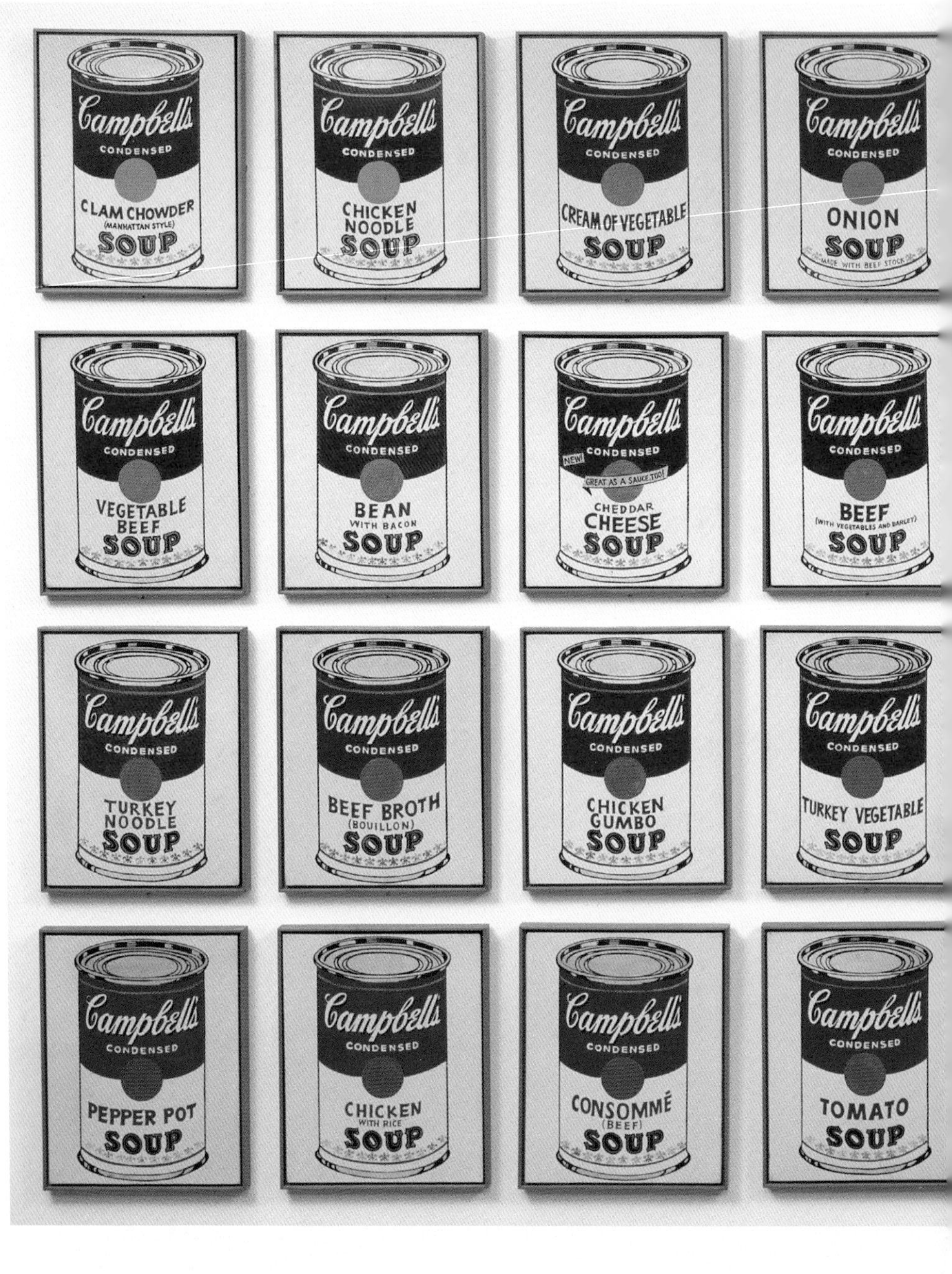
Campbell's CONDENSED CLAM CHOWDER (MANHATTAN STYLE) SOUP
Campbell's CONDENSED CHICKEN NOODLE SOUP
Campbell's CONDENSED CREAM OF VEGETABLE SOUP
Campbell's CONDENSED ONION SOUP MADE WITH BEEF STOCK
Campbell's CONDENSED VEGETABLE BEEF SOUP
Campbell's CONDENSED BEAN WITH BACON SOUP
Campbell's CONDENSED NEW! GREAT AS A SAUCE,TOO! CHEDDAR CHEESE SOUP
Campbell's CONDENSED BEEF (WITH VEGETABLES AND BARLEY) SOUP
Campbell's CONDENSED TURKEY NOODLE SOUP
Campbell's CONDENSED BEEF BROTH (BOUILLON) SOUP
Campbell's CONDENSED CHICKEN GUMBO SOUP
Campbell's CONDENSED TURKEY VEGETABLE SOUP
Campbell's CONDENSED PEPPER POT SOUP
Campbell's CONDENSED CHICKEN WITH RICE SOUP
Campbell's CONDENSED CONSOMMÉ (BEEF) SOUP
Campbell's CONDENSED TOMATO SOUP

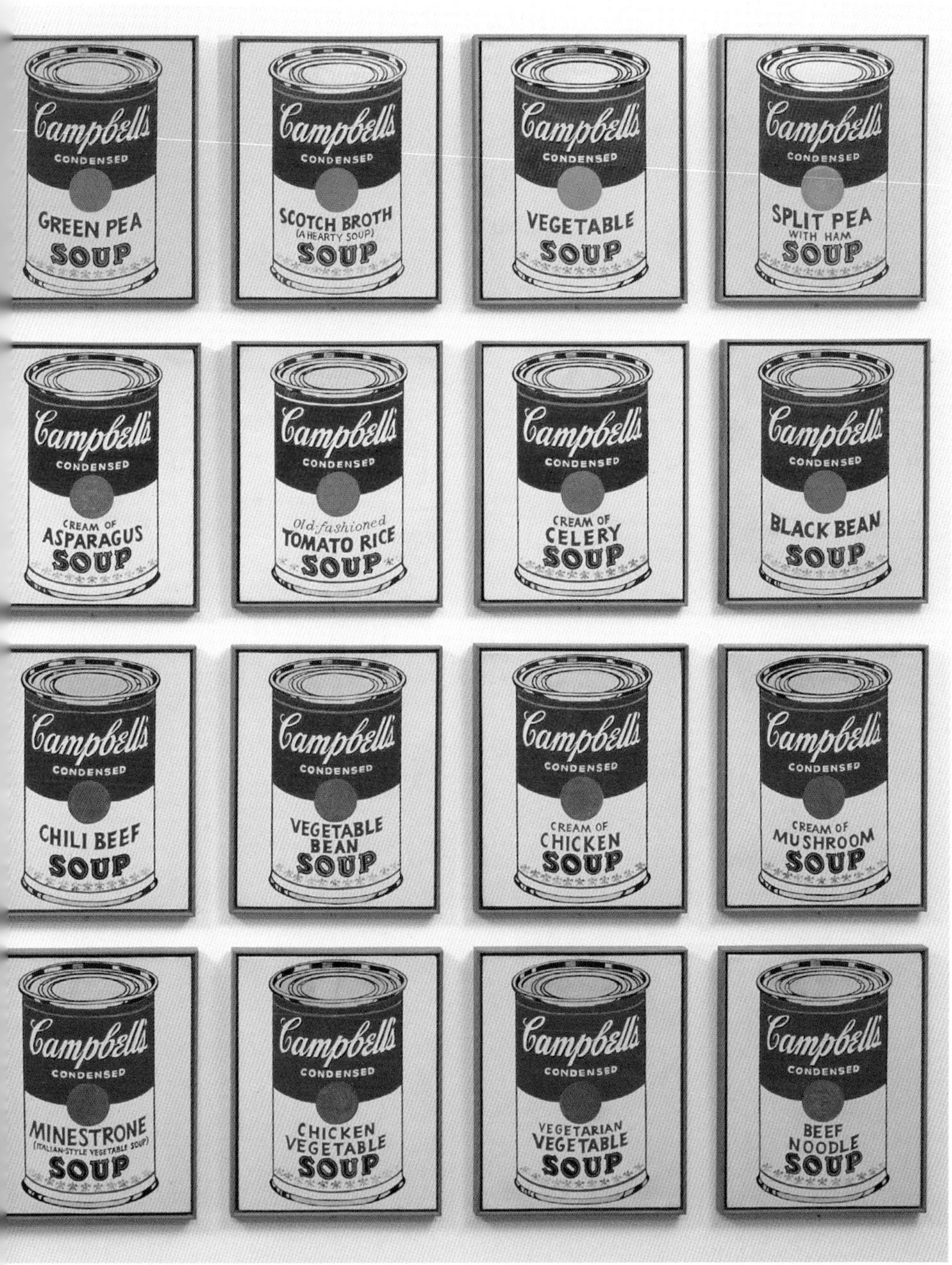
Campbell's
CONDENSED
GREEN PEA
SOUP
Campbell's
CONDENSED
SCOTCH BROTH
(A HEARTY SOUP)
SOUP
Campbell's
CONDENSED
VEGETABLE
SOUP
Campbell's
CONDENSED
SPLIT PEA
WITH HAM
SOUP
Campbell's
CONDENSED
CREAM OF
ASPARAGUS
SOUP
Campbell's
CONDENSED
Old-fashioned
TOMATO RICE
SOUP
Campbell's
CONDENSED
CREAM OF
CELERY
SOUP
Campbell's
CONDENSED
BLACK BEAN
SOUP
Campbell's
CONDENSED
CHILI BEEF
SOUP
Campbell's
CONDENSED
VEGETABLE
BEAN
SOUP
Campbell's
CONDENSED
CREAM OF
CHICKEN
SOUP
Campbell's
CONDENSED
CREAM OF
MUSHROOM
SOUP
Campbell's
CONDENSED
MINESTRONE
(ITALIAN-STYLE VEGETABLE SOUP)
SOUP
Campbell's
CONDENSED
CHICKEN
VEGETABLE
SOUP
Campbell's
CONDENSED
VEGETARIAN
VEGETABLE
SOUP
Campbell's
CONDENSED
BEEF
NOODLE
SOUP

셔틀 II Shuttle II

1964

브리짓 라일리: 모양을 만든 패널에 에멀션 페인트 • 107×107cm • 개인소장

학창시절 점묘법에 강한 흥미를 느꼈던 브리짓 라일리는 색채를 배치하는 실험을 하기 시작했다. 라일리는 특정 색을 서로의 옆에 두면 새로운 색들이 실제로 존재하지 않는 곳에 있는 것처럼 보인다는 개념에 영감을 받아 흰색과 검은색으로만 작업했다. 그녀는 매끈한 물감을 기하학적 추상 패턴으로 칠해서 색채와 움직임의 환영을 창조했고, 이러한 그림들은 옵아트의 대표작이 되었다. 1964년에 그녀는 미리 잘라놓은 이 하드보드 패널에 검은색과 흰색의 에멀션 페인트로 그림을 그렸다. 곡선의 띠 속 평행한 검은색과 흰색 직선들은 떨리는 것처럼 보이며 계속되는 움직임과 색채의 느낌을 만들어낸다. 라일리는 이러한 효과를 '안정과 불안정, 확실성과 불확실성'으로 묘사하며, 자신이 원한 것은 '회화의 면과 활동적인 관람자 사이의 공간'이었다고 말했다. 패널 표면은 좌우뿐 아니라 앞쪽으로 움직이는 것처럼 보인다. 이러한 움직임은 리드미컬하지만, 또한 불안하게 만들기도 한다. 라일리는 "나는 인식이 존재의 상태를 직접적으로 경험하게 하는 매개라고 항상 믿었다"고 설명했다. 1965년에 그녀는 뉴욕 현대미술관의 전시회 「반응하는 눈」에 참가했다. 대중의 상상력을 순식간에 사로잡았던 이 전시회는 새로운 옵아트 운동을 정의하는 데 도움이 되었다.

브리짓 라일리

런던의 골드스미스 대학과 왕립미술대학에서 수학한 라일리는 단색조의 기하학적 추상화를 그리기 시작했다. 1962년에 열린 첫 단독 전시회는 곧바로 전 세계적인 찬사를 받았다. 그녀는 1966년에 색채를 사용하기 시작했고 1968년 베니스 비엔날레에서 회화 부문 국제상을 받았다. 1980년대에 이집트를 방문한 후, 그녀는 이집트의 정신을 연상시키는 파란색, 청록색, 붉은색, 초록색, 노란색 등으로 작업했다.

옵아트 **p.37**

다른 주요 작품

〈분열〉, 1962, 현대미술관, 뉴욕, 미국

〈떨어짐〉, 1963, 테이트 브리튼, 런던, 영국

〈펀자브〉, 1971, 글래스고 시립미술관, 글래스고, 영국

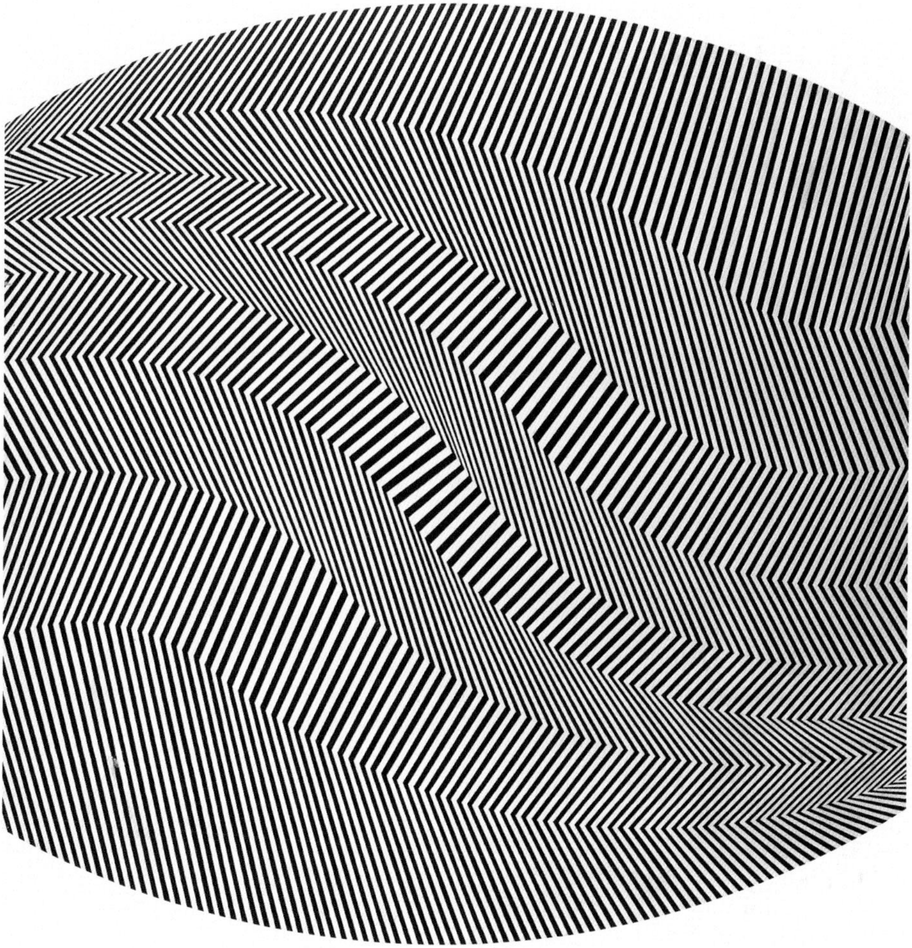

역동주의 **p.172** 색채 **p.173** 형태와 선 **p.174** 추상 **p.175** 음악 **p.177**

무제(말 12마리)

Untitled (12 Horses)

1969

야니스 쿠넬리스: 살아 있는 말 • 다양한 크기 • 개인소장

야니스 쿠넬리스(1936~)는 판매할 수 없는 작품을 제작하기로 하였고, 1969년 로마의 아티코 갤러리에 열두 마리의 말을 묶어 놓았다. 그 작품이 〈무제(말 12마리)〉이다.

루치오 폰타나와 잭슨 폴록 같은 화가들의 영향을 받은 쿠넬리스는 미술이 삶에 통합되어야 한다고 믿었다. 그는 1930년대 초 파리에서 발행된 『혁명에 봉사하는 초현실주의』 잡지에서 앙드레 브르통이 쓴 구절로부터 영감을 얻었다고 주장했다. 의도적으로 말이 안 되게 쓴 이 기사는 타타르족이 말에게 물을 먹이려고 베르사유의 분수로 데리고 가는 것의 불가능함에 대해 논했다.

1963년에 쿠넬리스는 발견된 오브제를 미술작품으로 활용하기 시작했고 1967년에 아르테 포베라 운동에 가담했다. 그는 시장성이 높은 전통적인 미술을 거부하고 더 주관적인 개념들을 지지했다. 그는 미술관에 말을 전시함으로써 자신의 견해들을 드러냈다. 첫째, 개인이 소유한 미술관에서 판매가 불가능한 작품을 전시하는 것에 대한 경제적, 사회적 함의들이 있다. 둘째, 미술관을 방문하는 사람들은 그러한 뜻밖의 장소에서 크고 건장한 말들을 맞닥뜨렸을 때 위축되었다. 셋째, 미술관이라는 대체로 기능적인 장소가 말의 냄새, 소음, 신체 기능들로 뒤덮였다. 넷째, 말은 역사적으로 인간에게 중요했으며 고전 조각과 전통적 역사화와 연관이 있다는 점을 비롯해 수많은 다양한 개념과 연결될 수 있다.

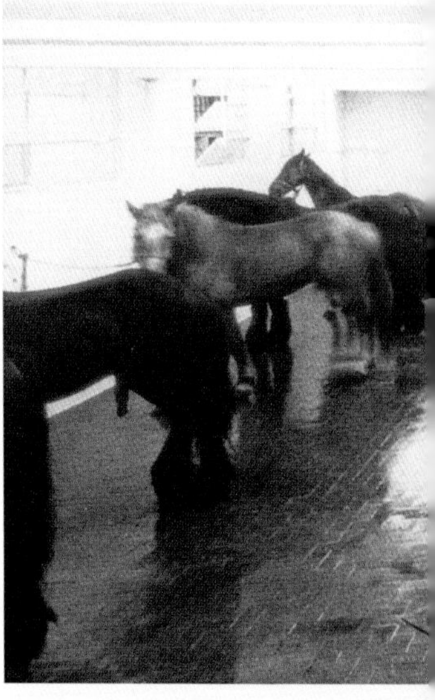

아르테 포베라 p.41

야니스 쿠넬리스

그리스에서 태어난 쿠넬리스는 스무 살 때 로마로 이주했다. 그의 초기작은 개인이 자기 자신을 인식하는 방식을 탐구했다. 회화, 콜라주, 퍼포먼스, 종종 무대장치와 비슷한 설치미술 등을 혼합한 그의 작품은 허구와 통합된 실제 삶을 전달하기 시작했다. 그는 다양한 재료 즉 면, 석탄, 커피, 나무, 식물, 동물 등을 활용해 사회와 언어의 분열과 연관성을 탐구한다.

다른 주요 작품

〈무제〉, 1969, 국립현대미술관, 조르주 퐁피두센터, 파리, 프랑스

〈무제〉, 1987, 솔로몬 R. 구겐하임 미술관, 뉴욕, 미국

〈무제(커피)〉, 1989~1991, 테이트 컬렉션, 런던, 영국

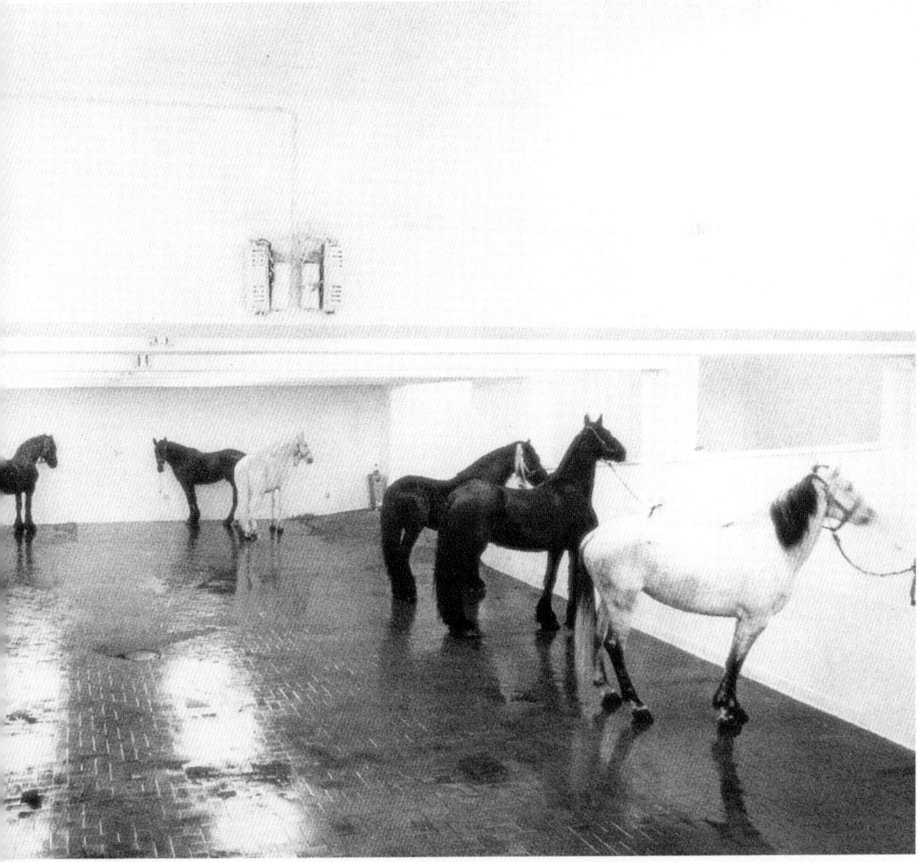

동물 p.165 사회적 논평 p.184

피가 흐르는 자화상

Self-Portrait with Blood

1973

아나 멘디에타: 컬러사진 • 50.8×40.6cm

아나 멘디에타

쿠바 태생의 멘디에타는 열두 살 때 피델 카스트로의 독재를 피해 망명한 어린이를 돕는 작전을 통해 언니와 함께 미국으로 건너왔다. 자매는 플로리다 주와 아이오와 주에서 차례로 살았다. 프랑스어와 미술을 공부한 후 멘디에타는 자신의 몸을 매체로 이용하기 시작했다. 그녀는 종종 그녀의 외관을 바꾸며 어린 시절 어머니와 집을 떠나면서 느꼈던 고통을 표현했다.

'대지-신체' 미술로 가장 잘 알려진 아나 멘디에타(1948~1985)는 피범벅이 된 자신의 얼굴을 사진으로 찍었다. 〈피가 흐르는 자화상〉에서는 그녀의 코, 눈 주변, 이마 아래, 뺨, 칼라와 머리카락 속으로 피가 흐른다. 이 주제와 포즈는 한 해 전, 멘디에타가 가발을 쓰고 메이크업을 한 얼굴에 팽팽히 당긴 타이츠로 자신의 얼굴을 변형시켜 자신의 외관을 바꾸는 실험을 하며 자신의 모습을 찍은 사진 연작 〈코스메틱 얼굴 변형〉에서 발전했다. 1973년에 그녀는 무성영화 〈피땀〉을 제작했다. 거기에서 그녀는 태연해 보이지만 그녀의 머리와 얼굴 아래로는 피가 흐른다. 피가 흐른 얼굴은 부활과 재생뿐 아니라 순교를 암시하는 가시관을 머리에 쓴 십자가의 예수에 비유될 수 있다. 그러나 3년이 넘는 기간 동안 단 몇 작품에만 피를 포함시켰을 뿐, 대다수는 추상적인 여성 실루엣을 다루고 있다.

성별의 구분을 모호하게 만들었던 멘디에타는 종교 의식에도 매료되었고 특히 쿠바식 가톨릭교였던 산테리아에 영감을 받았다. 그녀는 삶과 부활에 관한 생각에 집중하면서 몸에 자연과 시간의 흐름을 통합하려고 했다.

그녀의 어두운 주제들은 때 이른 죽음을 예고한 것처럼 보인다. 멘디에타는 불과 44세의 나이로 뉴욕의 아파트 발코니에서 추락사했다.

다른 주요 작품

〈얼굴의 모발이식〉, 1972, 갤러리 르롱, 뉴욕, 미국

〈피가 흐르는 바위 심장〉, 1975, 허쉬혼 미술관과 조각 정원, 워싱턴 DC, 미국; 레이나소피아 국립미술관, 마드리드, 스페인; 올브라이트-녹스 미술관, 버팔로, 뉴욕, 미국

〈에너지 차지〉, 1975, 갤러리 르롱, 뉴욕, 미국

퍼포먼스 아트 **p.44** 페미니즘 미술 **p.45**

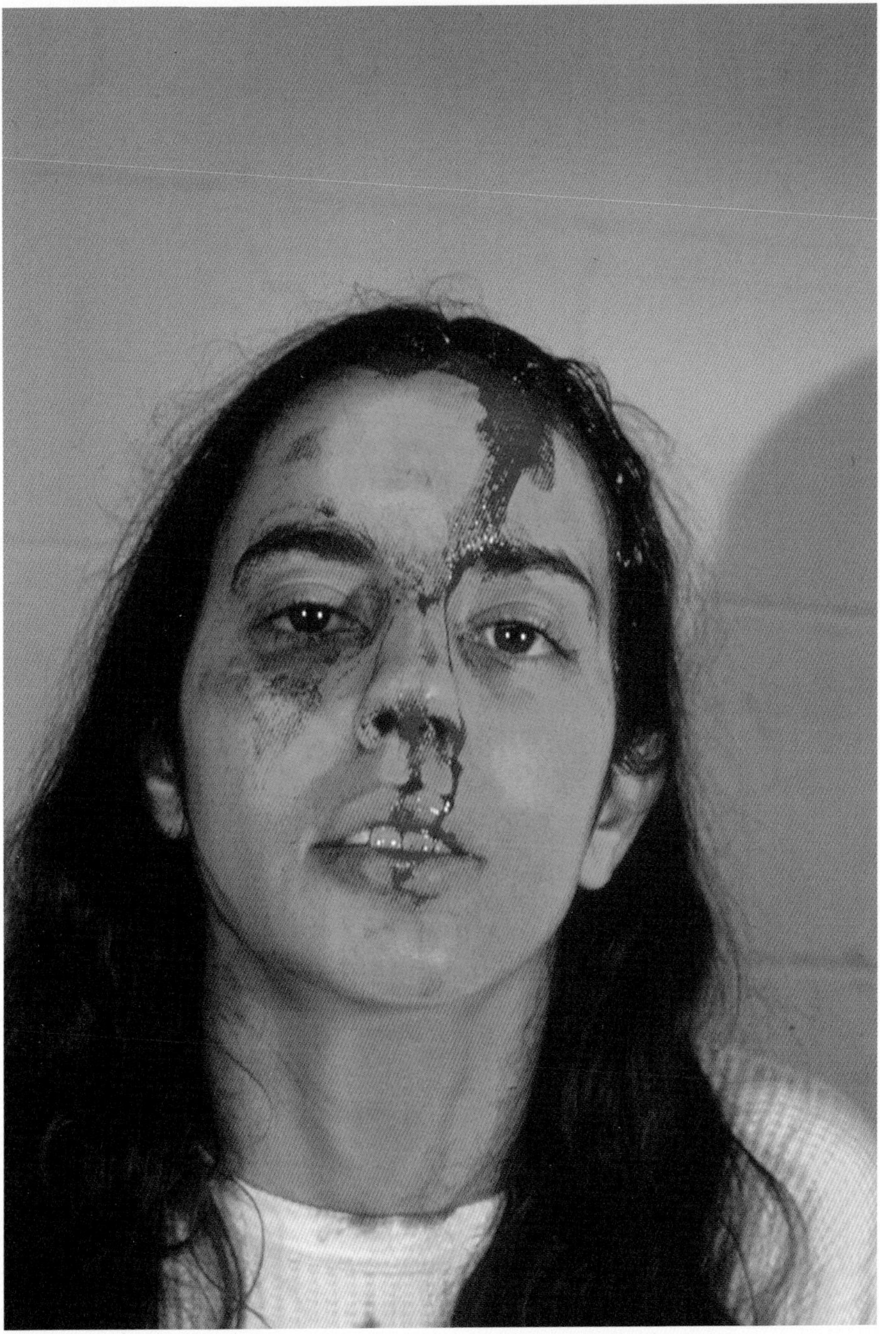

→ 사회적 논평 **p.184** 자아/정체성 **p.187** 인종 **p.188** 젠더 **p.189** 사진 **p.214**

TV 첼로 TV Cello

1976

백남준: 아크릴, 나무, 베이스 줄, CRT 모니터 3개, 무성의, 흰색과 검은색의 단일 채널 디지털 비디오로 상영되는 아날로그 테이프(VHS) • 170×92×95cm • 뉴사우스웨일스 미술관, 시드니, 오스트레일리아

다른 주요 작품

〈TV 부처〉, 1974, 암스테르담 시립미술관, 네덜란드

〈안녕하세요 오웰 씨〉, 1984, 일렉트로닉 아츠 인터믹스(EAI), 뉴욕, 미국

〈전자초고속도로: 미대륙, 알래스카, 하와이〉, 1995~1996, 스미소니언 미술관(워싱턴 DC, 미국)에 전시됨

퍼포먼스와 기술을 바탕으로 하는 미술의 선구자였던 백남준(1932~2006)은 텔레비전으로 추상적 형태들을 보여주고 비디오를 순수미술로 활용한 첫 작가였다.

미술과 음악사를 공부한 후에 플럭서스 그룹에 참여한 백남준은 첼리스트 겸 퍼포먼스 아티스트 샬롯 무어만(1933~1991)과 공동으로 작업했다. 그는 무어만을 위해 세 개의 텔레비전을 쌓아 첼로 형태를 만들고 첼로의 줄을 부착한 〈TV 첼로〉를 제작했다. TV 스크린에 그녀와 실제 첼로를 연주하는 다른 첼리스트의 영상이 나오는 동안, 그녀는 작품 뒤 스툴에 앉아 마치 첼로를 연주하듯이 활을 당겼다.

맨 아래에 있는 큰 텔레비전은 외피를 제거하고 투명한 합성수지 케이스에 넣었기 때문에 텔레비전 내부의 작동방식을 볼 수 있다. 첼로의 브릿지와 줄걸이는 TV 스크린에 부착되었다. 가장 작은 스크린은 팽팽히 당겨진 줄과 함께 첼로의 허리몸통(c-rib)과 울림구멍을 나타낸다. 회화의 거친 붓터치와 비슷하게 조잡해 보이는 이 작품은 즉흥, 실험, 자연스러움 등을 떠올리게 하고, 유쾌하지만 즉흥적으로 보이는 다수의 작품과 마찬가지로 세심한 계획의 결과물이다. 워홀이 수프 캔으로 했던 것처럼 백남준은 고급문화와 대중문화를 동시에 강조하면서 현대의 요소들을 제시했다.

백남준

'비디오아트의 아버지'로 국제적인 명성을 얻은 백남준은 대한민국 서울에서 태어났지만 1950년 한국전쟁이 발발하자 홍콩으로 피신했다. 그는 도쿄와 뮌헨의 대학교에서 공부했다. 백남준은 1963년 독일 부퍼탈에서 열린 「음악 전시-전자 텔레비전」에서 텔레비전의 영상들을 자석으로 조작했다. 이것이 비디오를 미술의 매체로 활용한 첫 번째 예다.

플럭서스 p.40 개념미술 p.43

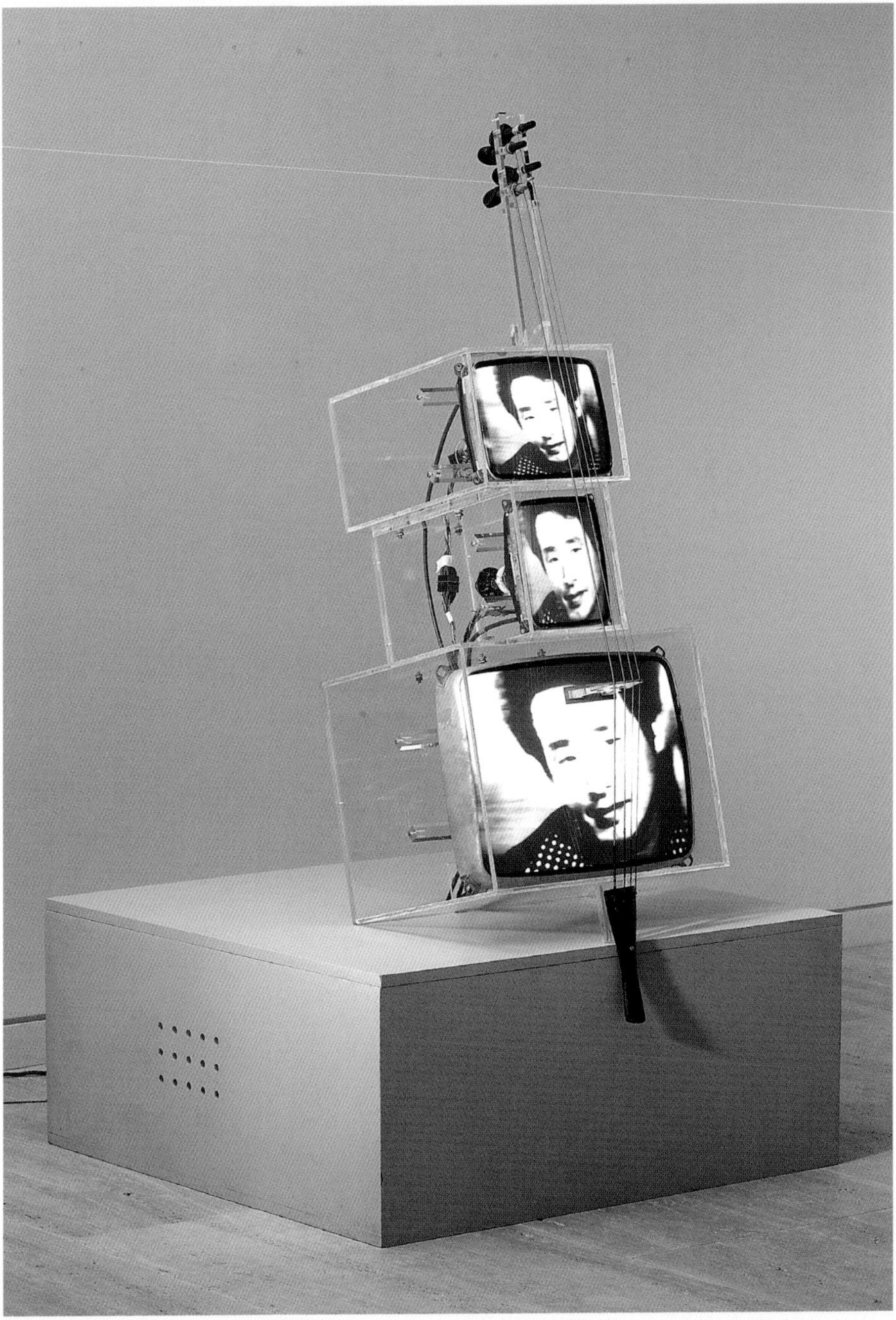

사회적 논평 **p.184** 전환 **p.186** 산업재료 **p.212**

무제(검은 해골)

Untitled (Black Skull)

1982

장-미셸 바스키아: 캔버스에 아크릴, 유색 오일 스틱과 스프레이 물감 • 182.9×152cm • 개인소장

다른 주요 작품

〈무제〉, 1981, 쇼어가(家) 컬렉션/장-미셸 바스키아 유산

〈무제(복싱 링)〉, 1981, 쇼어가 컬렉션/장-미셸 바스키아 유산

〈무제(에스트렐라)〉, 1985, 쇼어가 컬렉션/장-미셸 바스키아 유산

공식적인 미술교육을 받지 않았던 장-미셸 바스키아(1960~1988)는 거친 회화양식과 그라피티 같은 작품으로 유명해졌다.

아프리카, 카리브 해, 아스텍, 히스패닉 문화에서 이미지를 차용한 바스키아는 더 일반적인 붓질뿐 아니라 오일 스틱과 페인트 붓의 끝을 사용해 이 그림을 그렸다. 검은색 배경에서 부유하는 환영 같은 흰색 해골은 메멘토모리나 바니타스처럼 삶의 덧없음을 상기시킨다. 바스키아 특유의 X-레이 양식으로 그려진 해골과 닮은 머리는 외면적인 모습과 내면의 사고 과정을 동시에 암시한다. 저울은 대립되는 생각과 신념 체계, 그리고 바스키아의 표현의 자유와 사회의 구속이라는 이중성을 상징한다.

〈무제(검은 해골)〉은 오랜 초상화 전통을 따르고 있다. 즉, 바스키아의 푸에르토리코와 아이티 혈통과 연결되며, 표현주의 개념들, 그라피티, 파울 클레의 미술적 측면 등을 포함하고 있다. 또한 미국에 정착한 다양한 인종의 역사와 투쟁에 관한 바스키아의 지식을 융합하고 아프리카계 미국인의 경험들을 암시한다. 더 나아가 죽음, 인종, 자기정체성, 종교 등의 개념과 재즈와 힙합 음악과 스포츠, 특히 그가 가장 좋아했던 복싱과 야구에 대한 바스키아의 애정을 나타낸다.

장-미셸 바스키아

부모의 이혼 후에 바스키아는 아버지, 누이들과 함께 푸에르토리코에서 살았지만 곧 뉴욕으로 이주했다. 그는 뉴욕에서 알 디아즈(1960~) 등의 친구들과 함께 'SAMO'라는 이름으로 그래피티 작업을 했다. 바스키아는 차별, 빈곤, 인종주의 등의 주제에 초점을 맞춘 그림을 전시하기 시작했다. 그는 27세에 헤로인 과다복용으로 사망했다.

신표현주의 **p.49**

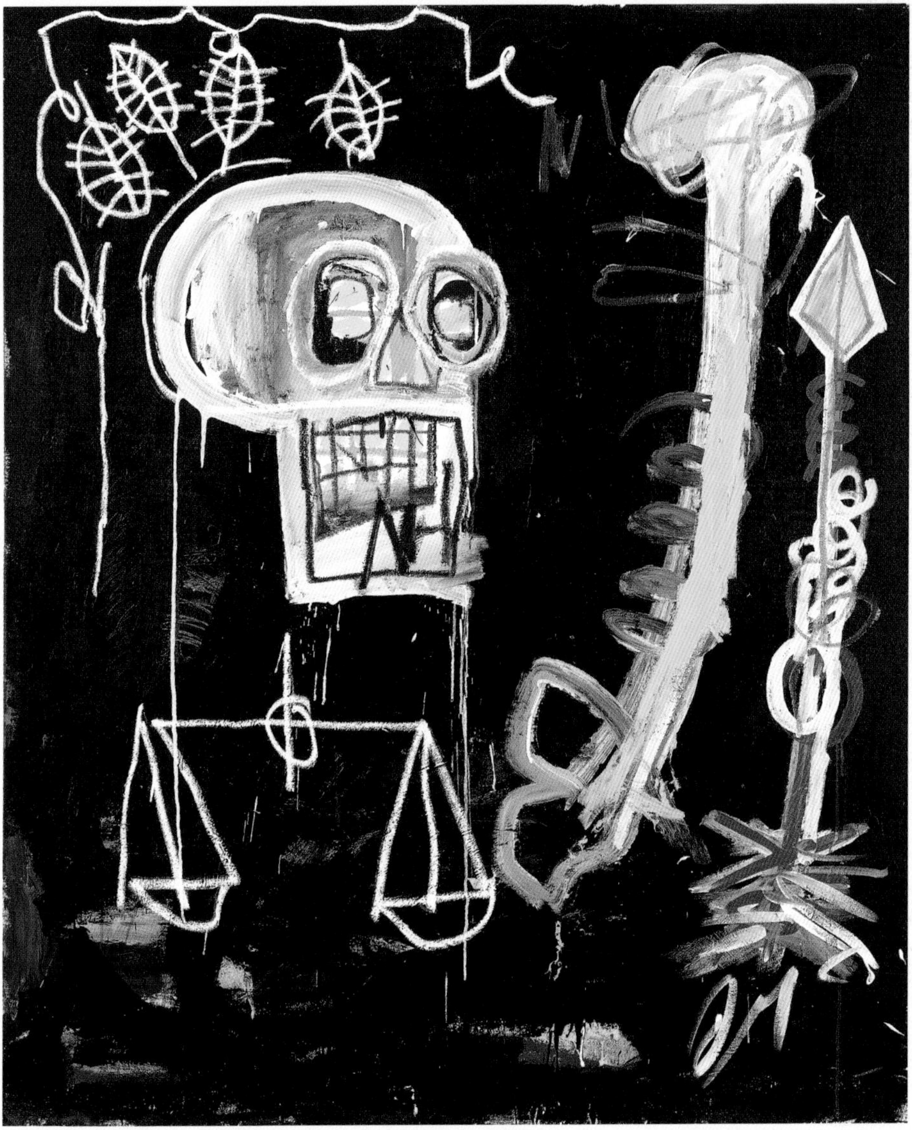

초상 p.168 색채 p.173 추상 p.175 스프레이 페인트 p.213

세 개의 공 50/50 탱크 (두 개의 스폴딩 J 실버 박사 시리즈, 윌슨 슈퍼샷)

1985

Three Ball 50/50 Tank (Two Spalding Dr. J Silver Series, Wilson Supershot)

제프 쿤스: 유리, 강철, 증류수, 농구공 3개 • 153.7×123.8×33.7cm

다른 주요 작품

〈뉴 후버 컨버터블 그린, 블루; 더블 데커〉, 1981~1987, 휘트니 미술관, 뉴욕, 미국

〈마이클 잭슨과 버블스〉, 1985, 샌프란시스코 현대미술관, 캘리포니아 주, 미국

〈벌룬 독(주황색)〉, 1994~2000, 개인소장

취향과 사회적 차별에 관한 개념들을 탐구하는 제프 쿤스(1955~)는 강철과 인간이 만드는 물건 같은 산업 재료로 작업했다.

〈세 개의 공〉은 쿤스가 1985년 뉴욕에서 열린 단독 전시회 「평형」을 위해 제작한 '탱크' 연작에 속하는 작품이다. 강철 스탠드에 올려놓은 크기가 모두 다른 유리 탱크 3개에는 증류수와 염화나트륨시약을 채워 넣어 완전한 균형상태에 도달한 하나, 둘 혹은 세 개의 농구공이 떠 있다. 이 작품에서는 거의 반쯤 채워진 탱크 안에 과학표본이나 박물관 작품처럼 전시된 농구공 세 개가 떠 있다. 농구공들은 인기 스포츠에 사용되는 미국적인 사물이라는 익숙한 지위에서 분리된 것처럼 보인다. 그 대신 멀리서 잘 보이도록 정지 상태로 진열돼 있다.

쿤스는 탱크 가까이에 나이키 운동화를 신고 농구공을 같은 방식으로 든 미국의 유명 농구선수들이 등장하는 미국의 유명 스포츠웨어 회사 나이키의 광고 포스터 몇 점을 전시했다. 순수미술처럼 전시된 이 작품은 팝아트, 미니멀리즘, 뒤샹의 레디메이드 개념을 혼합하며 상업주의에 관해 생각해보게 한다. 쿤스는 또 삶의 덧없음에 대한 개념들을 보여주고 사회의 불평등을 암시한다. 여기서 농구공은, 중산층 백인 청년들에게 신분상승의 기회를 주는 미술처럼, 주로 흑인 청년들의 신분상승의 수단으로 제시된다.

제프 쿤스

상업적으로 성공했고 '키치의 왕'으로 종종 묘사되는 쿤스는 당대의 이슈들을 작품에 활용한다. 펜실베이니아 주에서 태어난 그는 발티모어와 시카고에서 공부한 다음, 뉴욕으로 이주해 MoMA와 월스트리트에서 일하며 작품을 제작했다. 1980년대에 쿤스는 공장 같은 작업장을 설립하고 30명이 넘는 조수들을 고용했다. 조수들은 각각 완성작의 다양한 부분을 담당했다.

포스트모더니즘 p.42

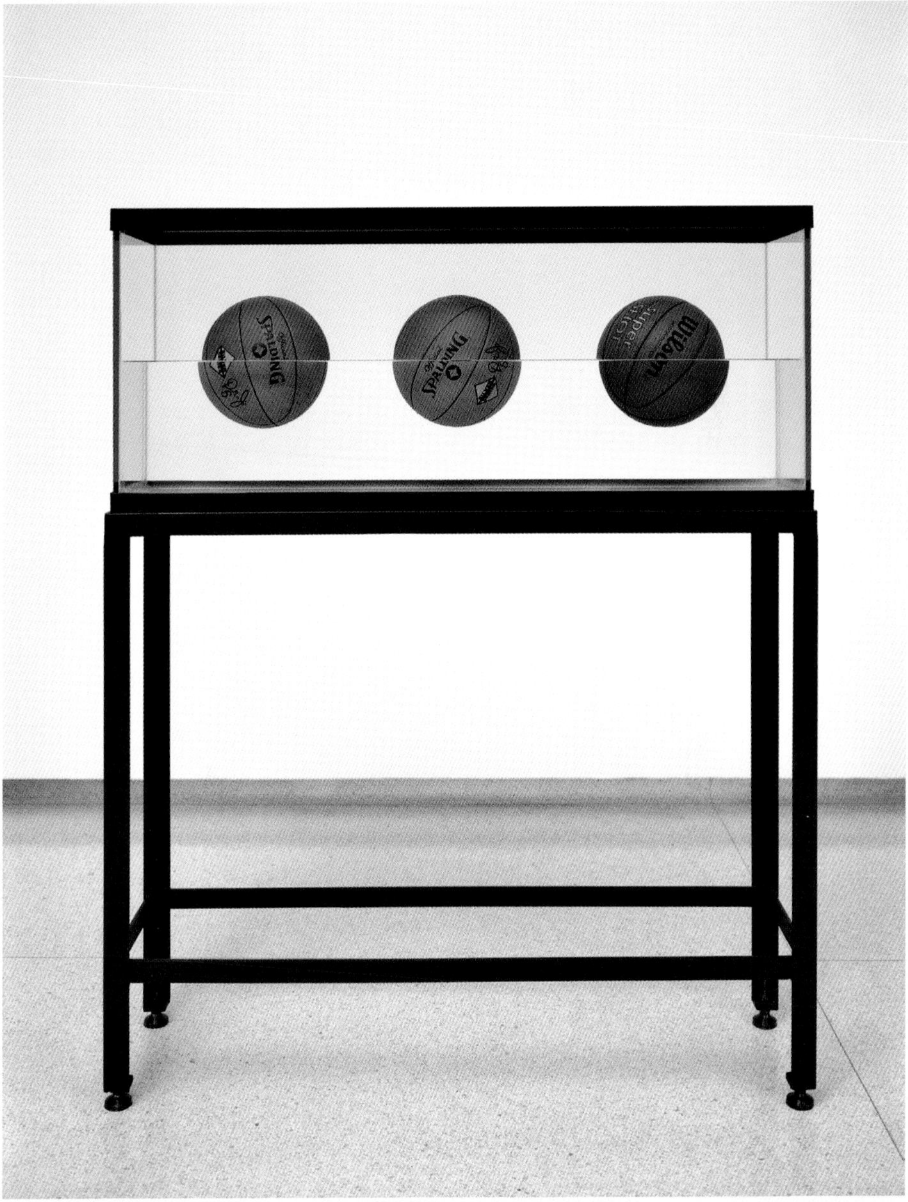

→ 기억 **p.176** 애국심 **p.178** 사회적 논평 **p.184** 소비주의 **p.185** 혼합매체 **p.203** 레디메이드 **p.204**

상념(자화상)
Reflection (Self-Portrait)

1985

루시안 프로이트: 캔버스에 유채물감 • 56.2×51.2cm • 개인소장

루시안 프로이트
프로이트는 60년 이상을 화가로 일했다. 처음에는 부드럽고 옅은 물감을 사용했지만 나중에는 보다 거칠어졌다. 정신분석학자 지그문트 프로이트의 손자인 그는 베를린에서 태어났지만 1933년 가족과 함께 히틀러를 피해 런던으로 이주했다. 그는 런던과 에섹스에서 미술을 공부했고 피카소를 비롯한 화가들과 친구가 되었다. 초상화와 인물화에 전념했던 그는 한 작품을 제작하는 데 수개월이 걸렸다.

루시안 프로이트(1922~2011)는 작가로 활동하는 내내 시간이 흐르면서 달라지는 자신의 외모를 기록한 여러 점의 자화상과 초상화를 그렸다. 작품 〈상념(자화상)〉은 그중 하나다.

프로이트는 "난 항상 내 그림에 드라마를 만들고 싶었고, 그것이 내가 사람을 그리는 이유다"라고 말했다. 그는 이렇게도 말했다. "나는 피부를 좋아하는데, 그것은 정말 예측할 수가 없다." 이 그림을 그렸을 때 그는 63세였고, 다른 사람을 그린 지나치게 사실적인 초상화들과 달리 그의 모습은 다소 과장되었다. 낮은 시점과 강렬한 빛 아래서 우락부락한 얼굴은 과장되었고, 얼굴과 어깨의 평면과 모서리는 연백색, 옐로 오커, 암갈색, 짙은 적갈색, 진홍색, 청록색, 울트라마린 등 제한된 색채와 돼지털 붓을 사용한 두껍고 겹쳐진 물감과 활기찬 붓놀림으로 강조되었다.

프로이트는 공들여 작업했다고 설명했다. "난 거의 모든 붓질에서 물감을 다시 혼합한다. 하나의 색이 압도하기를 원하지 않는다." 그는 얼굴과 뼈의 구조가 뚜렷이 드러나도록 하기 위해 두꺼운 임파스토로 색을 쌓아 올렸다. 그는 생각에 잠기며 말했다. "나는 물감이 살처럼 느껴지기를 바란다." 물감을 매끄럽게 칠하는 초기의 방식에서 급격하게 달라진 이러한 성숙기의 양식은 과거의 대가들, 특히 쿠르베, 티치아노, 루벤스, 렘브란트, 앵그르에 대한 면밀한 연구에서 나온 것이다.

다른 주요 작품

〈흰 개를 안고 있는 소녀〉, 1950~1951, 테이트 모던, 런던, 영국

〈잠든 보조금 관리자〉, 1985, 개인소장

〈HM 엘리자베스 2세 여왕〉, 2000~2001, 로열 컬렉션 트러스트, 런던, 영국

런던 화파 p.50

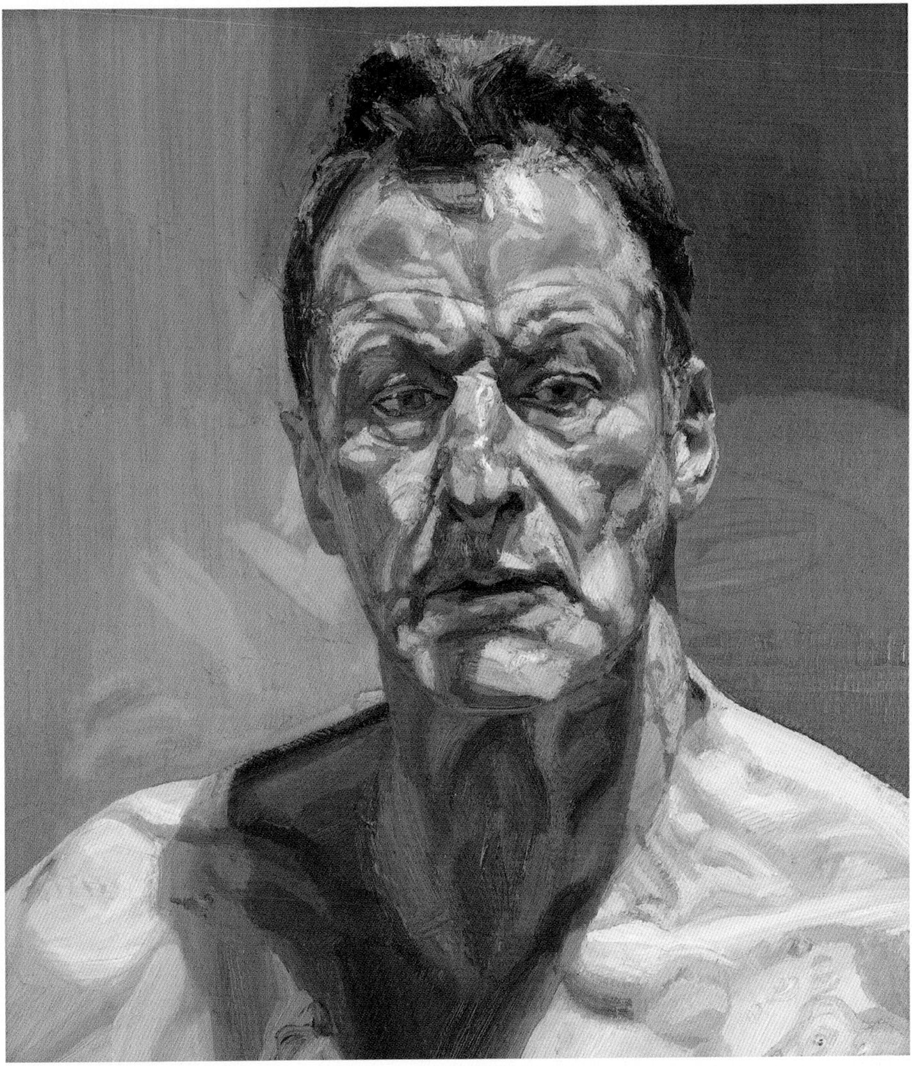

초상 p.168 시간 p.171 자아/정체성 p.187 캔버스에 유채물감 p.194

양 떼로부터 떨어져서

Away from the Flock

1994

데미안 허스트: 유리, 채색된 강철, 실리콘, 아크릴, 플라스틱, 양, 포름알데히드 용액 • 96×149×51cm • 세 개의 에디션 중 세 번째 • 테이트/스코틀랜드 국립미술관, 런던/에든버러, 영국

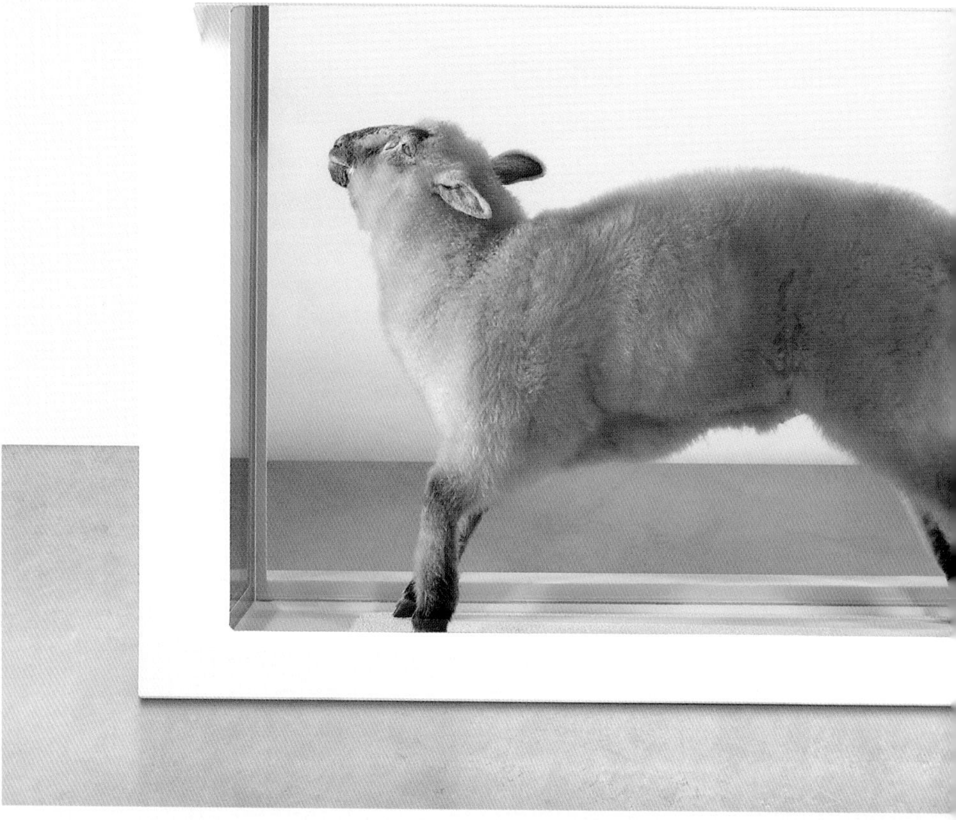

개념미술 p.43 영 브리티시 아티스트(YBAs) p.51

데미안 허스트

브리스톨 태생인 허스트는 리즈에서 성장했고 1968년에 런던으로 가서 골드스미스 대학에서 공부했다. 학창시절에 그는 자신과 동료 학생들의 작품을 전시하기 위해 「프리즈」전을 기획했고 큰 성공을 거두었다. 영향력 있는 미술 컬렉터인 찰스 사치의 관심을 끌었던 이 전시회는 일반적으로 영 브리티시 아티스트(YBAs)의 시작으로 간주되고 있다.

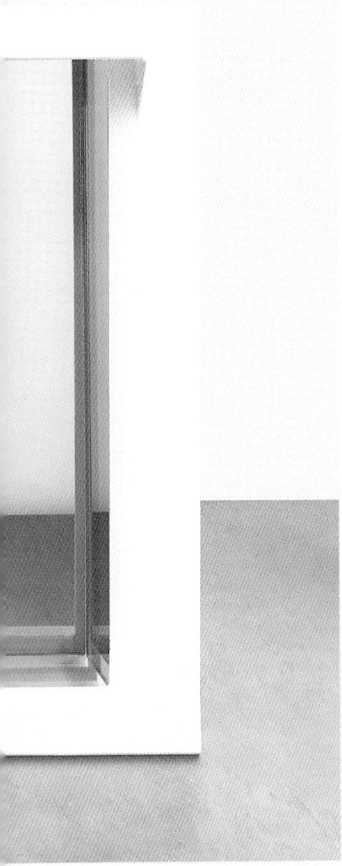

유리 탱크의 포름알데히드 용액에 떠 있는 죽은 양은 바니타스나 메멘토 모리와 아주 비슷하게 관람자들에게 자신의 죽음에 대해 생각해보게 한다.

데미안 허스트(1965~)는 삶의 허무함을 탐구하며 1991년에 포름알데히드 용액이 채워진 탱크에 죽은 동물이 떠 있는 작품들을 제작하기 시작했다. 죽은 양이 나오는 세 개의 버전 중 하나인 〈양 떼로부터 떨어져서〉는 제프 쿤스의 완전한 균형 탱크(146~147쪽 참조)의 전례를 따르고 있다. 허스트는 탱크 속의 죽은 동물이 자신의 '덧없는 삶의 모든 것에 대한 두려움'을 반영한다고 설명했다. 두꺼운 흰색 프레임은 탱크를 지탱하고 강화하지만 또 이러한 작품들을 알아볼 수 있게 하는 요소가 되었다. 허스트는 포름알데히드에 끌린 이유를 "그것은 위험하다…, 당신이 만약 포름알데히드 용액 속에서 숨을 쉬면, 그것은 당신을 질식시킬 것이다. 그것은 물처럼 보인다"라고 설명했다. 이 작품은 죽음 외에도 '양이 무리에서 떨어졌을 때' 아웃사이더가 되는 개념을 탐구한다. 허스트는 종교적인 함의에 대해 생각하며 "나는 그런 제목이 어디서 왔는지 모른다 … 예수는 미술에서 종종 양으로 재현된다"라고 말했다. 예수는 전통적으로 '하느님의 어린 양'으로 알려져 있고, 양 떼로부터 떨어졌다는 개념은 수많은 다른 작가들에 의해 탐구되었다.

다른 주요 작품

〈살아있는 사람의 마음속에 있는 죽음의 물리적 불가능성〉, 1991, 메트로폴리탄 미술관, 뉴욕, 미국

〈규제약물 분류번호 그림〉, 1994, 테이트/스코틀랜드 국립미술관, 영국

〈신의 사랑을 위해〉, 2007, 화이트 큐브, 런던, 영국

→ 동물 **p.165** 자연 **p.166** 시간 **p.171** 종교 **p.183** 사회적 논평 **p.184** 혼합매체 **p.203** 산업재료 **p.212**

시간의 문제 The Matter of Time

1994 – 2005

리처드 세라: 여덟 개의 조각, 다양한 크기의 내후성 강철 • 구겐하임 미술관, 빌바오, 스페인

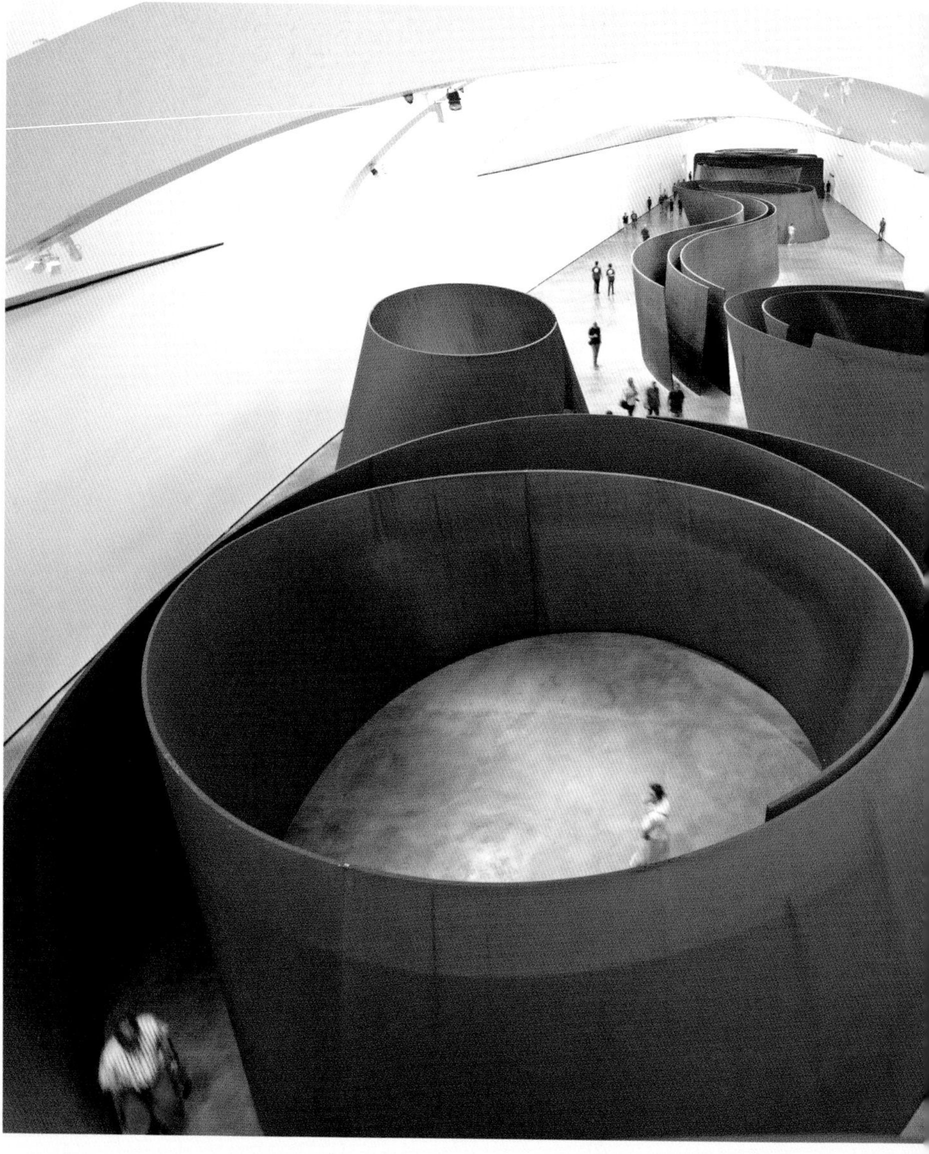

리처드 세라: 여덟 개의 조각, 다양한 크기의 내후성 강철 • 구겐하임 미술관, 빌바오, 스페인

개념미술 **p.43** 미니멀리즘 **p.46**

다른 주요 작품

〈동사 목록〉, 1967~1968, 현대미술관, 뉴욕, 미국
〈기울어진 호〉, 1981, 페더럴 플라자, 뉴욕, 미국
〈회전 타원〉, 1996, 디아예술재단, 뉴욕, 미국

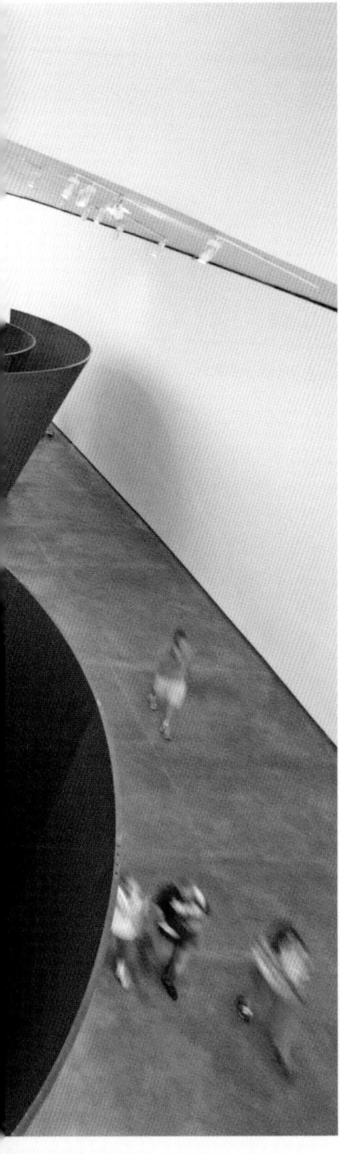

대규모 설치작품인 〈시간의 문제〉는 거대한 내후성 강철판으로 만들어진 여러 개의 조각으로 구성되었다.

리처드 세라(1938~)는 1997년에 빌바오 구겐하임 미술관 개관을 위해 '뱀'으로 불리는 30미터의 굽은 터널 두 개를 만들고, 엄청난 크기의 강철 띠들로 된 조각을 제작했다. 2004년에 그는 약 4.3미터 높이에 달하는 동일한 산화 구릿빛 강철로 '회전 타원'이라 불리는 일곱 개의 웅장한 작품을 추가하며, 어마어마한 규모의 설치작품 하나를 탄생시켰다. 이 작품은 좁거나 단단히 감겨 있거나 넓고 개방적이거나 길거나 짧거나 물결모양이거나 직선인 타원, 소용돌이, 리본, 원 등을 포함해 다양한 크기의 유동적인 형태들을 특징으로 한다. 이 작품은 일반적인 시간의 흐름, 각각의 작품이 제작된 시간에서부터 관람자가 모든 작품을 감상하는 데 걸리는 시간에 이르기까지, 시간 개념을 전달한다. 각 부분은 관람자가 벽 주위를 걸어 다니고 통과하고 거대한 강철 벽 사이를 지나갈 수 있도록 배열되어 있다. 어떤 공간은 통로처럼 보이고, 다른 공간은 우연한 틈처럼 보이고, 어떤 벽은 안전해보이고, 다른 벽은 불안정해보이며, 또 다른 벽은 심지어 움직이는 것처럼 보이지만, 모두 우리를 탐구의 세계로 초청한다. 세라는 이밖에도 공간과 제한, 움직임과 정지, 유동성과 단단함, 힘과 연약함, 불균형과 안정성, 기대와 놀람 등 대비되는 병치를 제시한다.

리처드 세라

캘리포니아에서 태어난 세라는 현재 뉴욕과 노바스코샤 주에 살면서 작업하고 있다. 미니멀리스트로서 그는 비전통적인 재료를 활용해 관람자들에게 독특한 경험을 제공하는 종종 거대한 설치작품을 제작한다. 그는 작품에서 제작방식이 부각되는 프로세스 아트 운동(대지미술)에 관여했던 1960년대 초에 처음으로 대중의 관심을 받았다.

→ 자연 **p.166** 시간 **p.171** 형태와 선 **p.174** 추상 **p.175** 산업재료 **p.212**

마망 Maman

1999

루이즈 부르주아: 청동, 대리석, 스테인리스스틸 • 927×891×1023cm • 구겐하임 미술관, 빌바오, 스페인

다른 주요 작품

〈숲(밤의 정원)〉, 1953, 개인소장

〈소녀〉, 1968, 현대미술관, 뉴욕, 미국

〈10시는 당신이 나에게 오는 시간이다〉, 2006, 테이트/스코틀랜드 국립미술관, 런던/에든버러, 영국

지상에서 높이 솟아 오른 이 엄청나게 큰 거미는 얇은 다리로 고딕 같은 아치들을 만들어낸다. 그래서 관람자들은 거미의 몸 아래를 걷지 않을 수 없다.

1990년대 말 프랑스계 미국 작가 루이즈 부르주아(1911~2010)는 이 거대한 거미 조각을 여러 점 제작하고, 그녀가 스물한 살 때 세상을 떠난 어머니를 위해 '마망'이라는 이름을 붙였다. 그녀는 "내 가장 친한 친구는 엄마였다. 엄마는 신중하고 현명하고 인내심이 있고 온화하고 합리적이며 고상하고 섬세하고 꼭 필요하며 영리하고, 거미처럼 쓸모 있는 사람이었다. 엄마는 아무리 많이 재현해도 싫증나지 않을 것이다"라고 말했다.

〈마망〉은 모순으로 가득하다. 거미는 강하면서 약하고, 강력하면서 무섭다. 거미는 자식을 돌보는 엄마인 동시에 두려운 포식자다. 부르주아는 모순들을 더 설명했는데, 그 모두는 이 기념비적인 작품에서 표현된다. "엄마는 거미처럼 베 짜는 사람이었다. 그녀는 거미처럼 아주 현명했다. 거미는 모기를 잡아먹는 친절한 존재다. 우리는 모기가 병을 퍼트린다는 사실을 알고 있고 그러므로 모기는 불필요하다. 거미는 마치 엄마처럼 도움을 주고 보호해준다." 이렇게도 말했다. "내 부모는 직물을 짜기도 하고 수선하는 사람이었다. 거미는 수선을 한다. 거미줄을 우그러뜨려도 거미는 화를 내지 않는다. 거미는 거미줄을 치고 수선한다."

루이즈 부르주아

20세기 가장 중요한 조각가 중 한 명인 부르주아는 긴 활동기간 동안 재료와 표현의 형태를 탐구했다. 어린 시절의 트라우마로부터 영향을 받은 그녀의 회화, 판화, 조각, 설치작업, 퍼포먼스 아트 작품은 획기적이었다. 음울하고 노골적인 성적 주제는 1960년대 여성 화가들에게 드문 것이었다. 그녀는 설치미술과 페미니즘 미술 운동에 영향을 미쳤다.

개념미술 p.43 페미니즘 미술 p.45

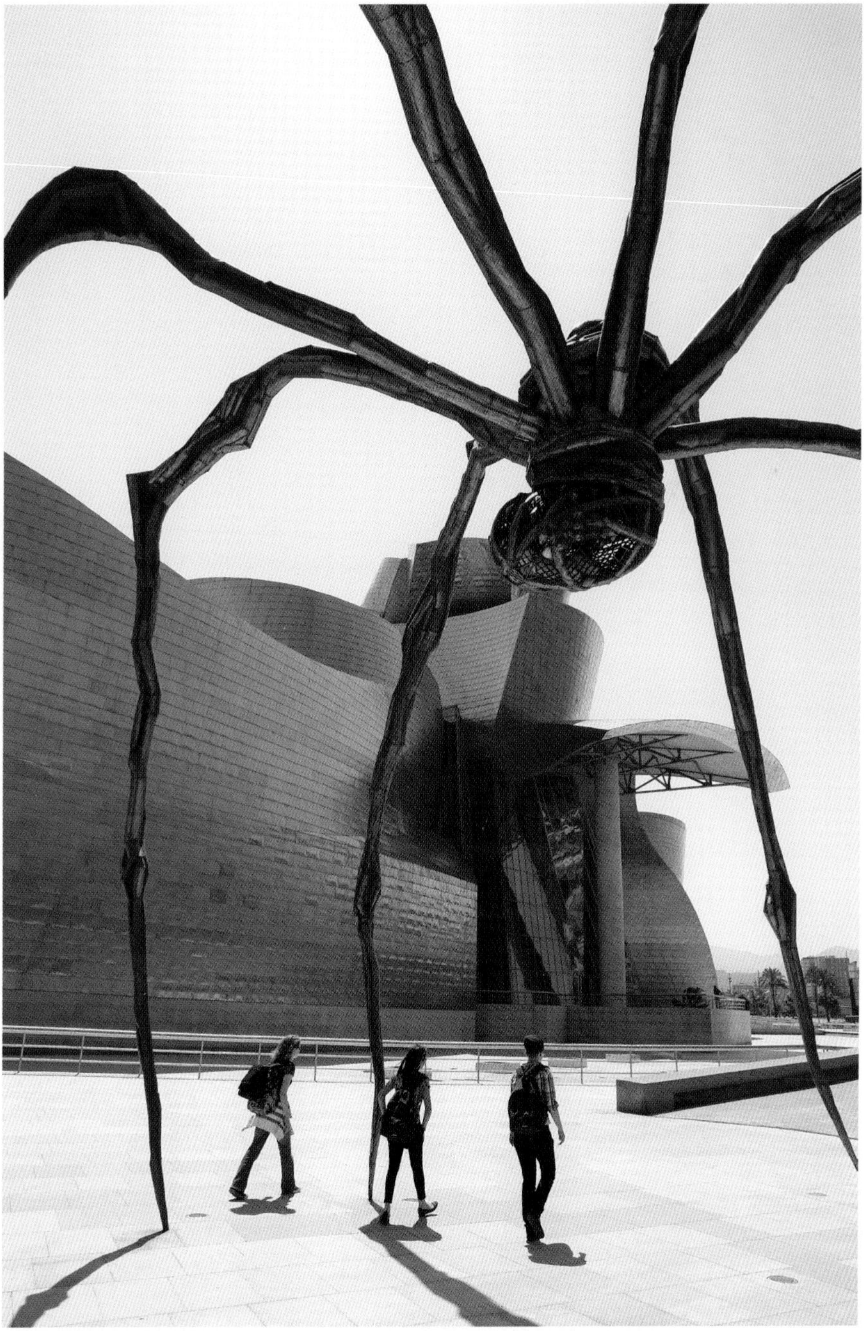

동물 **p.165** 자연 **p.166** 청동 주조 **p.193** 혼합매체 **p.203**

방콕 VI Bangkok VI

2011

안드레아스 거스키: 잉크젯 프린트 • 307×237cm

안드레아스 거스키
현시대의 진실들을 드러내는 거대하고 대담하며 극적인 사진으로 알려진 거스키는 자연계와 인간 세상에 미치는 인류의 영향에 강한 매력을 느꼈다. 과거 동독 라이프치히에서 태어난 그는 1978년부터 1981년까지 에센의 포크방 아카데미를 다녔고, 그 후에 뒤셀도르프 미술아카데미에서 공부했다. 그는 "내가 추구하는 한 가지 목표는 생명의 백과사전이다"라고 말했다.

2011년 봄에 방콕을 방문한 안드레아스 거스키(1955~)는 방콕을 통과해 태국만으로 흐르는 차오프라야 강에 매료되었다.

멋지게 대비되는 빛과 색채의 얼룩이 잔물결이 일며 흘러가는 강에서 춤을 춘다. 〈방콕 VI〉는 물살이 빠른 강을 위에서 클로즈업해 바라본 풍경이다. 검은빛을 배경으로 청록색과 은색 등 명멸하는 색의 띠들이 있는 이 그림은 추상표현주의 화가들의 그림을 연상시키는 정취를 자아내는 추상회화도 될 수 있다. 거스키는 이 작품을 포함해 이 강을 동일한 크기와 형태로 묘사한 일련의 이미지를 만들었고, 각각은 움직이는 물이 형태를 달리하고 다양하게 반사되는 모습 — 인생의 부침을 암시 — 을 보여준다. 그러나 자세히 관찰하면, 보는 각도에 따라 달라 보이는 물결은 일렁이는 물과 빛인 동시에 현대의 삶의 불길한 현실을 담고 있음이 드러난다. 외관상 추상적인 형태의 일부는 음식 쓰레기와 포장재, 사용한 콘돔과 불필요한 가구 등 인간이 배출한 쓰레기다. 거스키는 당대의 중요한 사회적 이슈들에 대해 강하게 언급하고 생태학적 문제들이 인간들에 의해 생긴 것임을 지적한다. 그리고 방콕뿐 아니라 전 세계를 위태롭게 만드는 행동을 직면하고 중단하라고 요구한다.

다른 주요 작품

〈메이데이 II〉, 1998, 개인소장

〈라인강 II〉, 1999, 테이트 모던, 런던, 영국

〈시카고, 상공회의소 II〉, 1999, 시카고 현대미술관, 일리노이 주, 미국

개념미술 **p.43** 미니멀리즘 **p.46**

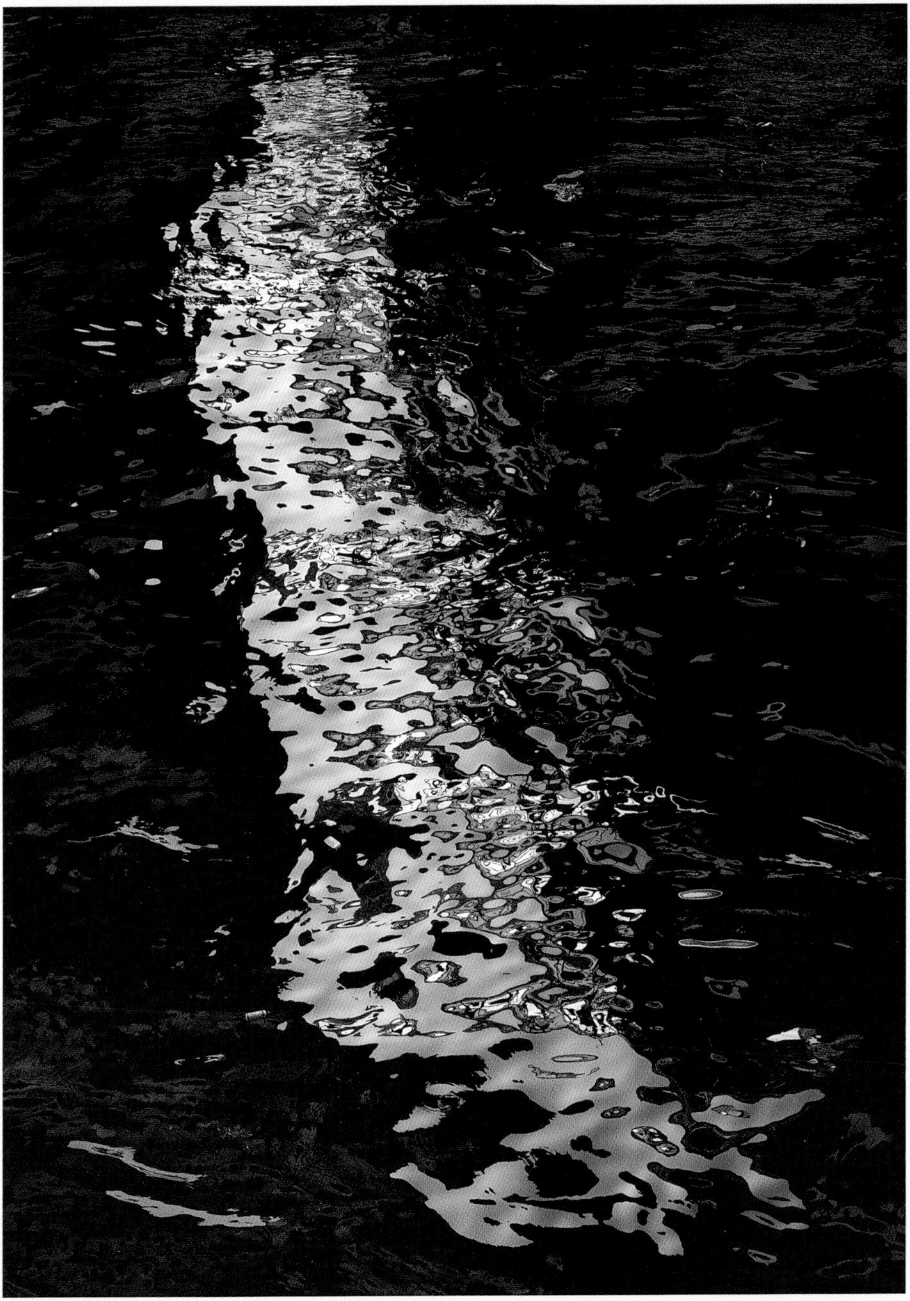

자연 **p.166** 시간 **p.171** 형태와 선 **p.174** 추상 **p.175** 사진 **p.214**

공중에 뜬 바위덩어리

Levitated Mass

2012

마이클 하이저: 화강암과 콘크리트 • 10.7×138.9×6.6cm • 로스앤젤레스 카운티 미술관, 캘리포니아 주, 미국

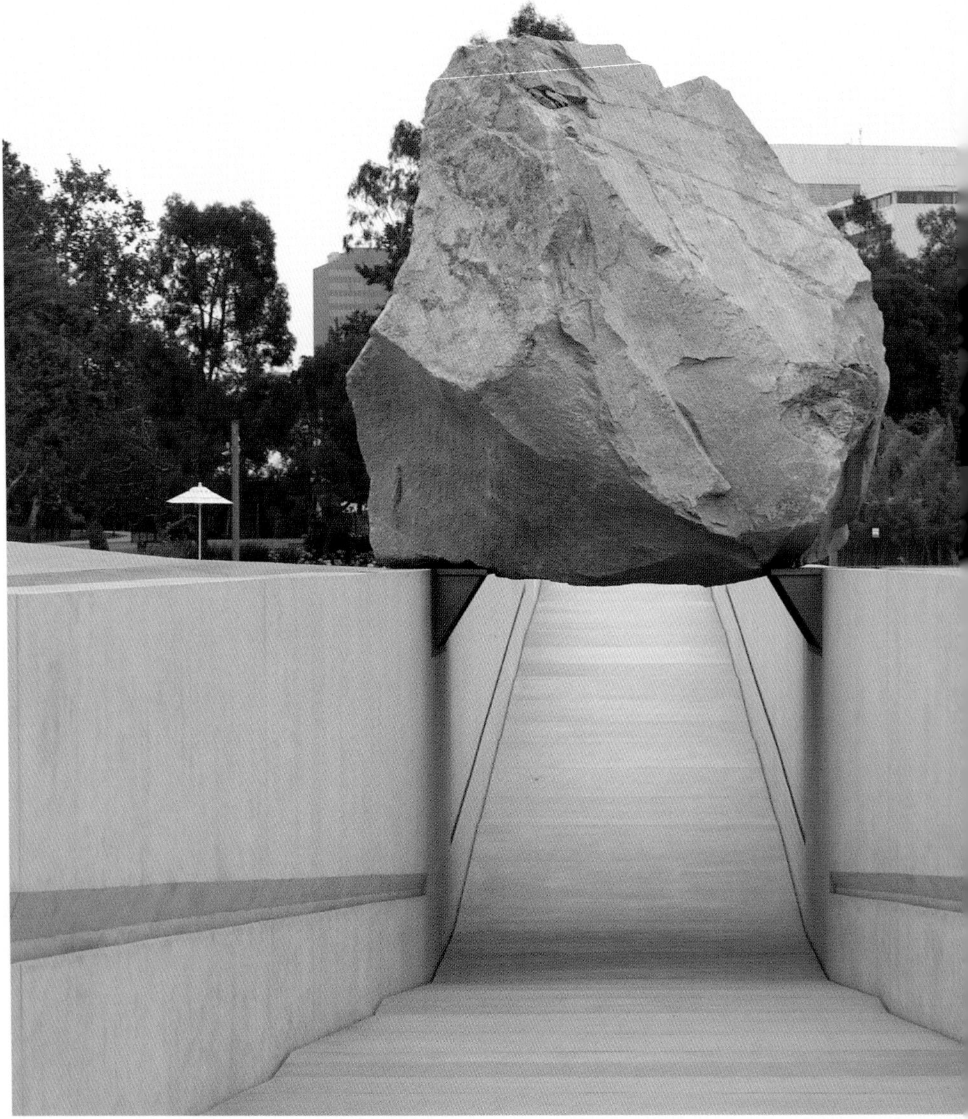

개념미술 p.43 대지미술 p.47

다른 주요 작품

〈고립된 덩어리/서컴플렉스(#2)〉, 1968~1972, 메닐 컬렉션, 텍사스 주, 미국

〈균열 #1〉, 1968~1972, 9개의 네바다 함몰지, 네바다 주, 미국

〈어드제이슨트, 어겐스트, 어폰〉, 1976, 머틀 에드워즈 파크, 워싱턴 DC, 미국

2012년에 마이클 하이저(1944~)는 긴 콘크리트 통로에 화강암으로 만든 거대한 흰색 자연석의 설치작업을 완성해 작품 〈공중에 뜬 바위덩어리〉를 만들었다. 하이저는 관람자들이 그 아래를 걸으며, 중력을 무시하는 것처럼 보이는 1억 5천만년 된 화강암의 웅대함을 경험하게 하려는 것이었다. 바위가 발견된 주루파 밸리에서 로스앤젤레스 카운티 미술관의 구내까지 대략 170킬로미터에 달했고, 340톤 바위를 옮기는 데 11일이 걸렸으며, 콘크리트 통로를 완성하고 바위를 최종적으로 고정시키는 데 3개월이 더 걸렸다. 아래에서 혹은 저편에서 바라본 이 바위는 거대한 돌기둥이나 선사시대의 거석을 연상시킨다. 멀리서 보면 그러한 어마어마한 크기의 바위가 가벼워 보이는 통로 위에 얹혀 있는 것이 이상하다. 한편 이 지역은 지진파가 위험요소이기 때문에 두 개의 큰 강판으로 바위를 고정시켰다. 이는 바위를 운반하고 고정시키는 비용에 더해 반발을 불러왔다.

이 작품은 다른 기상조건과 하루의 다양한 시간대에 강조된 자연과 자연의 힘을 다루고 있다. 시간과 날씨에 따라 바위는 변화하는 그림자를 만들어 내거나 실루엣으로 보이고, 하늘을 배경으로 그늘을 드리우며, 미술에 경외감을 불어넣는 18세기의 숭고미를 반영한다.

마이클 하이저

샌프란시스코 아트 인스티튜트에 다닌 후, 하이저는 처음에 기하학적 그림을 그렸다. 얼마 후에 그는 대지를 매체로 활용하면서 대지미술의 선구자가 되었다. 이 최초의 대지미술 작품들은 땅에 직접 형태를 만드는 '네거티브 조각'이었다. 상업 미술시장을 거부한 그는 계속해서 전통적인 미술관 환경에서 벗어나 작품을 제작했다. 하이저는 현재 네바다 주와 뉴욕에 살면서 작업하고 있다.

자연 p.166 시간 p.171 추상 p.175 기억 p.176

호박에 대한 나의 영원한 사랑

2016

All the Eternal Love I Have for the Pumpkins

쿠사마 야요이: 나무, 거울, 플라스틱, 아크릴, LED • 292.4×415×415cm • 다양한 장소에 전시

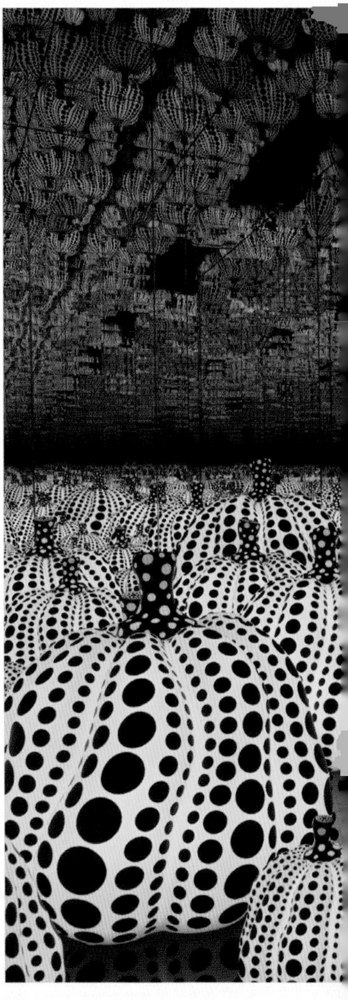

쿠사마 야요이(1929~)는 관람자들에게 강렬한 감정을 일으키기 위해 점, 호박, 반복, 거울, 밝은색에 대한 자신의 집착을 드러내는 이 거대한 설치작품 〈호박에 대한 나의 영원한 사랑〉을 제작했다.

쿠사마는 거울과 빛을 광범위하게 활용한 설치 연작 '무한 거울의 방'에 속하는 이 작품을 통해 갇히는 것과 부유하는 것에 관한 생각들을 포함해 어린 시절부터 경험한 환각을 전달한다. 그녀는 이런 환경을 만들어내면서 형태들과 거울들의 배치, 전략적으로 위치시킨 거울에 반사되는 빛의 움직임 등에 특별한 관심을 보였다. 거울반사가 끊임없이 멀어지는 것 같은 착각을 불러일으키는 공간은 노란색과 검은색 점의 아크릴로 제작한 거대한 호박들로 채워져 있다. 이 작품은 삶과 죽음과 무한성에 대한 쿠사마의 믿음을 표현한다. 관람자들은 한 번에 두세 명씩 이 공간으로 걸어 들어가, 뜻밖의 빛의 각도와 점과 호박들 사이에서 거울에 비친 자기 자신을 대면하게 된다.

쿠사마는 물방울무늬는 에너지의 상징인 태양, 고요함과 평온의 상징인 달을 모방한 것이라고 설명했다. 이에 덧붙여 점을 활용한 것을 '자기-소멸' 방법으로 지칭했다.

다른 주요 작품

〈지나가는 겨울〉, 2005, 테이트 모던, 런던, 영국

〈나무에 물방울무늬의 상승〉, 2016, 에스플라나다 극장, 헬싱키, 핀란드

〈점에 대한 강박 – 무한 거울 방〉, 2008

초현실주의 **p.32** 팝아트 **p.38** 페미니즘 미술 **p.45** 미니멀리즘 **p.46**

쿠사마 야요이

일본의 가장 유명한 현대미술 작가인 쿠사마는 마츠모토 시에서 태어나 교토에서 미술을 공부했고 1950년대 기 뉴욕으로 갔다. 1960년대 중반 도발적인 작품으로 유명해진 그녀의 미술은 신경증의 시각으로 자신의 정체성을 탐구한다. 그녀는 1973년에 일본으로 돌아왔고 그녀의 설치작품은 전 세계로부터 찬사를 받고 있다.

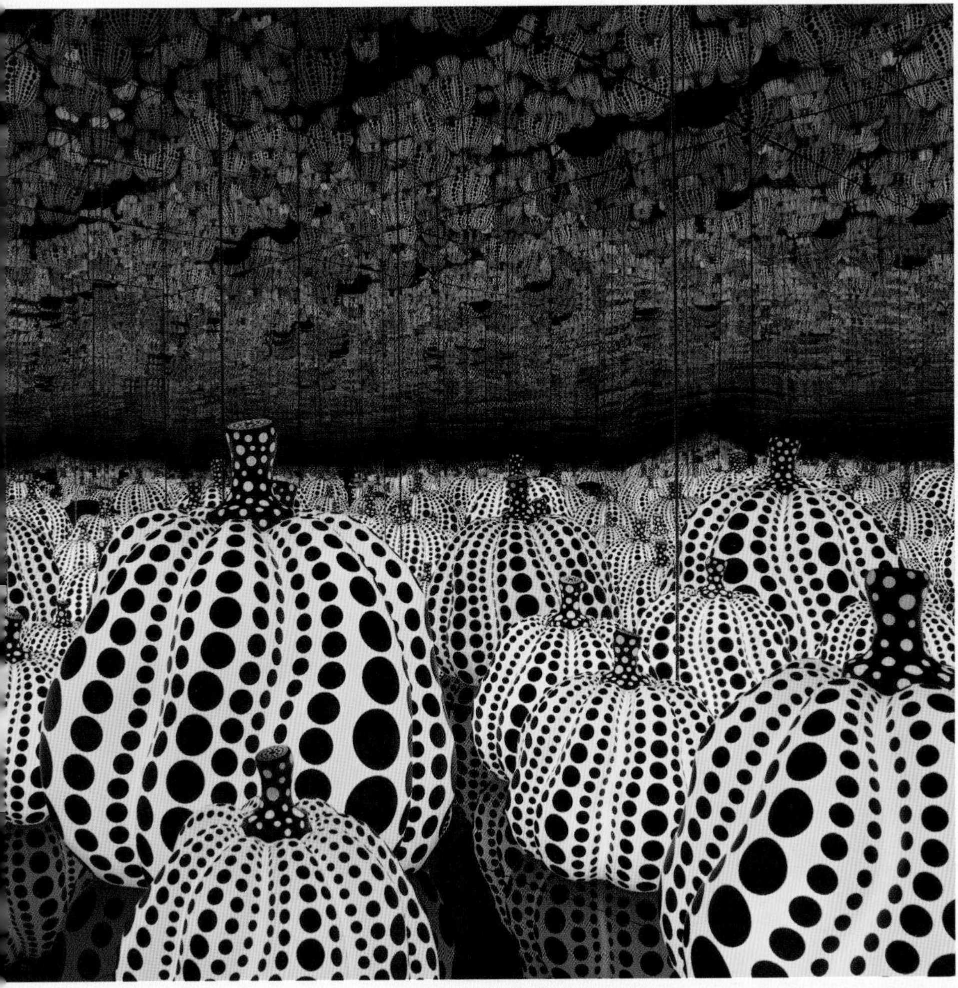

빛 **p.170** 역동주의 **p.172** 색채 **p.173** 기억 **p.176** 혼합매체 **p.203**

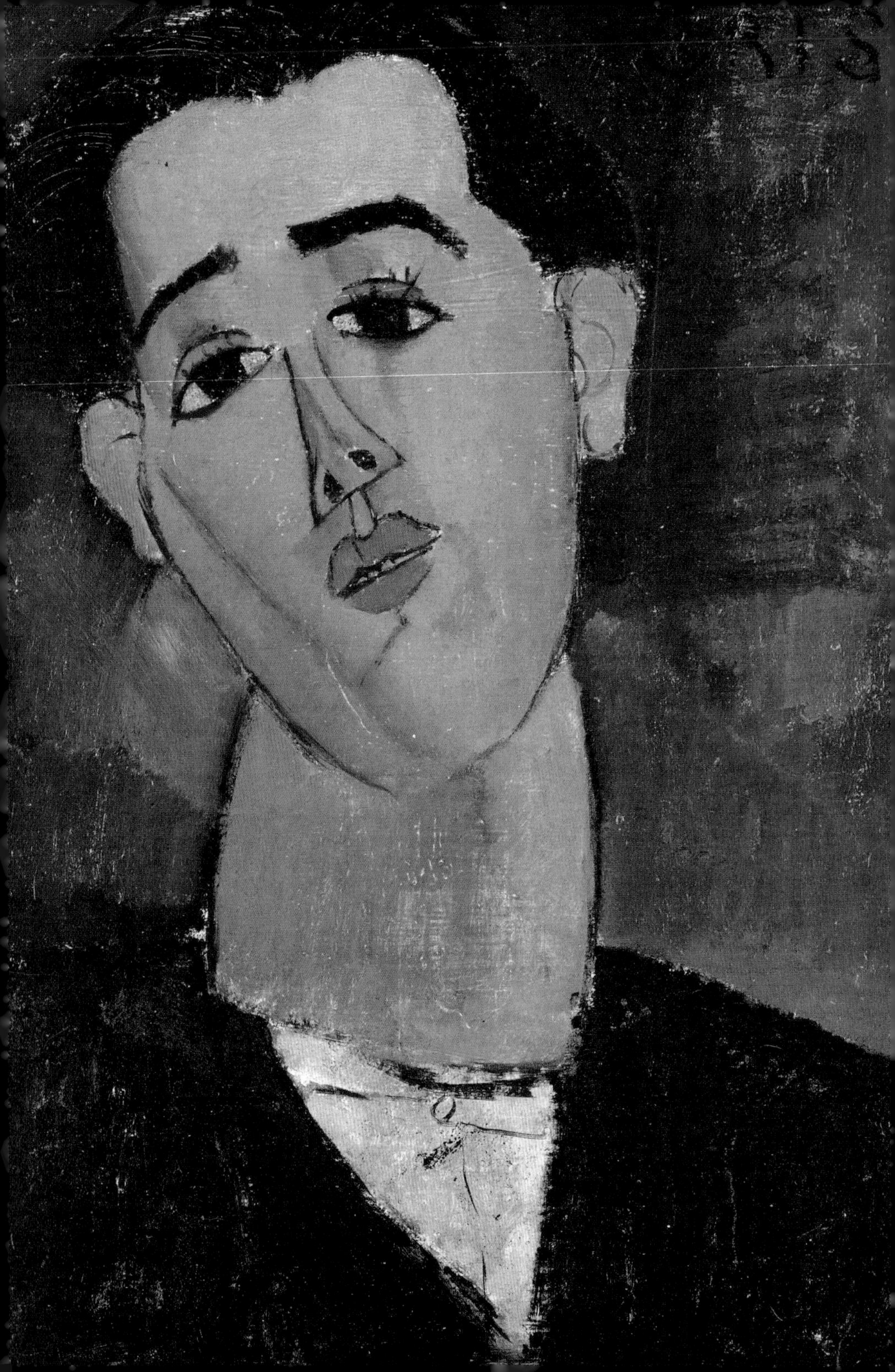

Themes
테마

인물 The Figure

주요 작가: 귀스타브 쿠르베 • 에두아르 마네 • 프리다 칼로 • 오귀스트 로댕 • 구스타프 클림트 • 마리나 아브라모비치

중요한 진전
구상미술에 호의적인 문화에서 신체는 종교, 전쟁, 노동, 의식 같은 주제나 신앙과 아름다움처럼 추상적인 개념을 표현하기 위해 사용되었다. 인물은 화가의 개인적인 생각 외에도 분리, 고독, 윤택함 같은 더 집단적인 개념을 탐구하는 데 이용되었다.

추상미술이 등장했지만 인물은 여전히 구상미술의 인기 있는 테마였다.

해부학 연구와 실물 사생은 전통 미술교육에서 가장 중요했다. 감상적이지 않고 정직한 사실주의부터 인상주의, 후기인상주의, 신인상주의의 다채로운 이미지, 그리고 입체주의, 미래주의, 표현주의, 신표현주의의 왜곡에 이르는 다양한 미술사조들은 인간을 각기 다르게 해석했다. 신체 역시 20세기와 21세기 많은 미술사조의 중요한 요소였다. 세잔의 〈카드놀이 하는 사람들〉(1890~1895), 로댕의 〈생각하는 사람〉(1880), 프로이트의 〈상념(자화상)〉(1985), 또는 왜곡을 통해 물리적 외관뿐 아니라 숨겨진 심리도 탐구했던 에곤 실레의 〈앉아 있는 여자, 뒷모습〉(1890~1918)에서처럼, 신체는 충격을 주거나 새로운 장을 여는 수단으로 이용되었다.

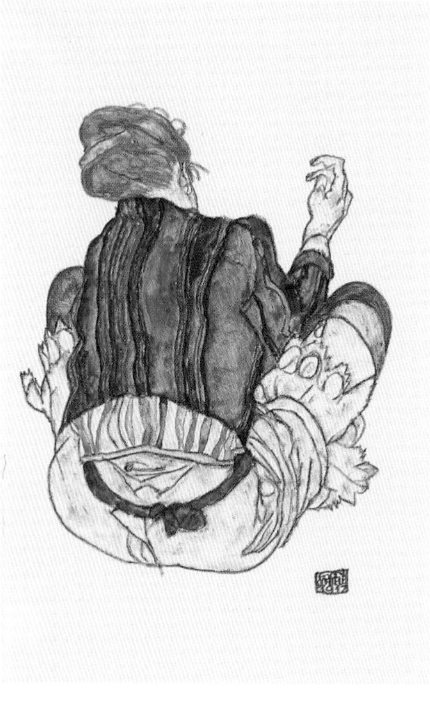

〈앉아 있는 여자, 뒷모습〉, 에곤 실레, 1917, 종이에 수채물감, 구아슈, 흑연, 46.4×29.8cm, 메트로폴리탄 미술관, 뉴욕, 미국

사실주의 **p.12** 미국 사실주의 **p.17** 런던 화파 **p.50** 화가의 작업실 **p.54**
생각하는 사람 **p.58** 폴리베르제르 바 **p.60** 카드놀이하는 사람들 **p.74**

동물 Animals

주요 작가: 폴 고갱 • 호안 미로 • 앙리 루소 • 프리다 칼로 • 루이즈 부르주아 • 프란츠 마르크

동물은 미술, 디자인, 공예에서 인간의 행동과 태도를 구현하거나 불편한 현실을 표현하는 수단으로 자주 등장한다.

사실주의 화가들의 생생한 시골의 동물 묘사부터 미래주의 화가들의 속도의 상징까지, 그리고 루소와 고갱의 매우 밝은 색채의 열대그림부터 쿠넬리스의 살아 있는 말 혹은 라우센버그와 허스트의 사체에 이르기까지, 동물은 다양한 범위의 미술에 등장한다. 동물들은 피카소, 칼로, 미로가 개인적으로 선택한 동물처럼 상징적 의미를 전달하고, 마르크의 임의적으로 채색된 그림에서처럼 인간의 무지와 오만함 등을 드러내며, 부르주아의 거대한 거미처럼 상징물이 되고 감정을 표현한다. 고대 미술에서는 미덕을 나타내기 위해 사용되었지만, 오늘날에는 더 다양하고 강렬하며 보편적인 개념을 표현하기 위해 주로 사용된다. 그러나 죽음, 자본주의, 슬픔, 분리, 혹은 사랑, 영성, 애착 등은 모두 과거에 탐구되었고 동물들을 통해 부차적인 테마로 계속해서 등장하는 전통적인 개념이다.

중요한 진전
동물은 선사시대 미술에서 가장 중요한 주제 중 하나였고 그 인기는 식지 않았다. 작가들은 정신적인 진리를 표현하거나 혹은 자연을 경시하는 인간에 대한 은유로서 동물을 매우 다양한 방식으로 활용한다.

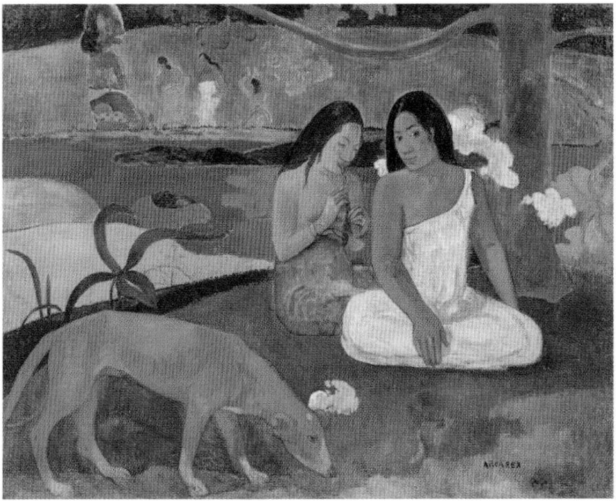

〈아레아레아〉, 폴 고갱, 1892, 캔버스에 유채물감, 75×94cm, 오르세 미술관, 파리, 프랑스 (작품 72쪽 참조)

사실주의 **p.12** 표현주의 **p.20** 나이브 아트/원시주의 **p.21** 열대 폭풍우 속 호랑이 **p.70**
가시목걸이와 벌새가 있는 자화상 **p.116** 무제(말 12마리) **p.138**

자연 Nature

주요 작가: 폴 시냑 • 앙드레 드랭 • 앙리 마티스 • 바바라 헵워스 • 마이클 하이저

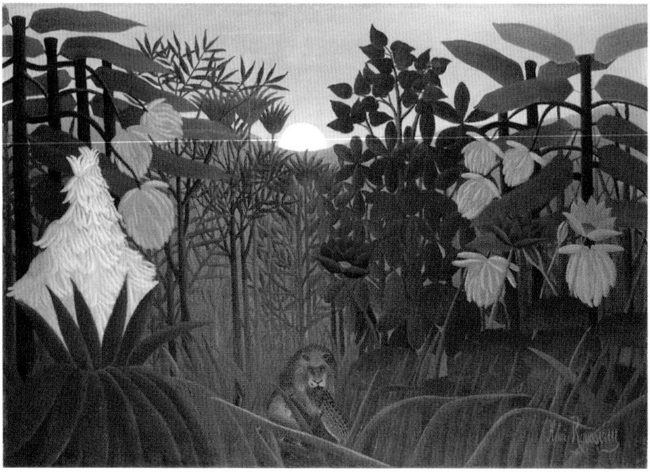

〈사자의 식사〉, 앙리 루소, 1907경, 캔버스에 유채물감, 113.7×160cm, 메트로폴리탄 미술관, 뉴욕, 미국

사람들은 자연환경을 항상 활용하고 소통하고 관찰했으며, 자연에 적응했고, 자연환경을 묘사했다.

자연은 보편적인 테마이고 모든 문화권의 작가들은 자연을 묘사했다. 자연의 재현은 사실주의적 묘사보다 전통적으로 장식적이거나 상징적이었다. 그러나 19세기 말에 사실주의자들과 인상주의자들이 야외에서 — 야외의 자연에 둘러싸여 — 그림을 그리면서 자연은 좀 더 객관적으로 묘사되기 시작했다. 이후에 후기인상주의, 신인상주의, 야수파 화가들은 자연을 주요 테마로 선택했지만 색채와 기법 같은 미술의 일부 기술적인 측면에 집중했다. 예를 들어, 앙리 루소는 자신도 모르는 사이에 고대 문화의 미술을 연상시켰던 새로운 접근방식에 영감을 주었다. 원시주의로 알려진 이 장르는 20세기 초중반에 인기를 얻었다. 동시에 도시사회가 확장함에 따라, 자연은 점점 훼손되었다. 많은 작가들이 선사미술을 반영하는 자연을 테마로, 심지어 재료로 활용하며 작품에 더 많이 포함시키기 시작했다.

중요한 진전

21세기 많은 작가들은 작품에 자연을 활용해 경계를 넘어서고 새로운 아이디어를 탐구하고 있다. 예를 들어, 아냐 갈라치오(1963~)는 꽃 같은 유기체를 활용한 장소 특정적 설치작품으로 자연의 소멸과정을 탐구한다. 헵워스, 오키프, 부르주아, 거스키, 하이저 등의 다른 작가들도 자연 주제를 거대한 크기로 탐구했다.

인상주의 **p.13** 후기인상주의 **p.14** 아르테 포베라 **p.41** 사이프러스가 있는 밀밭 **p.64**
잭인더풀핏 4번 **p.112** 펠라고스 **p.118** 생명의 나무 **p.122**

풍경 Landscape

주요 작가: 카미유 피사로 • 폴 시냑 • 앙드레 드랭 • 폴 세잔 • 구스타프 클림트

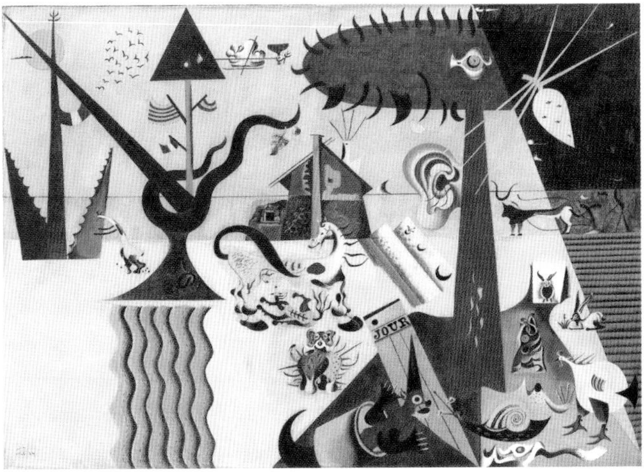

〈경작된 밭〉, 호안 미로, 1923~1924, 캔버스에 유채물감, 66×92.7cm, 솔로몬 R. 구겐하임 미술관, 뉴욕, 미국 (작품 102쪽 참조)

자연을 그 자체로 감상하는 일과 미술의 테마로 선택하는 것은 자연이 보편성을 얻었던 17세기가 되어서야 가능해졌다.

기술적 발전과 미술에서 자연의 활용에도 불구하고, 자연과 동물처럼 풍경 역시 계속해서 중요한 창작의 테마로 남아 있다. 작가들은 비디오, 사진, 설치작업처럼 다큐멘터리 기법을 이용해 인간을 둘러싸고 있는 세계를 탐구하고 인간이 환경에 미치는 영향을 기록한다. 거스키의 〈방콕 VI〉과 세라의 〈시간의 문제〉가 그러한 예다. 19세기에 풍경 화가들은 미술을 통해 산업화와 도시화가 풍경에 미치는 위협을 경고했다. 20세기 후반에 풍경화는 도시와 산업 풍경을 포함하는 것으로 확장되었고 작가들은 새로운 매체를 쓰기 시작했다. 그리고 1960년대와 1970년대에 대지미술 작가들은 부식되거나 부패해 땅으로 돌아갈 재료를 자연에서 직접 찾았고, 풍경 속에 실제로 기념비적인 미술을 창작했다.

중요한 진전

미로의 풍경화는 추상적으로 보이는데 고향 카탈루냐와 자신에게 개인적인 도상들로 풍부하게 채워져 있다. 1923년 바르셀로나 남쪽의 몬트로이그에서 파리로 간 그는 야외에서 그리는 것을 중단하고 도시의 작업실에서 작업을 했다. 그는 이렇게 회상했다. "나의 풍경화는 이제 외부 현실과 공통점이 없다."

사실주의 **p.12** 후기인상주의 **p.14** 야수주의 **p.19** 사이프러스가 있는 밀밭 **p.64**
저녁의 고요 **p.68** 방콕 VI **p.156**

초상 Portraits

주요 작가: 귀스타브 쿠르베 • 앙리 드 툴루즈-로트렉 • 구스타프 클림트 • 알폰스 무하 • 콘스탄틴 브랑쿠시 • 아메데오 모딜리아니

초상화는 과거 수백 년간 권력 혹은 부를 드러내는 데 사용되어왔지만, 현대미술에서는 무언가를 환기시키기 위해 존재한다.

현대의 초상화에는 19세기 말에 몽마르트르의 명사들을 그린 툴루즈-로트렉의 초상화, 모델의 성적 특질을 해석한 실레의 그림, 문화적 갈등과 차별을 표현한 바스키아의 그림 등이 포함되어 있다. 이러한 초상화들이 실물보다 돋보이게 그려지는 경우는 거의 없다. 주인공의 특징을 포착하면서도 감춰진 문제들을 드러내려고 했기 때문이다. 또 19세기 이전에 대개 표현되지 않았던 개인의 다양한 측면에 관심이 집중되어 있다. 이와 유사하게 오토 딕스, 데이비드 호크니, 루시안 프로이트 같은 작가의 초상화는 솔직하고, 물감으로 주인공의 내면의 심리를 드러낸다. 그러나 아르누보 시기에 클림트와 무하는 구불거리는 선을 이용해 신체의 아름다움을 강조하면서 여성을 실물보다 돋보이게 표현했고, 브랑쿠시는 모델의 본질을 포착하는 축소된 모더니즘 형태를 창조했다. 초상화는 여전히 가장 익숙하고 매우 다양한 분야에서 의뢰를 받는 미술장르 중 하나로 남아있다.

중요한 진전

유복했던 자신의 유년기에 대한 거부와 실존주의 철학에 영향을 받은 이탈리아의 화가 겸 조각가 모딜리아니는 종종 비대칭적인 가면 같은 얼굴을 그려 자신과 모델의 심리를 탐구했다. 매우 표현주의적인 모딜리아니 양식은 개성 넘치는 곡선들을 보여주며 여러모로 그가 존경했던 세잔의 초상화와 닮아있다.

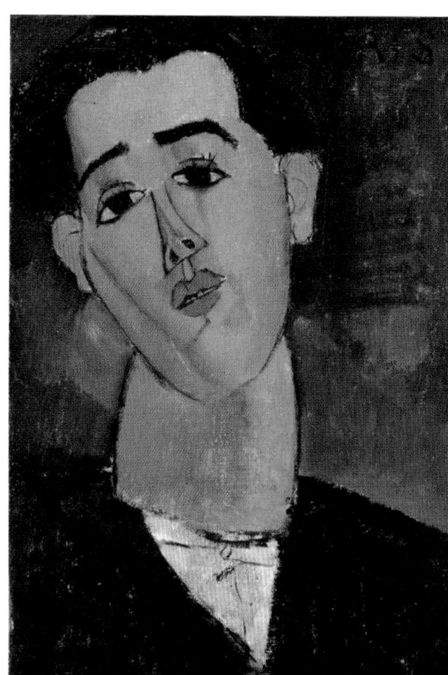

〈후안 그리스〉, 아메데오 모딜리아니, 1915, 캔버스에 유채물감, 54.9×38.1cm, 메트로폴리탄 미술관, 뉴욕, 미국

사실주의 **p.12** 후기인상주의 **p.14** 아르누보 **p.16** 입체주의 **p.22**
반 고흐의 초상 **p.62** 아델레 블로흐-바우어의 초상 I **p.80** 마드모아젤 포가니 **p.86**

정물 Still Life

주요 작가: 폴 세잔 • 파블로 피카소 • 조지아 오키프 • 르네 마그리트 • 조르조 모란디 • 리사 밀로이

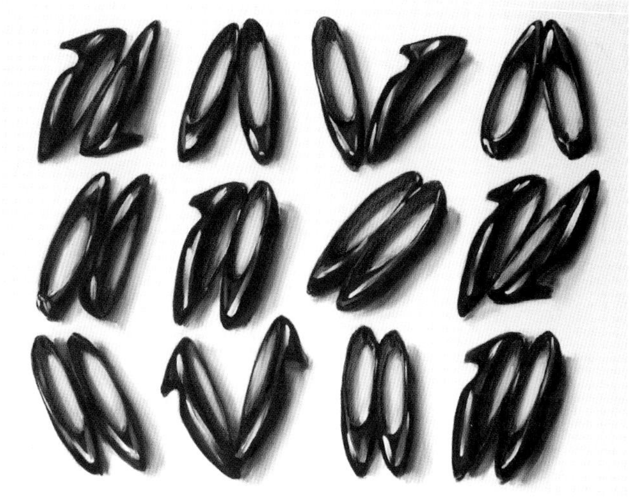

〈신발〉, 리사 밀로이, 1985, 캔버스에 유채물감, 176.5×226cm, 테이트 브리튼, 런던, 영국

1600~1800년의 네덜란드와 플랑드르 화가들이 질감과 빛의 효과를 표현할 수 있는 능력을 과시하기 위해 정물을 그렸다면, 세잔 같은 후대 화가들은 다른 이유에서 이 전통을 이어나갔다.

세잔은 정물화를 중요한 장르로 만들었다. 과거의 정물 화가들과 달리 그는 자신만의 독창적인 방식으로 사물의 근원적인 구조를 보여주기 위해 평범한 사물을 그렸다. 세잔의 그림에 영향을 받은 입체주의 화가들은 평평한 표면에 3차원을 표현하기 위해 정물을 그렸다. 조르조 모란디(1890~1964)도 세잔의 영향을 받았다. 그는 은은하고 제한된 색채로 단순하게 배열된 사물을 그려 빛과 공간을 탐구했다. 한편 마네의 〈폴리베르제르 바〉, 피카소의 〈아비뇽의 아가씨들〉, 해밀턴의 〈무엇이 오늘날의 가정을 이토록 색다르고 매력적으로 만드는가?〉 등 가장 유명한 근대미술 작품에도 정물이 등장한다. 〈이미지의 배반(이것은 파이프가 아니다)〉을 그린 마그리트와 〈세 개의 깃발〉을 그린 존스, 〈캠벨 수프 캔〉을 제작한 워홀 등의 화가들도 혁신적인 개념을 탐구하기 위해 정물을 새로운 방식으로 활용했다.

중요한 진전

정지와 동작의 관계에 큰 흥미를 느꼈던 리사 밀로이(1959~)는 동일하게 반복되는 패턴으로 일상의 사물을 묘사한 정물화로 유명하다. 그녀는 격자와 줄, 열 같은 엄격한 형식을 고수했다. 그녀의 그림은 묘사된 사물의 기능보다는 그것의 추상적인 본질에 관해 생각하게 만든다.

← 사실주의 **p.12** 인상주의 **p.13** 후기인상주의 **p.14** 입체주의 **p.22** 폴리베르제르 바 **p.60**
세 개의 깃발 **p.128** 캠벨 수프 캔 **p.132**

빛 Light

주요 작가: 소니아 들로네-테르크 • 조지 투커 • 에드워드 호퍼 • 지노 세베리니 • 쿠사마 야요이

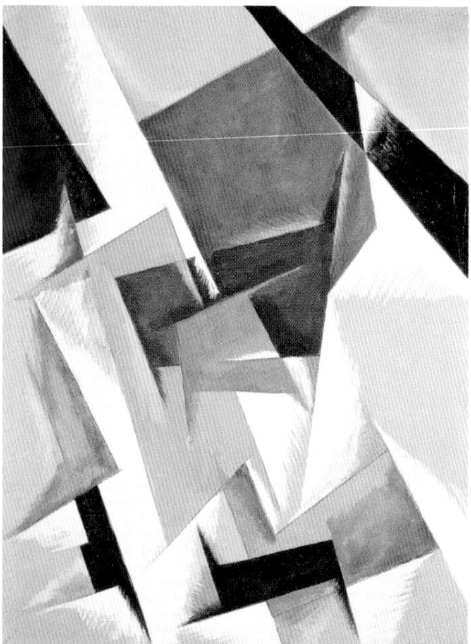

〈구성〉, 류보프 포포바, 1921,
종이에 수채물감, 34.2×27.7cm,
누쿠즈 미술관, 누쿠즈, 우즈베키스탄

중요한 진전
입체-미래주의의 선구자인 류보프 포포바(1889~1924)는 러시아 민속미술, 미래주의, 입체주의의 영향을 이 작품에서 혼합했고, 입체주의, 절대주의, 구성주의 양식으로도 작업을 했다. 그녀는 이 작품 — 그녀가 '공간적인 힘 구성'으로 명명한 시기에 제작된 — 에서 색채의 면들을 그렸다. 이는 황량한 흰색 빛에 의해 구분되는 가벼운 파편들처럼 보인다.

빛은 당연히 모든 작가의 테마다. 그러나 근대와 현대의 일부 화가들은 빛을 상당히 기이한 방식으로 다루었다.

인상주의자들은 빛에 집중했던 최초의 근대 화가에 속한다. 빛은 인상주의 양식의 토대였다. 즉, 이들은 사물 그 자체가 아니라 사물에 떨어지는 빛을 그렸다. 신인상주의 화가들은 빛을 표현하기 위해 색을 병치했다. 미래주의자들은 기계와 현대의 속도와 힘을 전달하기 위해 색채를 통해 빛을 탐구했다. 오르피즘 화가들과 일부 표현주의자들은 선명한 색채와 함께 빛을 그려서 감정과 파편화 같은 개념을 전달했다. 〈정부 사무소〉(1956)를 그린 조지 투커처럼 일부 마술적 리얼리즘 작가들은 빛의 효과를 통해 분위기를 전달했고, 고갱, 반 고흐, 호퍼, 거스키 등의 작가들은 매우 다양한 작품에서 빛의 효과를 활용했다. 전자기 방사선의 한 형태인 빛은 보는 것을 가능하게 하는 것은 물론 모든 작가들이 자신의 생각들을 묘사할 수 있게 하는 수단이다. 하지만 미니멀리즘 작가 댄 플래빈의 형광등을 활용한 작품에서처럼 훨씬 더 분명하게 사용되었다.

인상주의 **p.13** 야수주의 **p.19** 오르피즘 **p.24** 형이상학적 회화 **p.25** 생라자르 역 **p.56**
일렉트릭 프리즘 **p.92** 셀프서비스 식당 **p.106** 생명의 나무 **p.122**

시간 Time

주요 작가: 클로드 모네 • 자코모 발라 • 호안 미로 • 루치오 폰타나 • 지노 세베리니 • 마리나 아브라모비치

르네상스 이래로 다양한 방식으로 연구되었던 '시간'은 파악하기 어려운 개념이다.

모네와 피사로를 비롯한 인상주의자들은 연작에서 시간이 흐르며 변하는 자연을 묘사했다. 미래주의 화가들은 시간과 이러한 시간이 현대에 미치는 영향을 탐구했다. 아브라모비치, 세라, 보초니, 허스트, 호퍼, 미로의 그림은 시간에 대한 다양한 해석을 보여준다. 아브라모비치는 〈작가가 여기 있다〉에서 특정 기간 동안에 퍼포먼스를 하며 시간의 여러 가지 측면을 다룬다. 세라의 〈시간의 문제〉는 시간의 층위, 즉 각 부분을 만드는 데 걸린 시간, 그것을 설치하는 데 걸린 시간, 관람자가 그것을 감상하는 데 걸린 시간 등을 탐구한다. 많은 화가들이 시계, 노화, 계절, 밤과 낮, 죽음과 쇠락 등의 요소를 작품에 포함시켜서 실제 시간과 시간에 대한 환상을 묘사했다. 하이저의 거대한 바위, 워홀과 해밀턴의 소비주의에 대한 고찰, 〈공간 개념 '기다림'〉에서 폰타나의 시간과 공간의 종합처럼 현대의 작가들은 훨씬 더 모호하며 예상치 못한 방식을 모색한다.

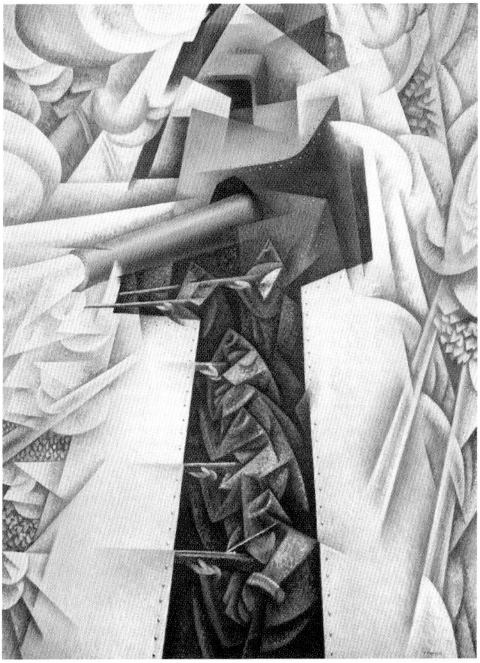

중요한 진전
인간이라는 존재에 시간이 미치는 영향을 전달하기 위해 시간에 대한 보편적인 상징들은 계속해서 사용되고 있고, 작가들은 주기적으로 새로운 아이디어를 더한다. 예를 들어 1915년에 세베리니는 기술발전이 어떻게 시간을 가속화하는 것처럼 보이게 했는지 보여주는 이 기차를 그렸다. 이 그림은 물감을 통해 시간의 흐름을 생생하게 묘사한다.

〈작전 중인 무장 열차〉, 지노 세베리니, 1915, 캔버스에 유채물감, 115.8×88.5cm, 현대미술관, 뉴욕, 미국 (작품 96쪽 참조)

미래주의 **p.23** 공간주의 **p.35** 공간 개념 '기다림' **p.130** 양 떼로부터 떨어져서 **p.150**
시간의 문제 **p.152** 공중에 뜬 바위덩어리 **p.158**

역동주의 Dynamism

주요 작가: 움베르토 보초니 • 지노 세베리니 • 브리짓 라일리 • 로베르 들로네 • 블라디미르 타틀린 • 레베카 호른

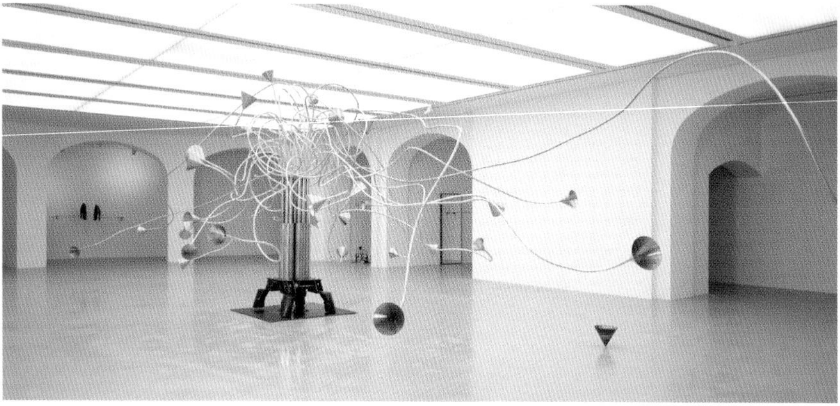

〈터틀 사잉 트리〉
레베카 호른, 1994, 구리, 강철, 메커니즘, 케스트너 게젤샤프트, 하노버, 독일

미래주의의 주창자인 마리네티는 1908년에 "우리는 핸들 뒤에서 인간에 대한 찬가를 부르기를 희망한다"고 선언했다.

기계의 에너지와 움직임에 매료된 미래주의 화가들은 움직임과 그 효과의 추상적인 감각들을 그렸다. 이들은 기계를 모더니티와 진보의 상징으로 영원히 남겼고 자연에 대한 인간의 승리를 탐구했다. 움직임의 환영을 창출한 옵아트 작가들, 공기의 힘이나 기계화를 통해 작품을 실제로 움직이게 한 키네틱 아트 작가들, 제스처와 리듬, 속도, 동작 등을 탐구한 공간주의, 표현주의, 신조형주의 작가들도 역동주의 개념을 다루었다. 추상화와 구상회화에 모두 적용된다. 들로네, 라일리, 레제, 타틀린 등은 실제 움직임이나 움직임에 대한 인식에 관한 개인적인 생각들을 이끌어냈다. '역동주의'는 로댕의 조각 〈생각하는 사람〉, 〈밝은 타원〉을 비롯한 칸딘스키의 그림들 속에 나타나는 리듬, 몬드리안의 〈흰색, 붉은색, 노란색의 구성〉, 세베리니의 〈작전 중인 무장열차〉, 타틀린의 〈제3인터내셔널 기념비〉, 바사렐리의 〈베가-WA-3〉에서도 확인된다.

중요한 진전
레베카 호른(1944~)의 〈터틀 사잉 트리(The Turtle Sighing Tree)〉(1994)는 거북이 형태의 강철 플랫폼과 나무처럼 생긴 구리관 다발, 끝부분에 뿔처럼 생긴 깔때기로 구성되어 있으며 기계로 작동되는 키네틱 조각이다. 깔때기에서 속삭이는 목소리가 나오고, '나무'는 주기적으로 귀청을 찢는 듯한 비명 소리를 내며, 플랫폼은 움직인다. 시끄러운 소리와 함께 나무는 옆쪽으로 떨어진다.

미래주의 **p.23** 플럭서스 **p.40** 퍼포먼스 아트 **p.44** 작전 중인 무장 열차 **p.96**
제3인터내셔널 기념비 **p.100** 흰색, 붉은색, 노란색의 구성 **p.114**

색채 Color

주요 작가: 조르주 쇠라 • 폴 시냑 • 앙리 마티스 • 피트 몬드리안 • 마크 로스코 • 소니아 들로네-테르크

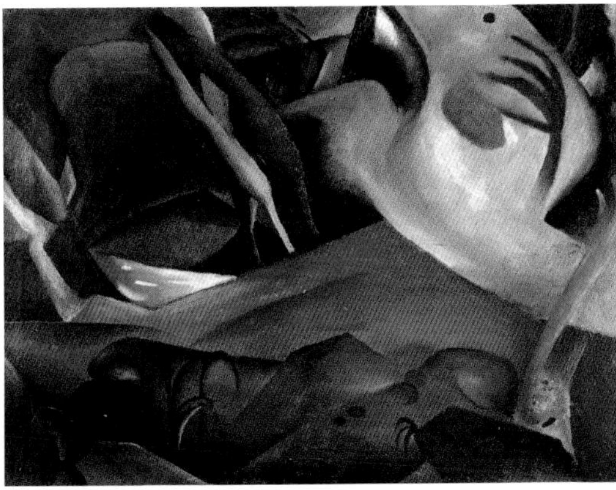

〈폭풍우〉, 아우구스트 마케, 1911, 캔버스에 유채물감, 84×112cm, 자를란트 미술관, 자르브뤼켄, 독일

색채는 많은 화가들에게 중요한 테마로 남아 있다. 이들은 색채를 활용해 상징, 표현, 환영, 장식 등을 탐구했다.

19세기 말, 화가들은 색채를 전통적인 자연모방이 아니라 새로운 개념들에 영향을 미쳤던 과학적 색채 이론을 탐구하기 위해 사용했다. 독일 작가 요한 볼프강 폰 괴테(1749~1832)는 1810년에 『색채론』에서 감정적인 에너지를 가진 색채에 관해 말했고, 슈브뢸은 1839년에 보색대비에 관한 이론을 설명하는 저서를 발간했다. 이러한 저서들은 화가들이 색채를 사용하는 방식에 영향을 미쳤고, 신인상주의, 야수주의, 오르피즘, 데스틸, 옵아트, 추상표현주의 등의 미술사조들이 탄생하는 데 공헌했다. 여러 화가들이 색채이론을 이용해 더 선명하고, 분위기가 있거나 혹은 감정적이고, 또는 움직이거나 떨린다는 착각이 들게 만드는 작품을 선보였다. 이 개념에 가장 많은 영향을 받은 화가로는 쇠라, 시냑, 고갱, 반 고흐, 마티스, 들로네, 들로네-테르크, 바자렐리, 몬드리안 등이 있다. 들로네-테르크도 선명한 직물 디자인에 색채를 활용했고, 댄 플래빈은 다양한 색의 빛으로 조각적인 작품을 제작했다.

중요한 진전

표현주의 그룹 청기사파의 중요한 일원이었던 아우구스트 마케(1887~1914)는 작품 활동 초기부터 색채를 통해 감정을 표현했다. 〈폭풍우〉를 그리기 1년 전, 그는 프란츠 마르크를 통해 두 사람 모두의 친구였던 칸딘스키를 만났다. 이들은 함께 작업을 하며 선명한 색채로 상징주의와 신비주의를 전달하는 방식들을 탐구했다.

인상주의 **p.13** 신인상주의 **p.15** 야수주의 **p.19** 오르피즘 **p.24** 신조형주의 **p.29**
색면회화 **p. 34** 아레아레아 **p.72** 굽은 길(레스타크) **p.78**

형태와 선 Shape and Line

주요 작가: 알폰스 무하 • 구스타프 클림트 • 바바라 헵워스 • 피트 몬드리안 • 잭슨 폴록 • 브리짓 라일리 • 루치오 폰타나

많은 화가들이 재현미술에서 벗어나면서 형태와 선 같은 추상적인 요소들이 더 중요해졌다. 사실, 형태와 선은 근대와 현대 작가들이 테마로 종종 활용한 미술의 요소들이다. 바스키아와 키스 해링 같은 거리미술 작가들은 특별한 종류의 선으로 자신의 메시지를 표현했다. 다수의 아르누보 화가들은 여성적인 형태를 묘사하기 위해 물결 모양의 선을 사용했다. 신조형주의 화가들은 엄격한 수직선과 수평선을 통해 형태의 순수성에 도달했고, 구성주의자들과 절대주의자들은 축소된 선과 형태, 그리고 유사한 절제를 활용했다. 추상표현주의 화가들은 감정을 전달하기 위해 유려한 선과 형태를 사용했고, 입체주의 화가들은 물감으로 3차원적 재현을 하기 위해 그것을 사용했다.

구성주의자들과 함께 작업을 하는 동안, 나움 가보는 공간을 둘러싼 선이나 면을 이용해 전통적인 견고한 구조가 아니라 형태 — 종종 머리와 인물의 — 를 만들었다. 그는 이를 '체적 측정 구성'이라고 불렀다. 〈구성된 머리 2번〉는 가장 유명한 예다.

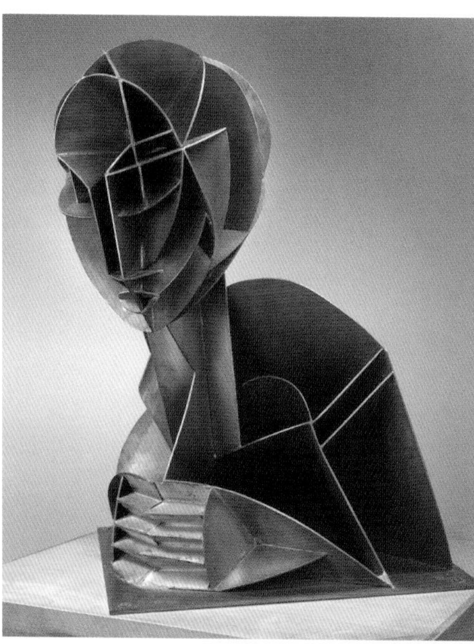

중요한 진전

추상표현주의나 아르누보에서처럼 유려하게 사용하든, 신조형주의, 구성주의 혹은 절대주의에서처럼 더 엄격하게 사용하든 상관없이, 선과 형태는 점차 정신성, 진보, 속도, 모더니티를 표현하기 위해 사용되었다. 몬드리안 같은 화가들은 선과 형태가 피상적인 외관 너머의 보편적 진실을 반영한다고 믿었다.

〈구성된 머리 2번〉, 나움 가보, 1953~1957, 나무 단에 인청동, 44.4×43.5×43.5cm, 이스라엘 박물관, 예루살렘, 이스라엘

후기인상주의 **p.14** 야수주의 **p.19** 오르피즘 **p.24** 구성주의 **p.26** 절대주의 **p.27**
신조형주의 **p.29** 자전거 바퀴 **p.88**

추상 Abstraction

주요 작가: 바실리 칸딘스키 • 카지미르 말레비치 • 피트 몬드리안 • 잭슨 폴록 • 브리짓 라일리 • 루치오 폰타나

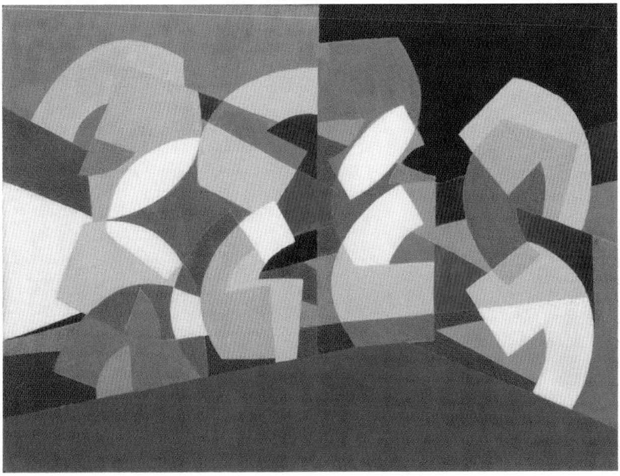

〈푸른 모듈 구성〉, 살루아 라우다 슈케어, 1947~1951, 캔버스에 유채물감, 59.5×80cm, 테이트 모던, 런던, 영국

신지학에서 영감을 받은 스웨덴 화가 힐마 아프 클린트(1862~1944)는 1906년에 최초의 추상화를 그렸다.

1906년부터 1907년까지 클린트는 기하학적 형태와 상징이 나오는 추상화들을 생동감 넘치는 붓질로 그렸다. 이때까지 대다수 화가들은, 1888년에 고갱이 "자연을 너무 많이 모사하지 말라"고 한 친구에게 말했음에도 불구하고, 물질세계를 재현하려고 했다. 1910년경에 칸딘스키는 첫 추상화를 그렸는데, 이 작품 역시 신지학의 영향을 받았다. 그러나 이에 덧붙여 색채와 형태로 음악을 암시하려고 했다. 피카소와 브라크의 입체주의 실험은 현실을 왜곡했고, 마티스와 드랭의 야수파 회화는 실물의 재현을 넘어서는 무언가를 표현했다. 레바논 출신의 작가 살루아 라우다 슈케어(1916~2017)는 이슬람 미술의 직선과 곡선을 독창적인 아이디어와 결합했다. 파리에서 공부하고 있었던 시기에 그린 〈푸른 모듈 구성〉은 실제 장소가 아니라 감정을 표현한다. 이 작품은 프랑스 국립미술학교인 에콜 데 보자르와 화가 페르낭 레제의 영향을 받았다.

중요한 진전

형태, 색채, 손의 흔적 등을 이용하는 추상미술은 개인적인 세계관을 반영하려는 다양한 화가들에 의해 활용되었다. 많은 이들에게 추상미술은 클린트, 몬드리안, 칸딘스키 같은 중요한 추상미술 화가들에게 영향을 미쳤던 신지학의 원칙처럼 근본적인 정신적 신념을 표현했다.

구성주의 **p.26** 절대주의 **p.27** 신조형주의 **p.29** 추상표현주의 **p.33** 밝은 타원 **p.104**
흰색, 붉은색, 노란색의 구성 **p.114** 셔틀 II **p.136**

기억 Memory

주요 작가: 루이즈 부르주아 • 데미안 허스트 • 주디 시카고 • 아나 멘디에타 • 게르하르트 리히터 • 안젤름 키퍼

작가 자신의 개인적인 기억을 탐구하든지 아니면 미술관과 박물관이 공공의 역사를 제시하는 방식에 의문을 제기하든지 상관없이, 근대와 현대의 작가들은 종종 과거를 전달한다.

'기억' 즉 최근 혹은 먼 옛날의 개인적이고 집단적인 추억들, 자서전, 기록, 공감 등은 모두 다양한 범위의 미술에 자주 등장했다. 칼로, 시카고, 허스트, 부르주아, 멘디에타, 펠릭스 곤살레스-토레스(1957~1996), 리히터, 키퍼는 슬픔과 후회 혹은 사랑과 안도감 같은 연관된 감정들을 종종 포함해, 추상적이고 구상적인 방식으로 기억을 탐구한 작가들이다. 1975년에 막달레나 아바카노비치(1930~2017)는 제2차 세계대전 기간에 폴란드에 있는 그녀의 집으로 들이닥친 군인들에 대한 기억을 바탕으로 현대세계에 대한 더 넓은 관점과 고통스러운 개인의 기억을 혼합했다. 이 작품에서 인물들은 엄마가 군인들이 쏜 총에 맞는 것을 목격한 경험을 나타낸다. 그들은 손과 머리가 없다. 아바카노비치의 말에 따르면, 그들은 성별도 없고 어떤 특정 인종도 아니며, 우리 모두와 마찬가지로 벌거벗고 연약한 사람일 뿐이다.

중요한 진전
가장 흔한 주제들 중 하나인 기억은 광범위하게, 종종 아주 상세하게 탐구되었다. 기억은 인종적, 정치적, 문화적 갈등처럼 공동의 경험에 대해 포괄적으로 설명하는 일반적인 방식에서부터 유년기의 기억, 유명인과 사건들에 대한 회상처럼 개인적이고 특별하게 다루어진다. 또 기억의 본질에 대한 논의들도 존재한다 — 어느 정도까지 신뢰할 수 있는가?

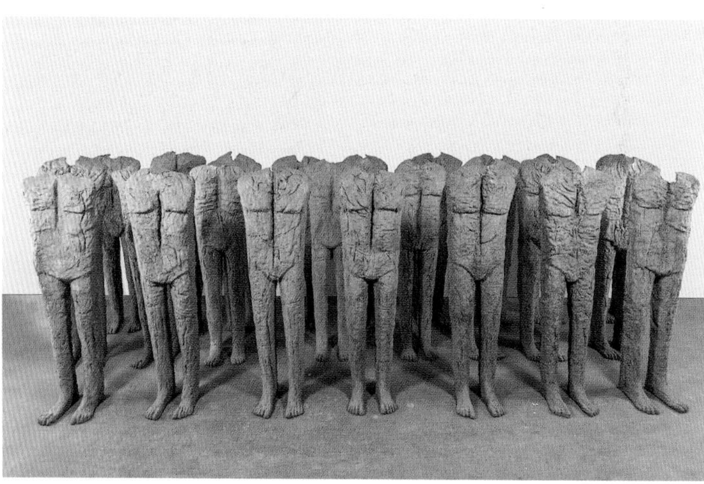

〈군중 4 (24명의 인물)〉, 막달레나 아바카노비치, 1989, 삼베와 합성수지, 말보로 갤러리, 뉴욕, 미국

다다 **p.28** 초현실주의 **p.32** 개념미술 **p.43** 대지미술 **p.47** 사랑노래 **p.94**
경작된 밭 **p.102** 이미지의 배반 **p.110** 마망 **p.154**

음악 Music

주요 작가: J.A.M 휘슬러 • 파울 클레 • 바실리 칸딘스키 • 피트 몬드리안 • 장-미셸 바스키아 • 바바라 헵워스 • 백남준

칸딘스키와 클레는 '음악'을 들으면서 색을 '보는' 것처럼 감각들을 혼합할 수 있는 공감각의 소유자였다. 예를 들어 칸딘스키는 트럼펫 소리를 들으면 노란색이 보였다.

공감각은 칸딘스키와 클레가 색, 선, 형태를 이용해 음악을 환기시키는 추상적인 그림을 그렸던 선구자가 될 수 있었던 중요한 이유였다. 이에 앞서, 19세기 말의 J.A.M. 휘슬러(1834~1903)는 주제보다 색조의 조화를 강조함으로써 그가 인식한 미술과 음악의 유사점을 표현했다. 이 때문에 그는 자신의 많은 그림에 '편곡', '하모니', '녹턴'이라는 제목을 붙였다. 1917년 이후에 몬드리안은 1936년작 〈흰색, 붉은색, 노란색의 구성〉처럼 고전적인 '황금비율'을 사용함으로써 리듬을 연상시키고, 물감을 통해 정신적인 조화와 순수성을 표현하기 시작했다. 한편, 오르피즘 화가인 들로네, 들로네-테르크, 쿠프카는 후기인상주의의 색채 이론, 미래주의의 역동성, 입체주의의 파편화된 형태 등을 종합해 음악적인 하모니를 환기시키는 밝은 색채의 그림을 선보였다. 음악은 또한 피카소와 브라크의 입체주의 회화, 헵워스의 조각, 레베카 호른의 설치작업에서 반복적으로 등장하는 테마였다.

중요한 진전

시각의 세계를 재현하리라고 절대 생각되지 않았던 음악은 현대 화가들 사이에서 강렬한 주제가 되었다. 휘슬러는 음악적 연상을 통해 세계를 표현했고 이렇게 설명했다. "'녹턴'이라는 단어를 사용함으로써 나는 그림에서 모든 외부의 일화적인 관심을 벗겨내고, 오직 예술적인 관심만을 나타내기를 바랐다."

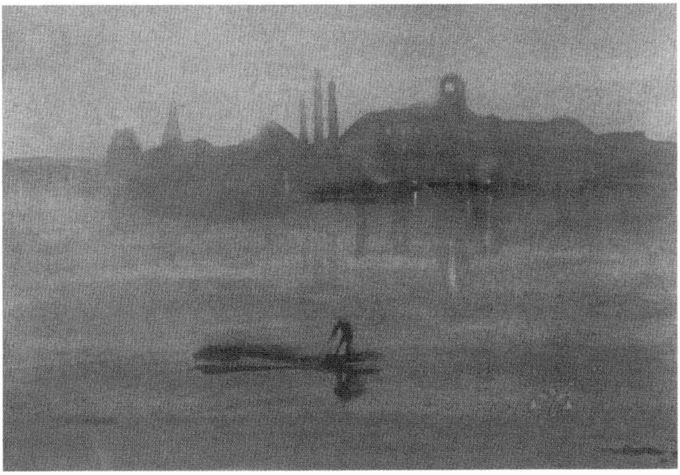

〈녹턴〉, J.A.M 휘슬러, 1878, 아이보리 우브 플레이트페이퍼에 푸른색이 칠해진 시네에 흑회색 잉크, 하프 틴트 바탕에 긁어내기와 석판인쇄, 17.1×25.9cm, 메트로폴리탄 미술관, 뉴욕, 미국

표현주의 **p.20** 오르피즘 **p.24** 형이상학적 회화 **p.25** 신조형주의 **p.29** 플럭서스 **p.40**
펠라고스 **p.118** TV 첼로 **p.142**

애국심 Patriotism

주요 작가: 클로드 모네 • 재스퍼 존스 • 지노 세베리니 • 움베르토 보초니 • 호안 미로

역사를 통틀어 미술은 인류에 중요한 삶의 측면들을 발견하고 장려하기 위해 사용되었다.

심지어 가장 초기의 문화들도 고유의 업적, 신념, 가치를 재현하고 영속화시켰다. 이러한 형태의 애국은 계속 이어졌고, 근대와 현대미술에서 분명하거나 은밀하게 표현되었다. 애국심은 간혹 감상적이고 감정적이었으며 경건했고, 어떤 경우에는 불손하거나 혹은 사회적이거나 정치적인 함의가 섞여 있었다. 미술에서 애국심은 작가가 작업을 하고 있는 시기에 그 혹은 그녀의 조국이 겪은 시련과 성공을 구현한다. 애국심은 한 나라의 역사와 아름다움, 그 나라를 형성한 중요한 사건들을 찬양했다. 지나고 나서 보면, 그것은 어떤 한 사회의 관점과 우선사항을 이해하는 데 도움이 될 수 있다. 전쟁과 평화, 특별한 개인들, 풍경, 상징과 사물들은 모두 국가의 긍지를 표현하기 위해 그려졌다. 워홀의 〈캠벨 수프 캔〉은 미국 소비주의의 확장을 나타냈고, 존스의 성조기 그림은 베트남 전쟁 기간에 제작되었다.

중요한 진전

테마로서의 애국심은 인상주의, 절대주의, 구성주의, 팝아트 등 특정 미술사조에서 두드러졌다. 파란색, 흰색, 붉은색이 지배하는 모네의 〈몽토르게이 가〉는 처참한 프로이센-프랑스 전쟁을 겪은 후, 프랑스에서 공화정 체제를 강화하려는 목적으로 개최된 축제를 그린 두 작품 중 하나다.

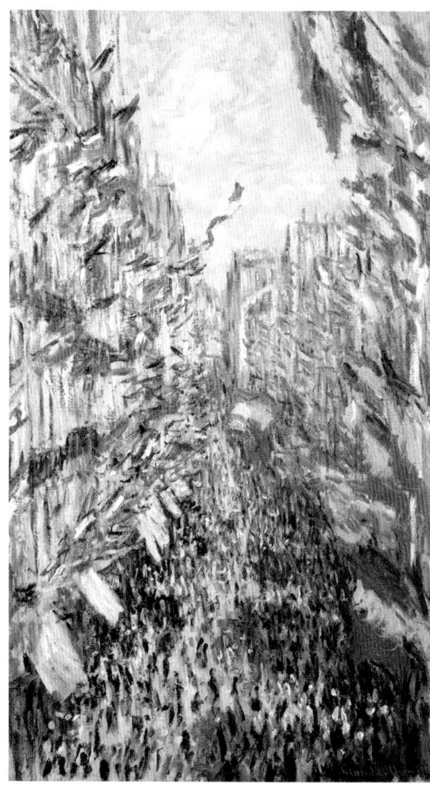

〈몽토르게이 가, 1878년 6월 30일의 기념행사〉, 클로드 모네, 1878, 캔버스에 유채물감, 81×50cm, 오르세 미술관, 파리, 프랑스

미국 사실주의 **p.17** 미래주의 **p.23** 구성주의 **p.26** 절대주의 **p.27** 제3인터내셔널 기념비 **p.100**
경작된 밭 **p.102** 세 개의 깃발 **p.128**

산업화 Industrialization

주요 작가: 클로드 모네 • 카미유 피사로 • 움베르토 보초니 • 지노 세베리니 • 로베르 들로네 • 조안 미첼

근대미술의 탄생은 19세기 말에 시작된 산업혁명으로 거슬러 올라갈 수 있다.

산업화는 더 값싼 소비재를 생산했고 교육 개념에 영향을 미쳤으며 사람들의 삶의 방식과 사는 곳을 변화시켰다. 도시가 확장되고 새로운 형태의 교통수단이 사람들을 이전보다 더 빠르게, 그리고 더 멀리 이동시켰다. 많은 전위작가들이 진보와 창안의 정신을 포용했다. 이들은 당대의 삶을 묘사하고, 급박하게 돌아가는 세상에서 살아가는 것의 감정적, 심리적 영향을 드러내기 시작했다. 그들은 새로운 가능성들과 흥분을 가져다 줄 미래를 예고하면서 산업화를 찬양할 만한 것으로 표현했다. 다리, 굴뚝, 부산한 도시 거리 — 공식 미술아카데미들에 의해 미술에 부적절한 것으로 결정된 삶의 양상들 — 를 그린 인상주의자들은 이에 반응한 최초의 화가들에 속했다. 인상주의의 가장 충실한 지지자 중 한 명이었던 카미유 피사로는 하루의 다른 시간대와 다양한 날씨 조건 속에서 1890년대 말의 도시 풍경들을 그렸고, 이러한 그림은 산업화가 초래한 부산한 움직임을 보여준다.

중요한 진전

미래주의, 오르피즘, 추상표현주의, 미니멀리즘, 팝아트 등 20세기의 유명한 미술사조 대부분은 다수의 작품을 통해 산업화의 영향을 표현했다. 이들은 대성당과 닮은 모네의 〈생라자르 역〉과 미첼의 〈도시 풍경〉에서처럼 산업화의 진보를 찬양하거나 심지어 영원히 남겨야 하는 현대의 삶의 양상으로 보았다.

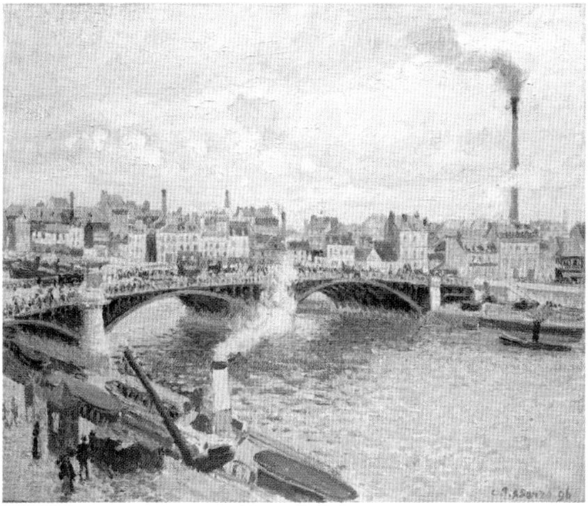

〈아침, 구름이 뒤덮인 날, 루앙〉, 카미유 피사로, 1896, 캔버스에 유채물감, 54.3×65.1cm, 메트로폴리탄 미술관, 뉴욕, 미국

인상주의 **p.13** 미래주의 **p.23** 오르피즘 **p.24** 추상표현주의 **p.33** 미니멀리즘 **p.46**
생라자르 역 **p.56** 제3인터내셔널 기념비 **p.100**

도시환경 Urban Environment

주요 작가: 카미유 피사로 • 피트 몬드리안 • 프랑크 아우어바흐 • 로베르트 들로네 • 데이비드 봄버그 • 다이아나 호로비츠

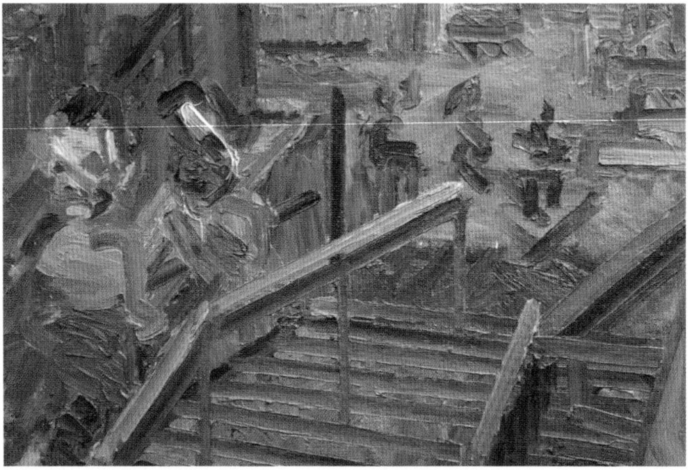

〈유스톤 계단〉, 프랑크 아우어바흐, 1981, 패널에 유채 물감, 101.6×127cm, 개인소장

19세기 말은 산업화와 도시화로 특징지어지며 인상주의자들은 화가들 가운데 최초로 도시환경을 묘사했다.

모네의 〈생라자르 역〉과 피사로의 〈이탈리아대로〉는 북적거림, 건물들, 익명성을 비롯해 19세기 도시의 삶의 양상들을 포착한다. 20세기가 전개됨에 따라, 더 많은 화가들이 도시환경에 반응하기 시작했다. 이들은 호퍼와 데 키리코의 작품처럼 고독하며 암울하고, 리처드 세라와 크리스토(1935~)와 잔 클로드(1935~2009)의 작품처럼 기념비적이고 신비로우며, 들로네의 〈샹 드 마르스〉처럼 파열되고 다채롭고, 표현주의 화가들의 작품처럼 왜곡된 것으로 다양하게 도시환경을 묘사했다. 훗날 바스키아와 키스 해링 같은 거리 미술 작가들은 실제 도시환경 속에서 작업했다. 투커의 〈정부 사무소〉, 호퍼의 〈셀프서비스 식당〉, 데이비드 봄버그(1890~1957), 다이아나 호로비츠(1958~), 게오르게 그로스(1893~1957)의 그림처럼 대부분은 직접적이고 명쾌하다. 일부는 현대 도시에 대한 개념들을 환기시키는 줄리 머레투(1970~)의 작품처럼 암시적이었다.

중요한 진전

풍부한 임파스토 물감을 사용하는 프랑크 아우어바흐(1931~)는 북부 런던에 살았던 경험을 표현한다. 그는 "세상을 위해 새로운 종의 생물처럼 기억에 남는 새로운 것을 만들고 싶다"고 말했다. 1960년대 중반 이후, 그는 도시환경 속에서 정기적으로 작업했다.

인상주의 **p.13** 미국 사실주의 **p.17** 표현주의 **p.20** 미래주의 **p.23** 생라자르 역 **p.56**
베를린 거리풍경 **p.90** 셀프서비스 식당 **p.106**

사교 Socializing

주요 작가: 폴 고갱 • 마크 로스코 • 아나 멘디에타 • 안젤름 키퍼 • 마우리치오 카텔란

모여 있거나 대화하는 인물들을 그리는 전통은 르네상스시기에 사크라 콘베르사치오네와 함께 시작되었다.

실제로 교류하는 사람들을 보여주는 그 다음 단계는 일상생활을 하는 평범한 사람들을 묘사한 17세기 장르화에서 실현되었다. 19세기 말에 사실주의, 인상주의, 후기인상주의 화가들은 근대적인 삶의 장면과 더불어, 나이트클럽이나 바, 극장, 경마장, 일터에서 만나고 걷고 함께 식사하는 사람들을 그렸다. 그 이후 입체주의, 미래주의, 미국 사실주의, 표현주의 등 구상적인 사조의 화가들도 당대의 사람들이 서로 어울리는 모습을 표현하는 다양한 방식을 탐구했다. 예컨대 쿠르베는 네덜란드 장르화에서 영감을 얻었고, 〈화가의 작업실〉에는 친구들이 많이 등장한다. 마네의 〈폴리베르제르 바〉는 파리의 가장 유명한 음악 홀이자 카바레 중 하나였던 이곳의 북적거리는 실내를 묘사한다. 세잔의 〈카드놀이 하는 사람들〉은 말을 하고 있는 것 같지는 않아도 서로 교감하는 농민들을 보여주고, 호퍼의 〈셀프서비스 식당〉은 사람들과 어울리지 않는 외로움을 나타낸다.

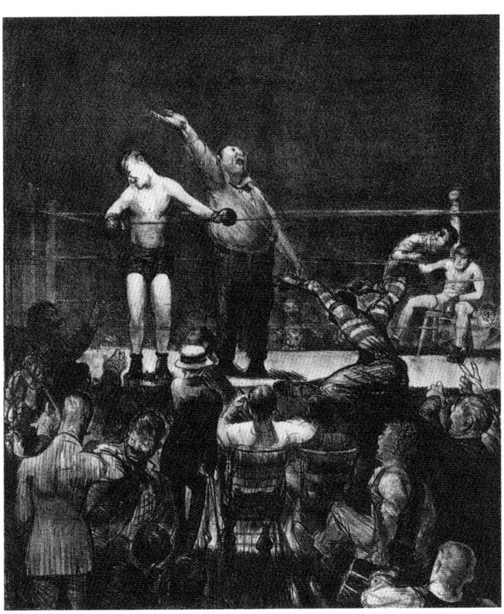

중요한 진전

조지 벨로스(1882~1925)는 사회적, 정치적, 문화적 이슈들을 탐구하는 복싱 경기 그림과 뉴욕 빈민가의 아파트를 그린 그림으로 유명해졌다. 그는 애쉬캔 화파 — 당대의 삶을 묘사한 화가 그룹 — 의 중요한 일원이 되었다. 벨로스는 쿠르베처럼 유럽 화가들의 그림을 모사하며 기법을 익혔다.

〈챔피언 소개, 1번〉, 조지 벨로스, 1916, 석판화, 62.5×53.3cm, 국립미술관, 워싱턴DC, 미국

사실주의 **p.12** 후기인상주의 **p.14** 미국 사실주의 **p.17** 표현주의 **p.20** 신표현주의 **p.49**
폴리베르제르 바 **p.60** 카드놀이 하는 사람들 **p.74**

홀로코스트 The Holocaust

주요 작가: 요셉 보이스 • 안젤름 키퍼 • 도리스 진카이센 • 에바 헤세 • 게오르크 바젤리츠

1945년 이후로, 제2차 세계대전 동안 나치에 의해 자행된 약 1천백만 명의 대량학살은 다양한 관점에서 많은 작품에 영감을 주었다.

미술작품에서 홀로코스트는 상실, 절망, 배제를 표현하기 위한 주제로 활용된다. 잔혹행위를 기록하고 기억해낸 사람들에는 생존자와 공식 종군화가, 그리고 도리스 진카이센(1898~1991), 에바 헤세(1936~1970), 요셉 보이스(1921~1986), 안젤름 키퍼(1945~) 등이 있다. 진카이센, 헤세, 보이스는 직접 제2차 세계대전을 겪었지만, 키퍼는 전쟁이 끝났을 때 태어났고 분단된 독일에서 성장했다. 보이스는 키퍼에게 많은 영향을 끼쳤다. 키퍼는 무거운 임파스토와 유리조각, 나뭇가지, 건초 등의 재료가 포함된 혼합매체를 사용했고, 특히 홀로코스트와 관련된 독일역사에 집중했다. 그는 독일을 과거의 그림자로부터 전인적으로 회복시키는 신비로운 힘이 자신의 작품에 배어 있다고 믿었다. 그의 작품 〈철의 길〉은 철길을 암시하며, 나치의 명령으로 유대인들을 죽음의 수용소로 강제 이송했던 기차들을 떠오르게 한다.

중요한 진전

홀로코스트가 미술에 미친 영향은 매우 광범위했다. 전쟁을 직접 경험했건 아니건, 작가들은 개인적인 반응과 시각을 표현하고 기록하고 기억했으며, 도덕적인 교훈들을 이끌어내려고 노력했다. 필연적으로 이들의 작품은 작가들마다 확연하게 달랐다. 다수의 작품은 실제 사건들을 다루고, 일부 작품은 당대의 삶에서도 이어지는 비인간적인 행위를 암시한다.

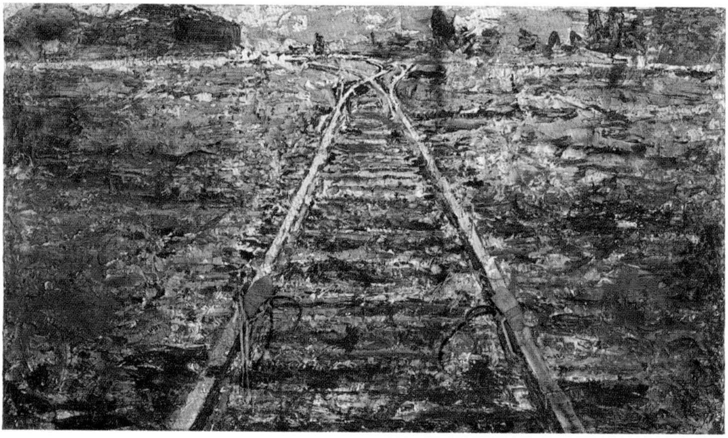

〈철의 길〉, 안젤름 키퍼, 1986, 캔버스에 유채물감, 아크릴, 올리브 나뭇가지, 납, 철, 금박, 에멀션페인트, 220×380×27.9cm, 개인소장

개념미술 p.43 페미니즘 미술 p.45 신표현주의 p.49

종교 Religion

주요 작가: 폴 고갱 • 빈센트 반 고흐 • 에드바르트 뭉크 • 마크 로스코 • 아나 멘디에타 • 안젤름 키퍼

종교와 신념들은 매우 강력한 감정들을 환기시키기 때문에 먼 옛날부터 미술의 중요한 테마였다.

종교와 미술은 서로 시너지 효과를 내는 관계였다. 서구 사회가 점점 세속주의를 향해 움직이던 19세기 말 이후에 기독교 주제는 감소했지만, 일부 화가들은 자신의 신앙을 탐구하고 다양한 정신적 가치들을 제시했다. 종교라는 주제는 과거만큼 지배적이지 않지만, 미술에 등장하면 대체로 강렬하며 종종 심리를 드러낸다. 예를 들어, 전통적인 기독교 성상을 나타내는 뭉크의 〈마돈나〉는 화가 자신의 복잡한 개인적 신념들과 얽혀 있다. 이와 유사하게, 멘디에타의 〈피가 흐르는 자화상〉은 그녀 고유의 관점과 섞여 있는 기독교의 요소들을 탐구한다. 마우리치오 카텔란(1960~)의 〈라 노나 오라〉 — 운석에 맞아 쓰러진 교황 요한바오로 3세의 실물 크기 인형 — 는 예수가 사망한 시간과 애도를 암시한다. 격한 논쟁을 불러온 이 작품은 수많은 가톨릭 신자들에게 비난을 받았지만, 다양하게 해석될 여지가 있다.

중요한 진전
뭉크, 반 고흐, 고갱, 로스코, 부르주아, 멘디에타, 키퍼 등 다양한 작가들은 신념과 정신성에 대한 자신의 인식을 표현하고, 인간존재에 대한 질문들을 숙고하고 다시 생각하도록 하기 위해 자신만의 고유한 상징을 창안했다. 21세기에 들어오면서 기독교 주제는 종종 파괴적이거나 불손하게 표현되었다.

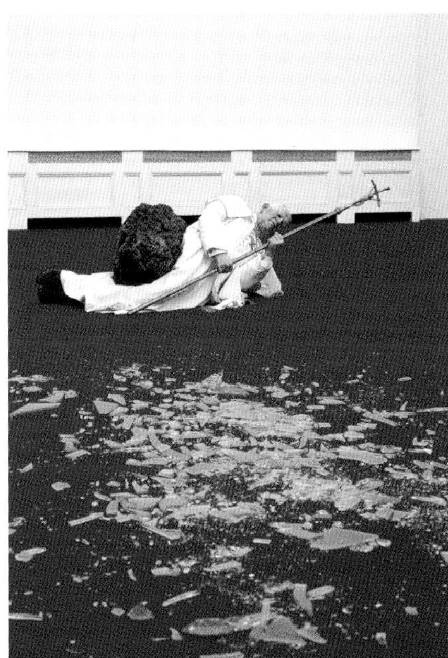

〈라 노나 오라(제 9시)〉, 마우리치오 카텔란, 1999, 금속분말, 화산암, 카펫, 유리와 폴리에스테르 수지, 다양한 크기, 개인소장

후기인상주의 **p.14** 표현주의 **p.20** 초현실주의 **p.32** 개념미술 **p.43** 마돈나 **p.76**
생명의 나무 **p.122** 피가 흐르는 자화상 **p.140**

사회적 논평 Social Commentary

주요 작가: 에드워드 호퍼 • 안드레아스 거스키 • 키스 해링 • 장-미셸 바스키아 • 주디 시카고 • 앤디 워홀

중요한 진전
사회적 논평을 하는 작가들은 사회의 수많은 문제에 관심을 집중시키고 변화를 촉구하기 위해 대개 관람자들의 감수성과 도덕성에 호소한다. 민족, 정치, 사회, 종교, 노숙자, 차별, 전쟁 같은 사회적 이슈들을 다루면서, 작품에 주목하고 이를 논의할 수 있도록 충격전략을 종종 사용했다.

근대와 현대미술은 종종 의도적으로 도발적이며, 사회의 이슈들과 문제들을 제기했다.

아브라모비치의 〈작가가 여기 있다〉, 피카소의 〈아비뇽의 아가씨들〉, 키르히너의 〈베를린 거리 풍경〉처럼 사회적 불평등과 부패는 자주 탐구되고 폭로되었다. 뿐만 아니라 거스키의 〈방콕 VI〉에서 강조된 쓰레기 투기 같은 환경문제, 바스키아의 〈무제(검은 해골)〉에서 표현된 인종차별은 관람자가 그것에 대해 생각하게끔 만든다. 거리미술 작가인 뱅크시는 항상 작품을 이용해 강제노동과 전쟁의 영향 등에 대한 대중의 인식을 제고하고, 시카고와 멘디에타 같은 페미니즘 작가들은 종종 성불평등을 표현한다. 사진작가이자 개념적인 비디오와 퍼포먼스 아티스트 테레사 마골레스(1963~)는 멕시코의 불법적인 마약거래에서 생긴 갈등에서 유발된 끔찍한 죽음에 관해 생각해볼 수 있도록 〈깃발 I〉을 제작했다. 피, 흙, 다른 물질이 튀긴 이 작품은 작가가 법의학을 공부할 때 시체 안치소에서 보았던 경험을 반영하는 평범한 깃발이나 병원의 시트로 보일 수 있다.

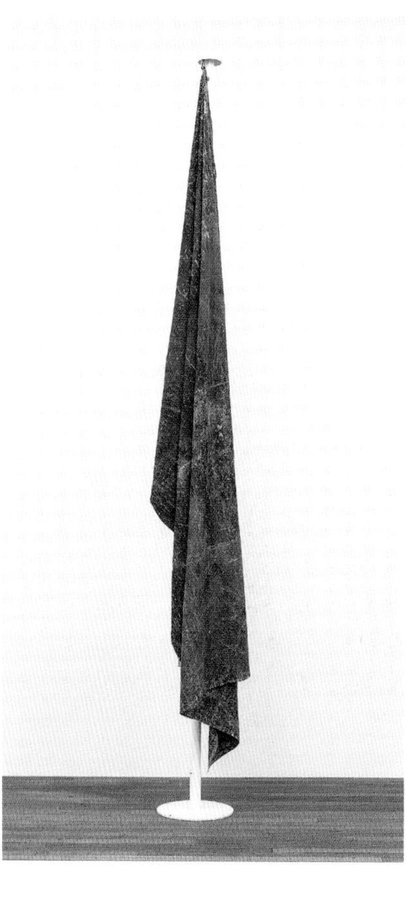

〈깃발 I〉, 테레사 마골레스, 2009, 직물, 피, 흙, 다른 물질들, 298×188cm, 테이트 모던, 런던, 영국

팝아트 **p.38** 플럭서스 **p.40** 개념미술 **p.43** 페미니즘 미술 **p.45** 거리미술 **p.48** 신표현주의 **p.49**
셀프서비스 식당 **p.106** 무제(검은 해골) **p.144** 방콕 VI **p.156**

소비주의 Consumerism

주요 작가: 리처드 해밀턴 • 앤디 워홀 • 키스 해링 • 야니스 쿠넬리스 • 제프 쿤스

중요한 진전

대부분의 팝아트는 소비주의에 대해 미묘하게 모순적인 반면, 어떤 작품은 호감을 표현한다. 리처드 해밀턴은 1956년에 〈무엇이 오늘날의 가정을 이토록 색다르고 매력적으로 만드는가?〉에서 제2차 세계대전 이후에 미국으로부터 밀려든 소비주의에 대해 언급하는 첫 미술작품 중 하나를 제작했다.

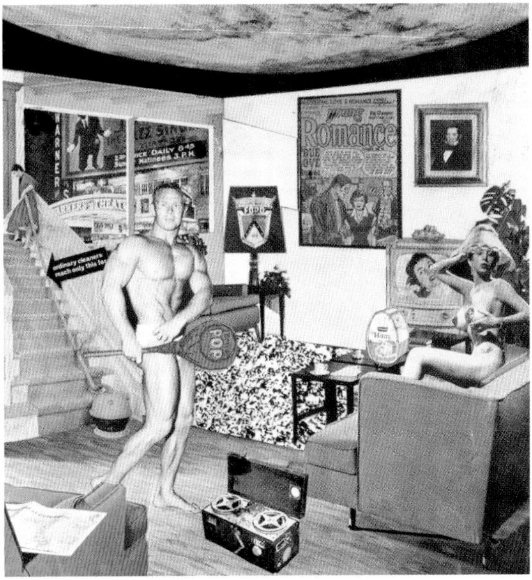

〈무엇이 오늘날의 가정을 이토록 색다르고 매력적으로 만드는가?〉, 리처드 해밀턴, 1956, 콜라주, 26×23.5cm, 튀빙겐 미술관, 튀빙겐, 독일 (작품 124쪽 참조)

'소비주의'는 1950년대 중반에 상품과 서비스를 구입하는 것을 부추기고 장려하는 이데올로기를 지칭하기 위해 사용된 용어다.

상품이 행복하고 성공적인 삶을 만들어 준다는 믿음에 따라 쇼핑은 20세기 말 도시 생활의 특징적인 활동들 중 하나가 되었고, 팝아트는 소비주의에 대한 찬양과 비판으로 발전되었다. 광고와 만화 같은 대중문화 양상과, 광고와 마케팅에서만 사용되었던 미술기법을 비롯해 익숙한 이미지를 활용했던 팝아트 작가들은 자본주의 사회를 지배하는 물질주의를 강조하면서, 순수미술과 상업미술의 경계를 불분명하게 만들려고 했다. 더 최근의 작가들도 소비주의에 대해 고찰했다. 바바라 크루거는 1987년에 〈무제(나는 쇼핑한다. 그러므로 나는 존재한다)〉를, 2012년에는 〈누가 무엇을 소유하는가?〉 등의 불손한 작품들을 제작했다. 듀안 핸슨(1925~1996)은 미국의 소비주의와 종종 소비주의가 만들어 내는 공허한 삶에 관해 비판하는 포토리얼리스트 조각들을 선보였다. 2005년에 뱅크시는 〈쇼핑백을 든 예수 그리스도〉를 제작하여, 소비주의가 종교와 어떻게 충돌하는지, 더 구체적으로 말하면 연민, 사랑, 용서 등 크리스마스의 진정한 가치를 강조하였다.

팝아트 p.38 아르테 포베라 p.41 포스트모더니즘 p.42 개념미술 p43 페미니즘 미술 p.45
캠벨 수프 캔 p.132 세 개의 공 50/50 탱크 p.146 방콕 VI p.156

변형 Transformation

주요 작가: 바바라 헵워스 • 로베르 들로네 • 움베르토 보초니 • 마르셀 뒤샹 • 백남준 • 쿠사마 야요이

작가들은 정체성, 쇠락, 반영, 인식 등과 관련한 작품에서 종종 '변형'을 가했다. 신디 셔먼(1954~)은 자신의 사진작품 속에서 여성에 대한 고정관념 같은 사회의 불안한 측면들을 전달하기 위해 다른 정체성으로 자신을 변형시키고, 그것은 일반적인 추정에서 어떤 표면적인 것들을 노출한다. 1996년에 개념미술 작가 세리스 윈 에반스(1958~)는 거울에 비친 관람자의 상을 왜곡하는 커다란 오목거울 〈인버스 리버스 퍼버스〉를 제작했다. 관람자가 서 있는 장소에 따라 거울에 비친 상은 상당히 극적으로 바뀐다. 1937년에 초현실주의자 살바도르 달리는 그리스 신화에서 물에 비친 자기 모습을 보고 사랑에 빠져 죽은 후에 신들에 의해 꽃으로 변한 청년 이야기를 자신만의 방식으로 해석한 〈나르키소스의 변형〉을 그렸다. 또 한편 뒤샹은 1913년 〈자전거 바퀴〉에서 볼 수 있듯이 거의 모든 것을 미술로 변형시킴으로써 화가의 역할에 대한 인식을 바꾸어놓았다. 이 개념은 일반적인 태도들을 바꾸어, 기교는 더 이상 미술의 가장 본질적인 요소로 간주되지 않고 그 뒤에 있는 개념들이 더 중요해졌다.

중요한 진전
독일 태생의 작가 요셉 보이스는 새로운 의미를 부여함으로써 사물들을 변화시켰다. 예를 들어 〈펠트 슈트〉는 그가 펠트로 제작한 수많은 작품들 가운데 하나다 — 일상적이고 실용적인 기능을 가진 사물을 의도적으로 미술작품으로 변환시켰다. 보이스가 펠트를 사용한 이유는 펠트를 따뜻함과 안정성과 연관시켰기 때문이다.

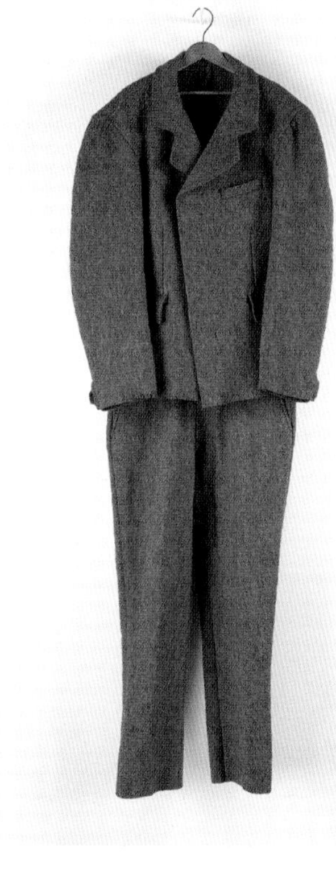

〈펠트 슈트〉, 요셉 보이스, 1970, 펠트, 179.1×61cm, 세인트루이스 미술관, 미주리 주, 미국

아르누보 p.16 미래주의 p.23 오르피즘 p.24 다다 p.28
플럭서스 p.40 개념미술 p.43 자전거 바퀴 p.88 펠라고스 p.118 TV 첼로 p.142

자아/정체성 Self/Identity

주요 작가: 프리다 칼로 • 아나 멘디에타 • 루시안 프로이트 • 에바 헤세 • 장-미셸 바스키아 • 안젤름 키퍼

"내 문제들 중 하나는 '자아(Self)'를 발견하는 것이고, 그 자아는 하나의 형태만을 가지고 있으며 영구적이다"라고 1939년에 막스 베크만(1884~1950)은 말했다.

작가들은 자신이나 다른 사람의 정체성을 정의하기 위해 민족성, 섹슈얼리티, 젠더, 지성, 정치적 편견 등 개인적인 요소들을 자주 탐구한다. 이들은 종종 고정관념, 관습, 전통, 역사, 유산 등에 대해 질문을 제기하고 연구한다. 페미니즘 미술의 주요 목적은 여성 작가들의 정체성을 확립하는 데 있었다. 반 고흐, 멘디에타, 칼로, 바스키아 등의 작가들은 자신이 속한 사회에서 '적응하지 못하는 것'에 관한 개인적 감정을 탐구했다. 개념미술과 퍼포먼스 아트와 연관이 있는 길버트와 조지는 공동의 정체성을 이용해 함께 작업하며, 관습과 사회적 금기에 대해 질문하고 고찰하게 한다. 브루스 나우먼(1941~)은 퍼포먼스와 설치의 경계를 무너뜨리며 종종 정체성과 인간조건을 연구한다. 그의 미술작품에 참여자가 되는 관람자는 자신의 정체성, 관습, 일상의 노력 등에 대해 생각하게 된다.

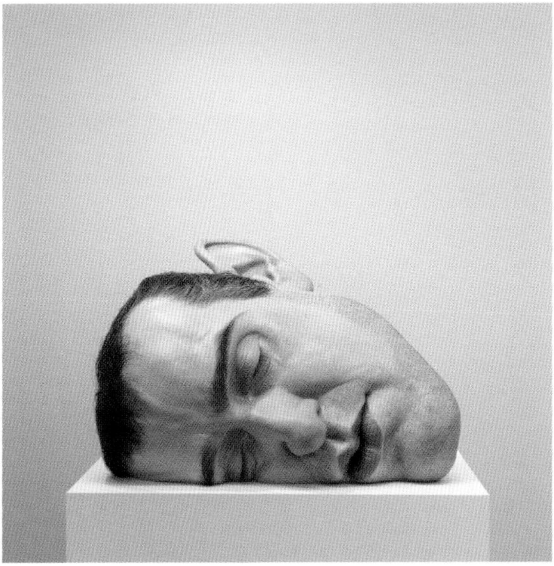

중요한 진전

론 뮤익(1958~)은 인생의 중요한 순간들을 보여주는 놀랄 만큼 실물과 닮은 인물로 우리의 잠재의식적인 전제와 기대에 직접적으로 반응한다. 그의 거대한 〈가면 II〉는 옆으로 잠을 자고 있는 그의 얼굴을 묘사한 작품이며, 뒤쪽이 움푹 꺼져 있다. 자화상은 작가들이 자신의 정체성을 탐구하는 하나의 방법이다.

〈가면 II〉, 론 뮤익, 2001, 혼합매체, 77×118×85cm, 샌프란시스코 현대미술관, 캘리포니아 주, 미국

후기인상주의 **p.14** 페미니즘 미술 **p.45** 가시목걸이와 벌새가 있는 자화상 **p.116**
피가 흐르는 자화상 **p.140** 무제(검은 해골) **p.144** 상념(자화상) **p.148**

인종 Race

주요 작가: 장-미셸 바스키아 • 페이스 링골드 • 카라 워커 • 크리스 오필리 • 잉카 쇼니바레 • 아나 멘디에타

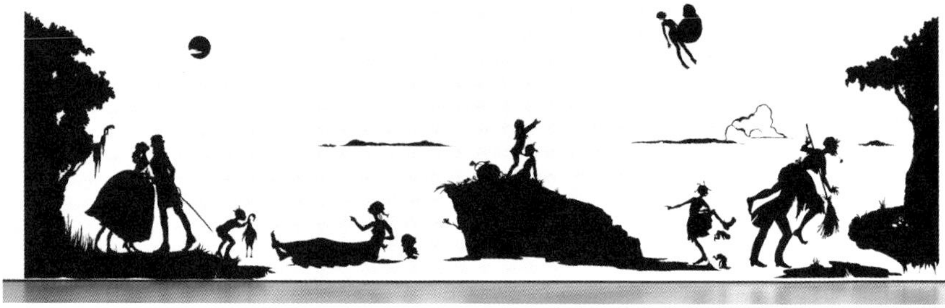

〈사라지다: 젊은 흑인여자의 거뭇한 허벅지와 그녀의 심장 사이에서 발생한 내전의 역사적 로맨스〉, 카라 워커, 1994, 벽에 자른 종이, 396.2×1524cm, 현대미술관, 뉴욕, 미국

1960년대와 1970년대의 미국 흑인인권운동에 영감을 받은 많은 작가들은 당대의 정서를 표현했다.

이때부터 인종과 민족이란 테마는 출신 배경이 달랐던 작가들에 의해 자주 탐구되었다. 이들은 사회에서 역사적으로 생긴 소외를 나타내기 위해 그 자신의 인종적 정체성을 이용했다. 이들은 인종주의가 차별, 인종차별, 노예제도, 집단학살 등을 정당화하기 위해 사회에 의해 형성된 분류체계로 사용되었다고 지적했다. 미국의 1920년대와 1930년대 할렘 르네상스처럼 많은 이들이 문화적 고정관념과 일반화에 도전했다. 이 시기는 문학, 음악, 미술에 아프리카계 미국인의 감정 표현이 풍부하게 등장한 시기였고, 아론 더글러스(1899~1979) 같은 흑인 작가들이 흑인의 진정한 정체성과 유산을 자랑스럽게 재현하려고 노력했던 때였다. 20세기와 21세기의 수많은 다른 작가들은 또 인종주의에 대해 고찰하거나 그들의 출신 배경을 찬양하고 홍보하며 그들의 고유한 정체성이라는 주제에 다양한 방식으로 접근했다. 이런 화가들 중에는 바스키아, 페이스 링골드(1930~), 데이비드 해먼스(1943~), 잉카 쇼니바레(1962~), 크리스 오필리(1968~) 등이 있다.

중요한 진전

당대의 이슈들을 다루기 위해 빅토리아 시대의 매체인 자른 종이 실루엣을 이용한 카라 워커(1969~)는 인종, 젠더, 섹슈얼리티, 정체성, 폭력, 흑인역사를 탐구한다. 우리를 의도적으로 당황시키는 이 거대한 자른 종이 실루엣은 19세기 노예들의 상황을 낭만적으로 묘사한 마가렛 미첼의 1936년 소설『바람과 함께 사라지다』를 조롱하고 인종주의와 편견에 맞선다.

개념미술 **p.43** 퍼포먼스 아트 **p.44** 거리미술 **p.48** 신표현주의 **p.49**
피가 흐르는 자화상 **p.140** 무제(검은 해골) **p.144**

젠더 Gender

주요 작가: 신디 셔먼 • 카라 워커 • 마르셀 뒤샹 • 그레이슨 페리 • 프리다 칼로 • 아나 멘디에타

사회는 종종 사람들이 성별에 대해 '(사회적으로) 올바르다고' 여기는 방식으로, 보고 행동하기를 기대하지만 작가들은 이러한 전제에 반기를 들었다.

이는 남성성과 여성성은 전통적으로 정형화되었지만 성역할 모델은 사회적으로 구성되는 것이지 반드시 타고나는 것이 아님을 암시한다. 게다가 여성적이고 남성적인 행동은 장소와 시간에 따라 달라진다. 작가들은 질문을 하고 고찰함으로써 오래된 범주화를 약화시키는 데 도움을 주었다. 예를 들어, 클로드 카훈(1894~1954)과 프리다 칼로는 '젠더' 유동성을 강조하는 드레스, 자세, 표현, 외모 등 남성적이면서 여성적인 특성을 가진 자화상을 그렸다. 1920년에 마르셀 뒤샹은 만 레이(1890~1976)의 사진을 위해 여배우처럼 옷을 입음으로써 또 다른 자아 'Rrose Selay'('에로스, 셀라비'처럼 들리는)를 만들어냈다. 1960년대와 1970년대에 페미니즘 작가들은 서양의 여성에 대한 전통적인 태도에 도전했고, 또 다른 작가들은 문화적 압력과 매스미디어가 남성에 대한 우리의 기대들을 어떻게 형성하는지 탐구했다. 신디 셔먼과 그레이슨 페리 같은 작가들은 계속해서 위와 같은 전제와 고정관념에 직면하고 도전했다.

중요한 진전

많은 문화들은 성에 대한 사고방식이 다르다. 어떤 사회에서 사회적으로 용인되는 것이 다른 사회에서는 금기시 될 수 있다. 많은 작가들이 이러한 주제를 탐구하며 종종 사회적 인정에 대한 한계를 넓힌다. 그레이슨 페리는 작품에서 이러한 문제들을 다룬다. 그는 그의 유년기와 여성의 옷을 입는 또 다른 자아 클레어를 비롯한 자전적인 요소들을 통해 정체성과 젠더 등을 고찰한다.

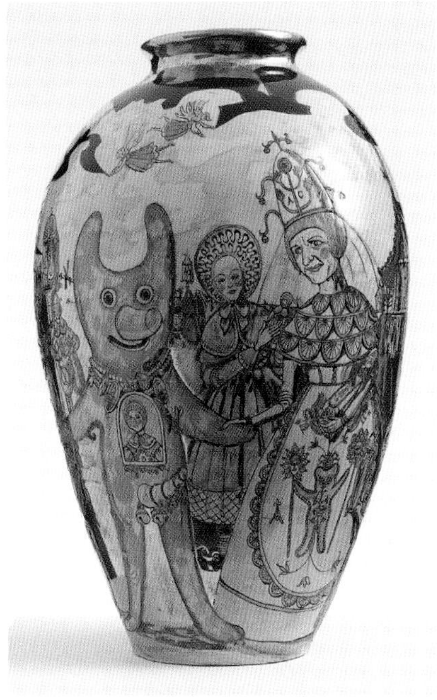

〈앨런 미즐과 클레어 페리의 결혼식에 참석한 세계의 지도자들〉, 그레이슨 페리, 2009, 유약 처리된 세라믹, 52×32cm, 메르세데스와 이안 스타우츠커 컬렉션

개념미술 **p.43** 퍼포먼스 아트 **p.44** 거리미술 **p.48** 마드모아젤 포가니 **p.86**
피가 흐르는 자화상 **p.140** 무제(검은 해골) **p.144**

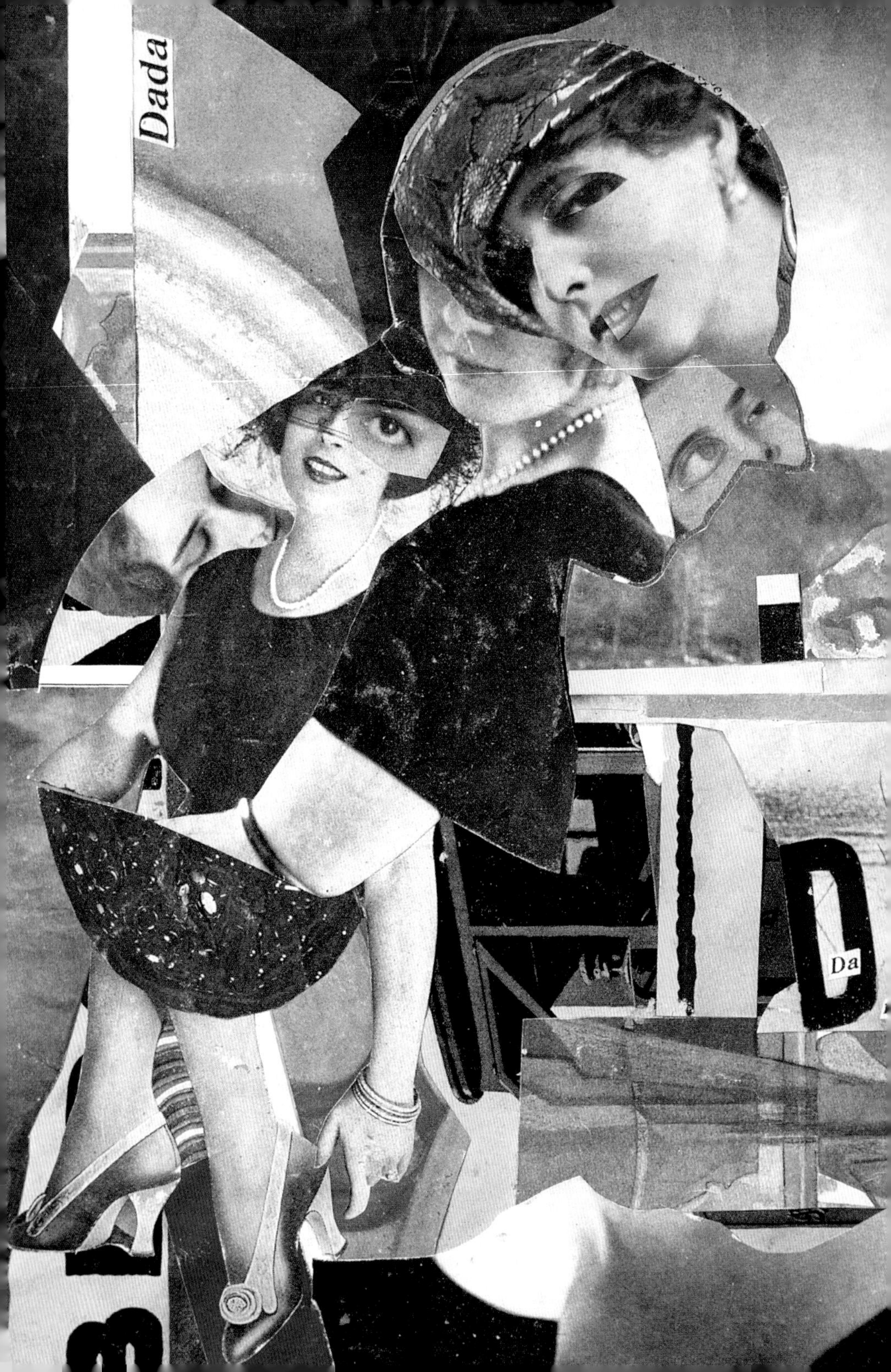
Dada
Da

Techniques
기법

드로잉 Drawing

주요 작가: 조르주 쇠라 • 앙리 마티스 • 파블로 피카소 • 파울 클레 • 에곤 실레

화가들이 처음 그림을 그린 것은 문자가 발명되기 오래 전이었고, 그때부터 '드로잉'으로 소통했다.

수백 년 동안 미술의 재료, 양식, 목적(의도)은 확장되어 왔다. 그러나 드로잉은 예비 스케치를 통해서든 완성작이든 창조 과정의 본질적인 부분으로 남아 있다. 20세기에 마티스와 피카소 같은 화가들은 표현주의적인 선과 색으로 드로잉을 했던 한편, 쇠라는 선을 포기하고 색조 변화만 활용했고, 즉흥성 때문에 드로잉을 썼던 실레 같은 화가들은 종종 연필이나 목탄을 다른 재료들과 결합하며 수천 장의 드로잉을 남겼다.

드로잉은 클레, 애니 알버스, 칸딘스키 등의 바우하우스 화가들 대부분에게 필수적이었다. 키르히너, 슈미트 로틀루프, 베크만, 그로스 같은 독일 표현주의 화가들의 강렬하고 힘 있는 드로잉들은 그들 작업의 본질적인 측면이었다. 미국의 사이 톰블리(1928~2011)는 주로 서예처럼 휘갈긴 대형 작품을 선보였다. 한편 워홀은 팝아트 판화로 가장 많이 알려졌지만 독특한 그래픽 양식의 연필과 잉크 드로잉도 다수 제작했다.

중요한 진전

케테 콜비츠(1867~1945)는 독일의 판화가이자 데생화가로 빈곤, 기아, 전쟁의 영향을 자주 그렸다. 그녀는 제1차 세계대전에서 아들을 잃은 후에 애도의 주제를 지속적으로 다루었고, 다수의 자화상을 비롯해 여성을 묘사한 그림들은 당시 여성 화가들이 직면한 어려움들을 나타내고 있다.

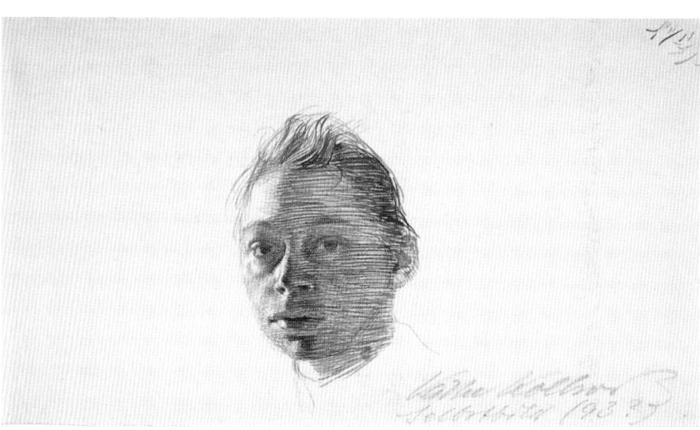

〈왼쪽으로 살짝 돌린 자화상〉, 케테 콜비츠, 1893경, 펜과 다양한 색조의 흑회색 잉크, 16.7×29cm, 메트로폴리탄 미술관, 뉴욕, 미국

후기인상주의 **p.14** 야수주의 **p.19** 표현주의 **p.20** 바우하우스 **p.30** 추상표현주의 **p.33**

청동 주조 Bronze Casting

주요 작가: 오귀스트 로댕 • 카미유 클로델 • 에드가 드가 • 콘스탄틴 브랑쿠시 • 루이즈 부르주아 • 바바라 헵워스

'청동 주조'의 로스트왁스 주조법은 6천 년 전 경에 처음 등장했다. 이것은 점토로 조각을 만들고 밀랍으로 코팅한 후, 그 주위를 점토 거푸집으로 둘러싸고 여기에 열을 가해 밀랍이 녹으면서 흘러나간 남은 공간에 주로 구리와 주석 합금인 청동을 부은 다음, 청동이 식어 굳어지면 점토 거푸집을 부수어 완성하는 기법이다.

19세기 말에 드가는 무용수와 말, 씻는 여자와 몸을 닦는 여자를 청동 조각으로 만들기 시작했다. 이런 작품들은 대중들에게 선보이려고 했던 것이 아니고 주로 움직임을 표현하기 위한 실험이었다. 피카소의 〈여자의 머리〉(1909)와 1913년의 두 작품 즉 보치오니의 〈공간 속에 나타난 연속성의 독특한 형태〉와 제이콥 엡스타인(1880~1959)의 〈바위 드릴〉은 청동조각의 특이한 용례다. 로댕, 카미유 클로델(1864~1943), 브랑쿠시, 알렉산더 아르키펭코(1887~1964), 한스 (장) 아르프(1886~1966) 등의 작가들도 청동을 매우 효과적으로 활용했다. 현대와 당대의 유명한 조각가들도 여전히 청동합금을 사용하고 있다.

중요한 진전

프랑스의 조각가, 화가, 판화가 아리스티드 마이욜(1861~1944)은 고전적인 비율의 여성 청동조각상을 주로 제작했다. 이 고요하고 위엄이 넘치는 조각상은 각각 봄과 여름과 연관된 고대 로마의 여신 플로라와 포모나를 나타내는 실물 크기의 4점의 조각상 중 하나이며, 고대 그리스 및 로마의 조각과 고갱의 양식에 영향을 받았다.

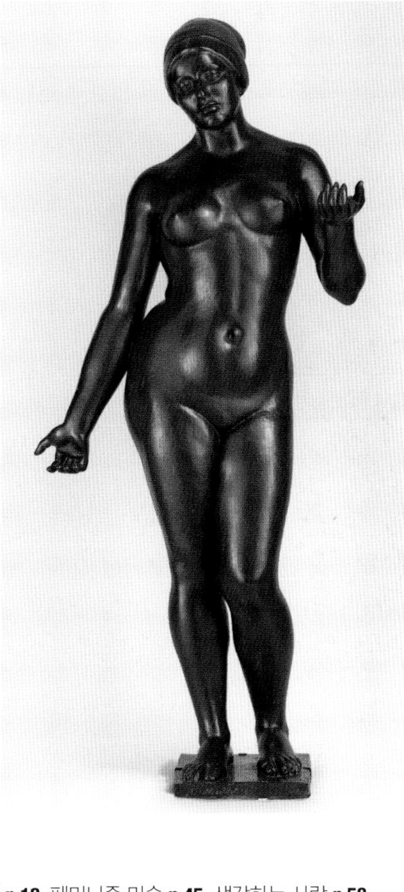

〈여름〉, 아리스티드 마이욜, 1911, 청동, 161.3×71.1×45.7cm, 메트로폴리탄 미술관, 뉴욕, 미국

인상주의 **p.13** 미래주의 **p.23** 네오다다 **p.36** 모더니즘 **p.18** 페미니즘 미술 **p.45** 생각하는 사람 **p.58**

캔버스에 유채물감 Oil on Canvas

주요 작가: 에두아르 마네 • 클로드 모네 • 폴 세잔 • 호안 미로 • 바실리 칸딘스키 • 마크 로스코

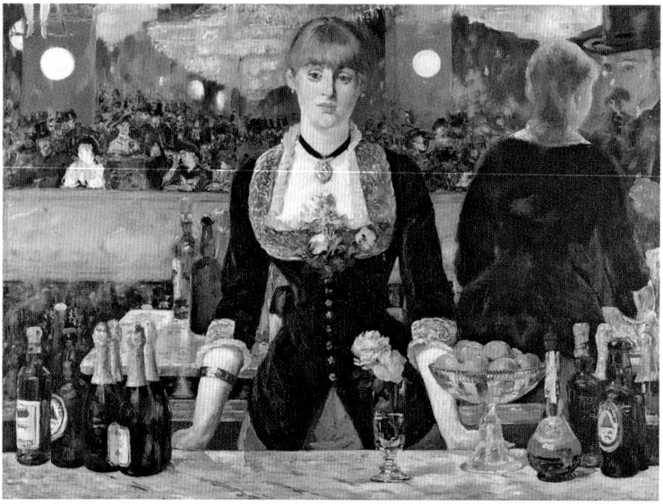

〈폴리베르제르 바〉, 에두아르 마네, 1882, 캔버스에 유채물감, 96×130cm, 코톨드 갤러리, 런던, 영국 (작품 60쪽 참조)

르네상스 이래로 '캔버스에 유채물감'은 가장 널리 이용되고 전통적인 미술기법 중 하나였다.

기름과 섞은 건조된 안료로 그리는 방법은 5세기와 10세기 사이에 인도와 중국에서 처음으로 나타났지만, 15세기에 유럽 화가들이 사용하기 시작하면서 널리 유행하게 되었다. 처음에 유럽 화가들은 나무에 그림을 그렸지만 오래지 않아 더 가벼우며 신축성이 있는 캔버스를 이용했다. 물감이 스며들지 않도록 하기 위해 밑칠을 해야 했음에도 불구하고, 캔버스에 유채물감은 그림을 그리는 중요한 방법이 되었다. 19세기 말, 야외에서 그림을 그렸던 화가들은 유채물감을 겹겹이 바르고, 물감이 마르면 다음 번 물감을 칠했던 전통적인 방식을 무시했다. '글레이징'으로 알려진 이 기법이 그림을 빨리 그리는 데 적합하지 않았기 때문이다. 그래서 빠르게 작업했던 화가들은 미리 칠한 물감이 촉촉할 때 신선한 물감을 또 바르고 캔버스에서 물감을 혼합하는 '웨트 온 웨트(wet-on-wet)' 혹은 알라 프리마(alla prima)를 활용했다. 다수의 현대 화가들은 이 두 기법을 조합한 방법을 사용하고 있다.

중요한 진전

19세기 중반에 상용화된 가벼운 캔버스와 금속튜브에서 바로 짜서 사용할 수 있는 물감은 화가들에게 엄청난 도움이 되었다. 이를 처음으로 사용한 화가들 중 한 명이었던 마네는 종종 물감의 층이 마르기를 기다리는 것이 아니라 알라 프리마 기법으로 그림을 그렸다. 이런 혁신적인 기법은 인상주의 화가들에게 특히 영향을 주었다.

사실주의 **p.12** 인상주의 **p.13** 입체주의 **p.22** 미래주의 **p.23** 마술적 리얼리즘 **p.31**
초현실주의 **p.32** 생라자르 역 **p.56** 상념(자화상) **p.148**

임파스토 Impasto

주요 작가: 빈센트 반 고흐 • 잭슨 폴록 • 빌렘 데 쿠닝 • 프랑크 아우어바흐 • 안젤름 키퍼 • 루시안 프로이트

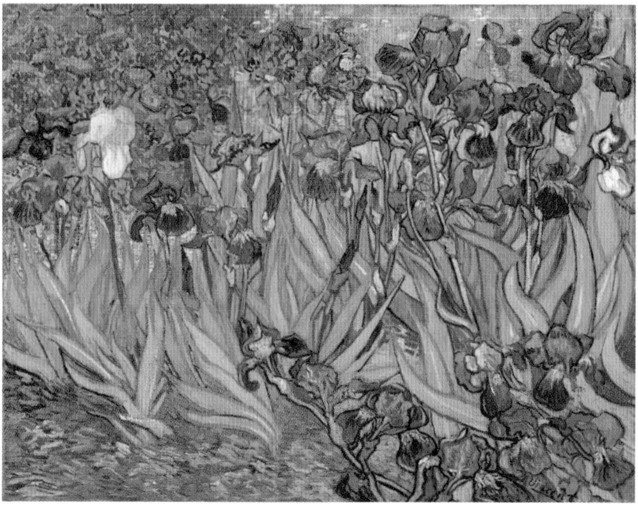

〈아이리스〉, 빈센트 반 고흐, 1889, 캔버스에 유채물감, 74.3×94.3cm, 장 폴 게티 미술관, 캘리포니아 주, 미국

이탈리아어 'impastare(반죽하다)'에서 유래한 '임파스토(Impasto)'는 두껍게 칠한 물감을 말한다. 너무 두꺼워 표면에서 솟아오르는 경우가 많기 때문에 때로 회화적 혹은 조각적이라는 말로 표현된다. 카라바조, 루벤스, 렘브란트, 고야 등 위대한 대가들이 종종 임파스토를 활용했음에도 불구하고, 눈에 띄는 붓질로 두껍게 발린 물감은 오랫동안 아카데미 화가들의 눈살을 찌푸리게 했다. 그러나 반 고흐 같은 화가들이 자주 사용하기 시작하면서부터 이 기법은 널리 전파되었다. 묵직한 유채물감과 때로 아크릴 물감이 이 기법에 사용되고, 질감을 표현하기 위해 물감과 다른 재료들이 혼합되기도 하며, 붓과 팔레트나이프는 그것을 칠하는 데 이용된다. 일부 추상표현주의 화가들은 엉킴이나 얼룩을 만들기 위해 스틱과 다른 도구들을 이용했고, 종종 에나멜이나 가정용 페인트를 썼다. 임파스토는 접히거나 구겨진 직물 혹은 주름진 피부처럼 질감을 암시하거나 강력한 감정을 전달하기 위해 때때로 사용된다. 인상주의 화가들에게 임파스토는 얼마나 빠르고 자유롭게 그림을 그렸는지를 증명하는 수단이었다.

중요한 진전

반 고흐는 가난했지만 종종 캔버스에 바로 물감을 칠했다. 생기가 넘치면서도 섬세하게 칠한 색채와 표면 질감이 돋보이는 〈아이리스〉가 그 증거다. 빌렘 데 쿠닝(1904~1997), 안젤름 키퍼(1945~), 프랑크 아우어바흐(1931~) 같은 화가들은 임파스토 기법을 훨씬 더 극적인 방식으로 활용했다.

인상주의 **p.13** 후기인상주의 **p.14** 표현주의 **p.20** 추상표현주의 **p.23**
신표현주의 **p.49** 사이프러스가 있는 밀밭 **p.64**

점묘주의 Pointillism

주요 작가: 조르주 쇠라 • 폴 시냑 • 카미유 피사로 • 빈센트 반 고흐 • 앙리 에드몽 크로스

슈브뢸이 1839년에 색채의 동시대비에 관한 저서를 출간한 직후, 많은 화가들은 색의 위치가 시감각에 어떻게 영향을 주는지 탐구하기 시작했다.

반 고흐, 고갱, 피사로 등의 화가들은 색이 보색 옆에 있을 때 더 밝게 보인다는 슈브뢸의 이론을 충실히 따르며 밝게 반짝이는 그림을 선보였다. 인상주의자들과 후기인상주의자들은 회색 혹은 이와 유사한 부드러운 색조가 아니라 보색으로 사물의 그림자를 표현한 최초의 화가들이었다. 한편 쇠라는 점묘법을 발명해 슈브뢸의 이론을 확장시켰다. 점묘법은 팔레트에서 물감을 섞고 붓으로 바르는 것이 아니라 캔버스에 순수한 물감의 작은 점들을 그리는 기법이었다. 이는 색을 미리 섞었을 때 생길 수 있는 칙칙함을 피하고 활기를 더하기 위함이었다. 점묘법은 윤곽선이나 색채의 넓은 면이 없이 점들로 칠한 물감이며, '점묘주의(Pointillism)'라는 단어는 점을 의미하는 프랑스어 'point'에서 유래했다.

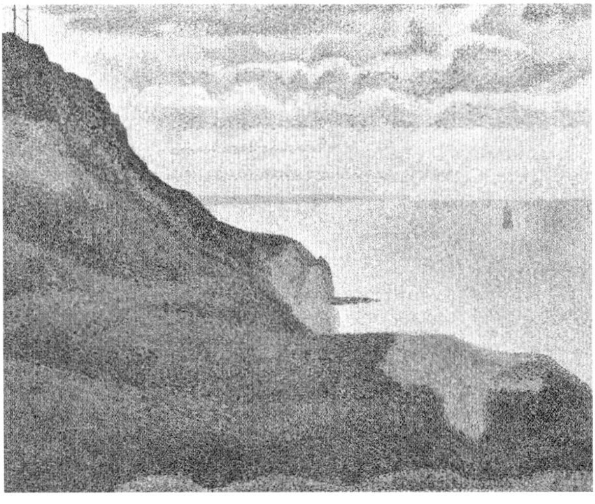

〈포텅베생의 바다풍경, 노르망디〉,
조르주 쇠라, 1888, 캔버스에 유채물감, 65.1×80.9cm,
국립미술관, 워싱턴 DC, 미국

중요한 진전
쇠라는 점을 그리는 그의 방법을 색채광선주의(chromoluminarism)라고 지칭했고 시냑은 분할주의(divisionism)라는 용어를 선호했지만, 야수파, 미래주의자, 표현주의자 등 많은 후대 화가들에게 영향을 주었던 이 기법의 가장 일반적으로 알려진 명칭은 점묘주의다. 쇠라의 방식이 가장 순수했다. 다른 이들은 더 큰 점이나 획 그은 붓질을 사용했지만, 쇠라의 아주 작은 색채의 점들은 빛나는 색으로 반짝이는 것처럼 보이는 이미지들을 만들어냈다.

후기인상주의 p.14 신인상주의 p.15 야수주의 p.19 미래주의 p.23 저녁의 고요 p.68

파스텔 Pastel

주요 작가: 에드가 드가 • 메리 커샛 • 베르트 모리조 • 앙리 드 툴루즈-로트렉 • 오딜롱 르동 • 파울라 레고

'파스텔'은 아주 널리 쓰인 적은 없었지만 16세기 이탈리아에서 처음 등장한 이래 여러 화가들에 의해 활용되었다.

파스텔은 모리조, 르누아르, 커샛, 드가 등 인상주의 화가들, 고갱과 툴루즈-로트렉을 비롯한 후기인상주의 화가들, 오딜롱 르동, 루시앙 레비 뒤메르(1865~1953), 알퐁스 오스베르(1857~1939) 같은 상징주의 화가들, 그리고 21세기 초 프란체스코 클레멘테(1952~) 등에 의해 널리 사용되었다. 즉흥성으로 인해 파스텔은 단순한 스케치부터 세밀한 작품에 이르기까지 다양한 양식으로 재빨리 그림을 그릴 수 있는 매체다. 아라비아 고무와 접착제로 응결된 가루 안료로 만들어지는 파스텔은 딱딱하거나 무른 초크 또는 오일 스틱 형태, 아니면 연필처럼 나무로 감싼 형태로 제조된다. 물감과 달리 파스텔은 작업대에서 바로 섞을 수 있다. 초창기 파스텔 화가들은 색채들을 부드럽게 혼합했지만, 드가는 색채의 층을 쌓아올리며 느슨하고 표현적인 새로운 방식으로 파스텔을 사용한 최초의 화가들 중 한 명이었고, 드가의 방식은 툴루즈-로트렉과 르동 같은 화가들에게 영향을 미쳤다.

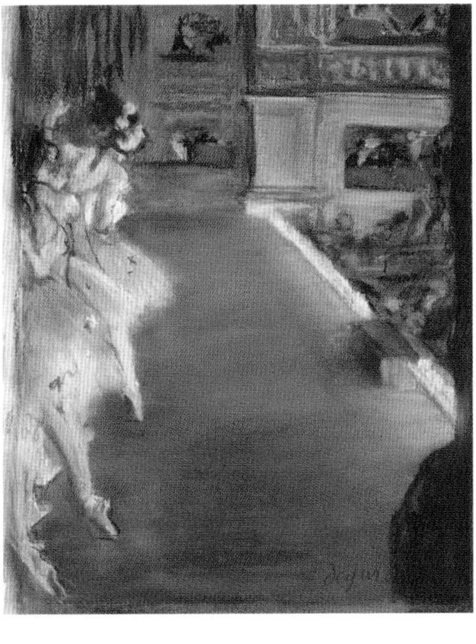

중요한 진전

드가의 파스텔 기법은 색들을 번지게 하지 않고 각각의 층에 정착액을 발랐다는 점 — 그는 비법을 갖고 있었다 — 에서 특히 혁신적이었다. 이 작품에서도 볼 수 있듯이, 정착액이 마르면 새로운 색채의 층들을 칠했다. 반투명 드레스 아래로 무용수들의 다리 피부가 어떻게 보이는지 주목하라.

〈구 오페라하우스의 무용수들〉, 에드가 드가, 1877경, 레이드페이퍼에 모노타입에 파스텔, 21.8×17.1cm, 국립미술관, 워싱턴 DC, 미국

인상주의 **p.13** 후기인상주의 **p.14** 반 고흐의 초상 **p.62**

석판화 Lithography

주요 작가: 쥘 세레 • 앙리 드 툴루즈-로트렉 • 파블로 피카소 • 앙드레 마송 • 에드바르트 뭉크 • 마르크 샤갈

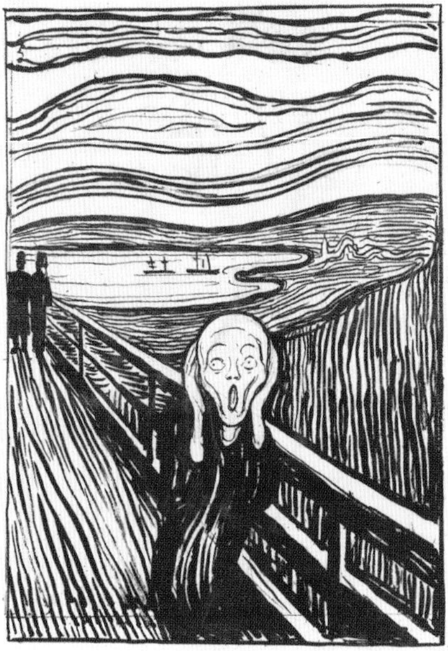

중요한 진전
1893년에 뭉크는 '자연을 뚫고 나오는 큰 비명을 들었던' 꿈을 묘사하는 〈비명〉을 템페라와 크레용으로 그렸다. 2년 후, 그는 동일한 이미지의 석판화를 제작하면서 몇몇의 세부묘사를 생략하고 선의 수를 줄였다. 이러한 단순화는 석판화의 콘트라스트와 결합되어 이 작품의 심리적 효과를 강화한다.

〈비명〉, 에드바르트 뭉크, 1895, 석판화, 35.7×23.6cm, 메트로폴리탄 미술관, 뉴욕, 미국

18세기 말에 발명된 '석판화'는 이전보다 더 다양한 붓 자국, 색조, 색채의 인쇄를 가능하게 만들었다.

평평한 돌을 사용했고, 나중에는 종종 알루미늄 판을 썼던 석판화는 1796년에 독일의 배우이자 극작가 알로이스 제네펠더(1771~1834)가 발명했다. 물과 기름은 섞이지 않는다는 원리를 토대로 하는 석판화는 특별한 유성 잉크로 돌이나 금속에 그림을 그린 다음, 그 위에 기름이 묻은 부분에만 점착되는 인쇄용 잉크를 바르고 나서, 종이를 표면에 대고 눌러 이미지를 만드는 과정을 거친다.

석판화라는 용어는 고대 그리스어 'lithos(돌)'과 'gráphein(쓰다)'에서 유래했다. 제네펠더는 원래 연극 작품을 더 저렴하게 간행하기 위한 방법으로 이러한 기법을 발명했다. 석판화는 쥘 세레(1836~1932)가 혁신적인 포스터 디자인을 선보이기 시작한 1890년대부터 화가들 사이에서 인기를 얻게 되었고, 그 이후로 다수의 화가들이 석판화로 작업했다. 그중에는 툴루즈-로트렉, 마티스, 피카소, 칸딘스키, 미로, 르동, 워홀, 라우센버그, 뭉크, 마르크 샤갈(1887~1985), 앙드레 마송(1896~1987), 위프레도 람(1902~1982) 등이 있다.

후기인상주의 **p.14** 표현주의 **p.20** 네오다다 **p.36** 팝아트 **p.38**

목판화 Woodcut

주요 작가: 폴 고갱 • 펠릭스 발로통 • 에드바르트 뭉크 • 에른스트 루트비히 키르히너 • 에밀 놀데 • 프란츠 마르크

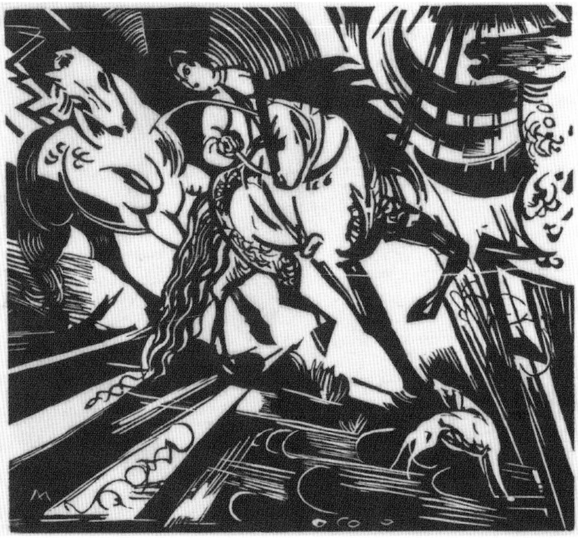

중요한 진전
고갱은 나무 블록을 사포로 문질러 목판화의 다양한 질감과 색조를 만들어냈다. 반면에 다리파의 일원이었던 키르히너는 붓을 사용해 채색 목판화를 제작하는 방법을 개발했다. 1903년에 프랑스에서 일본 목판화를 발견한 프란츠 마르크는 독일로 돌아간 이후에 목판화와 석판화를 제작하기 시작했다.

〈승마학교〉, 프란츠 마르크, 1913, 목판화, 27×29cm, 메트로폴리탄 미술관, 뉴욕, 미국

목판화와 목판 인쇄는 조금 다른 기법이지만 두 용어는 종종 동일한 것을 기술하기 위해 사용되고 있다. 둘 모두 나무에 새긴 형태들을 인쇄하는 방법이다.

목판화는 대체로 작은 롤러(brayer)로 유성 잉크를 발라 만들고, 목판 인쇄(Woodblock prints)는 특별한 붓과 자국을 사용하는 수성 잉크로 제작한다. 두 과정 모두 목판에 새겨 이미지를 도드라지게 한 다음, 그 위에 잉크를 바르고 종이를 대고 손으로 누르거나 기계로 누른다.

볼록 판화(relief printing)의 가장 오래된 방법 중 하나인 목판화는 중국에서 5세기 이후에 직물을 장식하기 위해 사용되었고 유럽에서는 14세기 이후에 사용되었다. 일본의 우키요에 목판화는 1860년대에 유럽에 등장해 '자포니즘(Japonism)'으로 불리는 대유행을 낳았다. 일본 회화의 한 양식인 우키요에 목판화에 특히 많은 영향을 받은 화가로는 마네, 드가, 커샛, 고갱, 반 고흐, 휘슬러, 툴루즈-로트렉, 피에르 보나르(1867~1947), 펠릭스 발로통(1865~1925) 등이 있다.

인상주의 p.13 후기인상주의 p.14 표현주의 p.20 신표현주의 p.49

돌조각 Stone Carving

주요 작가: 오귀스트 로댕 • 앙드레 드랭 • 아메데오 모딜리아니 • 바바라 헵워스 • 헨리 무어 • 콘스탄틴 브랑쿠시

구석기 시대 이래로 제작된 '돌조각'은 인간이 만든 가장 오래된 물건에 속한다.

메소포타미아, 중국, 페르시아, 이집트, 그리스와 로마 문화처럼 고대문화들이 남긴 돌조각은 전 세계에서 지속적으로 만들어지고 있다. 이들 사회에서 돌조각은 매우 완성도가 높았다. 예컨대 고전과 헬레니즘 시대의 그리스 조각상은 유난히 실물과 닮은 인물들로 인간의 모습을 찬미했다.

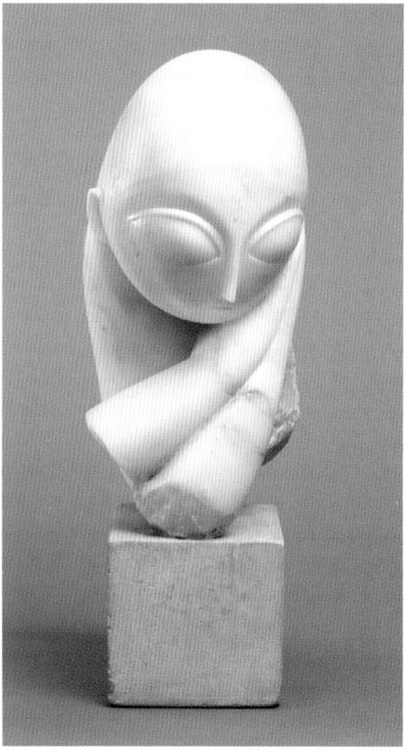

돌조각을 하는 방법에는 디렉트 카빙(direct carving)과 인디렉트 카빙(indirect carving)이 있다. 디렉트 카빙이 더 빨리 나왔음에도 불구하고, 수백 년 동안 미켈란젤로의 예를 따르는 인디렉트 카빙이 지배적이었다. 조각가와 조수는 사전에 제작한 정확하게 설계되고 측정된 모형을 모방한다. 20세기 초에 브랑쿠시가 부활시킨 디렉트 카빙은 예비 모형을 사용하지 않는다. 대신 조각가들은 돌이 가진 속성들을 이용해 작업하고 돌에 직접 새긴다. 브랑쿠시는 단순화된 형태를 통해 그가 묘사하려는 대상의 본질을 전달하고자 했다. 수많은 전위적인 조각가들은 브랑쿠시의 작업방식이 인디렉트 카빙보다 더 정직하고 즉흥적이며 창의적이라고 생각했다.

〈마드모아젤 포가니〉, 콘스탄틴 브랑쿠시, 1912, 흰색 대리석, 석회석 블록, 44.4×21×31.4cm, 필라델피아 미술관, 펜실베이니아 주, 미국 (작품 86쪽 참조)

중요한 진전

조각가들은 디렉트 카빙으로 아카데미적인 전통을 거부하고 자유롭고 독립적으로 작업할 수 있게 되었다. 이 방법은 모더니즘과 연결되었지만, 로댕, 브랑쿠시, 모딜리아니, 드랭, 제이콥 엡스타인, 헨리 무어(1898~1986), 바바라 헵워스, 앙리 고디에 브르제스카(1891~1915), 한스 (장) 아르프, 거츤 보글럼(1867~1941) 등 현대의 조각가들이 사용한 기법은 매우 다양하다.

모더니즘 **p.18** 야수주의 **p.19** 표현주의 **p.20** 마드모아젤 포가니 **p.86**

나무 조각 Wood Carving

주요 작가: 폴 고갱 • 콘스탄틴 브랑쿠시 • 헨리 무어 • 바바라 헵워스 • 아이 웨이웨이 • 에른스트 바를라흐

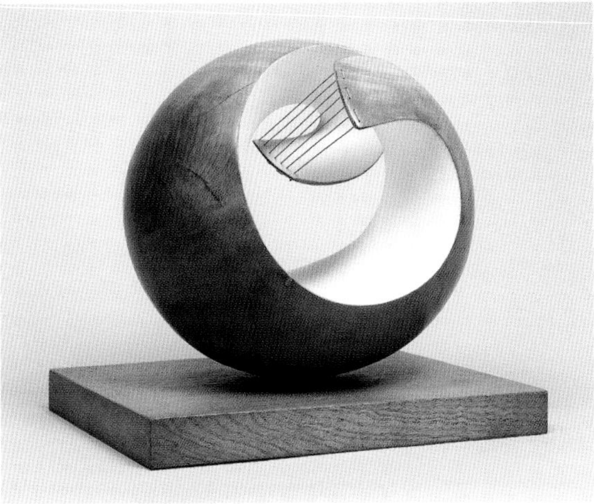

〈펠라고스〉, 바바라 헵워스, 1946, 오크나무 토대에 느릅나무와 줄, 43×46×38.5cm, 테이트 모던, 런던, 영국 (작품 118쪽 참조)

알려진 가장 오래된 '나무 조각'은 중석기 시대였던 1만1천 년 전에 조각되었다.

나무는 구하기가 쉬웠고 다용도로 활용되었으며 상대적으로 조각에 용이하다는 장점이 있다. 그래서 역사를 통틀어 미술의 재료로 사용되었다. 돌조각보다 내구성이 떨어지긴 해도 현재 전해지는 나무 조각은 셀 수 없이 많은 조각가들의 놀라운 기술을 증명한다. 그러나 서양의 전성기 르네상스 시기에는 돌 같은 다른 재료보다 장엄함이 떨어지는 것으로 인식되었다. 일부 전위작가들이 나무 조각을 실험하기 시작한 것은 19세기 말에 이르러서다. 예를 들어 영국에서 바바라 헵워스는 매끈한 곡선의 〈펠라고스〉 같은 작품을 통해 내면의 의식을 표현하려고 했다. 〈펠라고스〉는 '아이디어, 물질과 차원'을 통합하기 위한 탐구들 중 하나였다. 20세기에 브랑쿠시는 고향 루마니아의 나무 조각에 대한 유년기의 기억에 의지해 디렉트 카빙을 되살렸고, 그 후 수십 년 동안 헨리 무어와 에른스트 바를라흐(1870~1938)를 비롯한 여러 조각가들이 나무의 가능성을 탐구했다.

중요한 진전

조각된 나무로 제작되는 작품의 범위는 매우 넓다. 스테프 코프(1968~) 등의 일부 현대 작가들은 원시주의의 측면들을 되살렸고, 아이 웨이웨이(1957~) 등의 다른 작가들은 나무의 미학적 특징들을 발전시키는 세심한 작업과정들을 탐구했다. 나무 조각의 부활은 또한 자연에 대한 새로워진 관심을 반영한다.

후기인상주의 **p.14** 모더니즘 **p.18** 표현주의 **p.20** 펠라고스 **p.118**

콜라주 Collage

주요 작가: 파블로 피카소 • 조르주 브라크 • 쿠르트 슈비터스 • 한나 회흐 • 로이 리히텐슈타인 • 리처드 해밀턴

콜라주는 피카소와 브라크가 1912년경에 자신들의 초기 입체주의 실험들을 설명하기 위해 만든 용어였다.

파편들을 붙이는 것은 원래 19세기 가정에서 여성들이 했던 취미 활동이었다. 피카소와 브라크가 콜라주를 시작한 후에, 한나 회흐(1889~1978), 쿠르트 슈비터스, 만 레이, 한스 아르프 같은 화가들은 콜라주를 다다 운동의 일부분으로 만들었다. 아르프는 커다란 종이 위에 서서 정사각형 색종이를 떨어뜨리고 떨어진 자리에 색종이를 붙이며, 우연을 기반으로 한 연작을 제작했다. 그는 훗날 이렇게 말했다. "1914년 세계대전의 도륙에 혐오감을 느낀 우리는 취리히에서 예술에 몰두했다. 멀리서 총소리가 나는 동안, 우리는 전력을 다하여 노래하고 그림을 그렸고 콜라주를 만들고 시를 썼다." 콜라주는 의도적으로 불손하고, 전통적 기법을 경멸했다. 시간이 지나, 톰 웨슬만(1931~2004), 리히텐슈타인, 제임스 로젠퀴스트(1933~2017), 해밀턴과 워홀 등 수많은 팝아트 작가들도 콜라주로 작업했다.

중요한 진전

한나 회흐는 자른 사진으로 작품을 만드는 다른 유형의 콜라주 작업을 시작했는데, 이를 포토몽타주라 부른다. 젠더와 정치적 이슈에 종종 관심을 집중했던 그녀는 초기 페미니즘 작가로 인정받는다. 이 작품에서 조각조각 잘린 멋 부린 여성들의 흑백사진들이 남자의 컬러사진과 함께 배열되어 있다. 이는 불평등을 의미한다.

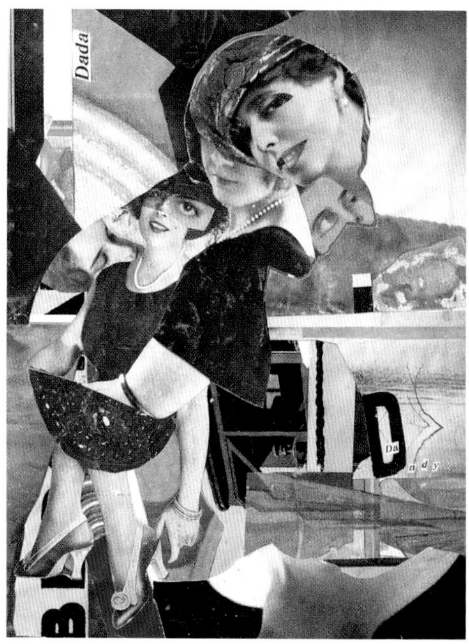

〈다-댄디〉, 한나 회흐, 1919, 콜라주(포토몽타주), 30.5×24cm, 개인소장

입체주의 **p.22** 다다 **p.28** 네오다다 **p.36** 팝아트 **p.38**
무엇이 오늘날의 가정을 이토록 색다르고 매력적으로 만드는가? **p.124**

혼합매체 Mixed Media

주요 작가: 마르셀 뒤샹 • 파블로 피카소 • 조르주 브라크 • 로버트 라우센버그 • 조셉 코넬 • 재스퍼 존스

피카소와 브라크의 입체주의 콜라주는 다른 매체의 조합 즉 '혼합매체'로 탄생한 최초의 미술작품으로 인정받았다.

하나의 작품에 여러 매체를 사용하는 것은 선사시대부터 존재했지만, 유채물감, 유포(oil cloth), 풀로 붙인 종이와 밧줄로 만든 피카소의 1912년 작품 〈등나무 의자가 있는 정물〉은 최초의 '공식적인' 혼합매체 작품으로 종종 언급되고 있다. 후안 그리스를 포함해 다른 입체주의 화가들은 다양한 질감을 암시하기 위해 물감과 그림 재료들을 혼합했다. 1918년경에 쿠르트 슈비터스(1887~1948)는 자신이 발견한 잡동사니들로 미술작품을 만들기 시작했고, MERZ라는 글자가 있는 현지 은행의 광고 조각을 넣은 후에 이것을 '메르츠(Merz)'라고 불렀다. 안젤름 키퍼는 밀짚, 재, 유리, 셸락 같은 재료들과 물감으로 질감을 만든다. 한편 클레, 클림트, 라우센버그, 존스, 장 뒤뷔페(1901~1985) 등의 화가들은 모두 혼합매체를 활용했다. 20세기 초부터 작가들은 점차 대담하게 혼합매체와 멀티미디어를 활용했다.

중요한 진전

1960년대에 이러한 기법은 설치미술 — 다양한 범위의 관습에 얽매이지 않는 재료가 포함되고 종종 일시적으로 관람자들에게 총체적인 경험을 제공하는 거대한 크기의 혼합매체 구성 — 로 발전되었다. 데미안 허스트의 1994년 작품 〈양 떼로부터 떨어져서〉(작품 150쪽 참조)에서 포름알데히드 용액이 담긴 유리와 강철 탱크 속의 동물 사체들이 그 대표적 예다.

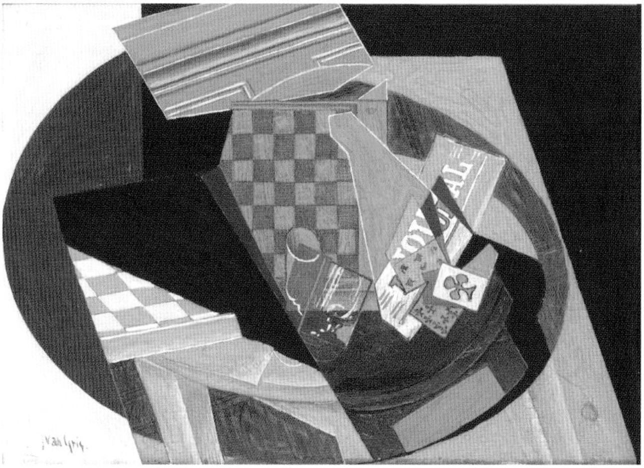

〈체커보드와 카드놀이〉, 후안 그리스, 1915, 판지에 붙인 크림색 우브 페이퍼에 구아슈, 흑연, 합성수지, 21×29.8cm, 메트로폴리탄 미술관, 뉴욕, 미국

입체주의 p.22 다다 p.28 네오다다 p.36 개념미술 p.43 마망 p.154

레디메이드 Readymade

주요 작가: 마르셀 뒤샹 • 파블로 피카소 • 트레이시 에민 • 마이클 랜디 • 코르넬리아 파커 • 피필로티 리스트

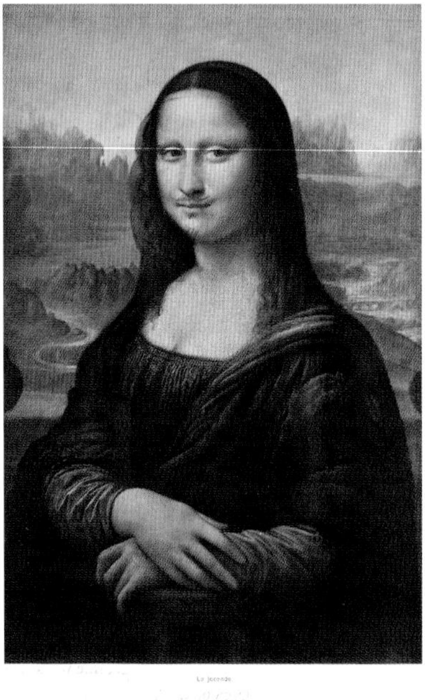

중요한 진전
뒤샹의 레디메이드에 숨은 의미는 각각의 사물이 그것에 대한 새로운 사고들을 자극하기 위해 선택되고 전시된다는 것이다. 그는 〈L.H.O.O.Q〉에서 레오나르도 다 빈치의 가장 유명한 작품인 〈모나리자〉 엽서에 콧수염과 턱수염을 그렸고 프랑스어로 상스러운 말처럼 들리는 문자 LHOOQ를 적어 넣었다.

〈L.H.O.O.Q〉, 마르셀 뒤샹, 1919, 석판화, 19.7×12.4cm, 갤러리 픽토그라마, 로마, 이탈리아

1913년에 마르셀 뒤샹이 창안한 '레디메이드'는 발견된 오브제(found objects, objets trouvé)라고도 알려져 있다. 뒤샹의 첫 레이메이드는 의자 위에 뒤집어 올려놓은 자전거 바퀴(88~89쪽 참조)였다. 당시에 많은 이들은 이러한 개념이 중요하지 않으며 곧 사라질 거라고 생각했다. 하지만 레디메이드는 20세기 미술에서 가장 영향력 있는 개념들 중 하나가 되었다. 다른 목적으로 제작된 일상적인 사물들인 레디메이드는 미술작품으로, 때론 약간 달라진 형태로 전시되기도 한다. 뒤샹은 미술이 순전히 작가들의 기교에 관한 것이어서는 안 되며 그들이 가진 아이디어를 다루어야 한다는 개념을 전달하기 위해, 다다 운동의 일환으로 레디메이드를 처음 선보였다. 그는 1913년과 1921년에 발표한 작품을 지칭하기 위해 이 용어를 고안했다. 레디메이드라는 명칭은 그 다음 세기에 그리고 그러한 개념을 넘어서서, 피카소를 포함해 데미안 허스트, 트레이시 에민(1963~), 코르넬리아 파커(1956~) 등 여러 작가들에 의해 채택되면서 인정을 받았다. 팝아트 작가들, 미니멀리즘 작가들, YBAs, 대지미술 작가들, 개념미술 작가들도 레디메이드를 제작했다.

입체주의 p.22 다다 p.28 개념미술 p.43 자전거 바퀴 p.88

아상블라주 Assemblage

주요 작가: 조셉 코넬 • 로버트 라우센버그 • 쿠르트 슈비터스 • 요셉 보이스 • 데이안 허스트 • 제니 홀저

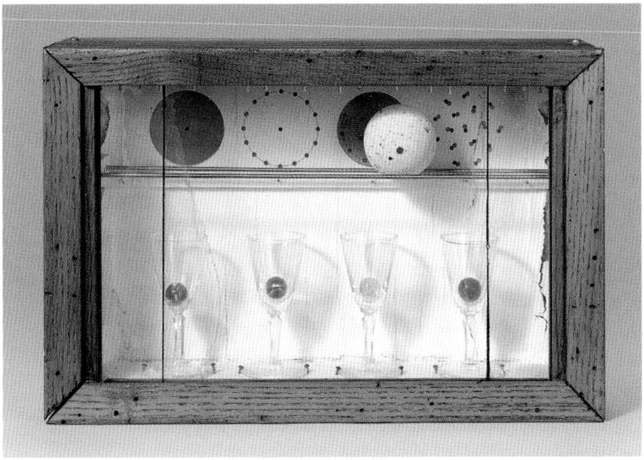

〈핵원자의 탄생〉,
조셉 코넬, 1960경, 유리, 구아슈, 금속, 코르크, 인쇄물 콜라주, 24.8×38.1×9.5cm, 개인소장

피카소와 쿠르트 슈비터스 같은 작가들이 더 이전에 작업했지만 '아상블라주'라는 용어는 1950년대에 장 뒤뷔페가 처음으로 사용했다.

아상블라주 — 다양한 범위의 종종 일상적인, 발견된 오브제들을 배열해 미술작품으로 만든 것 — 는 1912년에 피카소의 첫 입체주의 콜라주에서, 이후 1913년 뒤샹의 레디메이드에서 발전되었다. 이 용어는 과정과 작품을 모두 가리키며, 슈비터스의 메르츠 콜라주, 만 레이의 변경된 오브제, 조셉 코넬의 상자들, 재스퍼 존스의 납화로 제작한 미국 국기(128~129쪽 참조), 그리고 보다 더 큰 작품 즉 라우센버그의 〈모노그램〉과 허스트의 〈양 떼로부터 떨어져서〉(150~151쪽 참조) 등을 비롯해, 광범위한 재료, 접근방식, 결과를 포함한다. 이러한 작품들은 매우 범위가 넓고 다양하기 때문에, 수많은 중복되는 요소들과 함께 아상블라주는 자주 혼합매체, 콜라주, 조각 혹은 설치작품으로 불리기도 한다. 이러한 용어들은 종종 중복될 수 있지만, 정확하게 아상블라주는 다양한 요소들, 즉 일상적이고 발견된 오브제들을 모음으로써 만들어지는 미술로 정의할 수 있다.

중요한 진전

조셉 코넬(1903~1972)은 잡지에서 오려낸 기사, 사진, 발견된 오브제 등 예상치 못한 물건들이 들어가 있는, 앞면이 유리로 된 아상블라주 상자로 유명하다. '그림자 상자', '기억 상자', '시적 연극(poetic theatres)'이라고도 불리는 이러한 작품들은 기억과 연상을 불러일으킨다. 예를 들어 〈핵원자의 탄생〉은 당대의 냉전에 대한 우려와 물리학 증명을 암시한다.

다다 **p.28** 초현실주의 **p.32** 네오다다 **p.36** 개념미술 **p.43** 제3인터내셔널 기념비 **p.100**
TV 첼로 **p.142** 세 개의 공 50/50 탱크 **p.146**

구아슈 Gouache

주요 작가: 앙리 드 툴루즈-로트렉 • 앙리 마티스 • 에곤 실레 • 파울 클레 • 잭슨 폴록 • 아그네스 마틴

간혹 보디컬러(body color)로 불리는 '구아슈'는 불투명하게 만드는 초크를 첨가한 무광의 수용성 물감이다.

15세기에 한 수도사가 채식필사본을 위해 발명한 구아슈는 18세기까지는 널리 사용되지 않았다. 명칭은 이탈리아어 구아초(guazzo, 수채물감)에서 유래했다. 구아슈는 20세기에 수많은 주요 화가들이 사용하기 시작하면서 더욱 대중화되었다. 예를 들어, 마티스는 말년에 밝은 색채의 구아슈로 거대한 종이에 그림을 그렸다. 그런 다음에 그의 조수들은 여러 가지 모양으로 종이를 잘랐고, 마티스의 지시에 따라 그 조각들을 배열했다. 실레, 페르낭 레제, 장 뒤뷔페, 조르주 루오(1871~1958)도 예비 작업과 완성작을 위해 자주 구아슈를 이용했다. 파울 클레는 다른 매체들과 함께 구아슈를 썼고, 피카소와 아르누보 작가이자 디자이너였던 레온 박스트(1866~1924)는 구아슈로 의상과 무대 장치를 디자인했다. 21세기에 구아슈를 가장 많이 쓴 작가들 중 한 명인 알렉산더 칼더(1898~1976)는 키네틱 조각으로 가장 유명하다.

중요한 진전

부드럽고 쉽게 옅어지는 구아슈는 추상 화가들이 좋아했던 매체였다. 로스코는 색면회화를 그리기 전에 구아슈로 작업을 했고, 헬렌 프랑켄탈러(1928~2011)도 스며든 얼룩(soak stain) 기법을 개발하기 전에 그것을 사용했다. 폴록과 아그네스 마틴은 구아슈를 실험했고, 솔 르윗은 구아슈로 개념미술 작품과 판화를 제작했다.

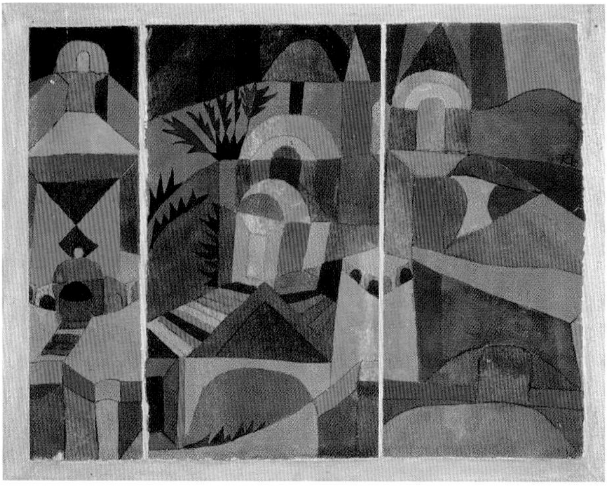

〈사원 정원〉, 파울 클레, 1920, 마분지에 붙인 종이 위에 붙인 세 장의 종이에 구아슈와 잉크 자국, 23.8×30.2cm, 메트로폴리탄 미술관, 뉴욕, 미국

아르누보 p.16 야수주의 p.19 표현주의 p.20 추상표현주의 p.33

자동기술법 Automatism

주요 작가: 호안 미로 • 앙드레 마송 • 아실 고르키 • 막스 에른스트 • 잭슨 폴록 • 빌렘 데 쿠닝

초현실주의자들이 처음으로 사용했던 '자동기술법'은 의식적인 사고 없이 단어나 이미지를 만들어내는 방법이다.

환자들의 무의식을 탐구하기 위해 자유연상과 무의식적인 그림 그리기 혹은 글쓰기를 활용했던 지그문트 프로이트의 개념들을 따랐던 앙드레 브르통은 1924년 초현실주의 선언문에 초현실주의는 '순수한 상태인 마음의 자동기술'이라고 설명했다. 브르통과 다른 초현실주의자들은 무의식적인 글쓰기를 시작했고, 얼마 후에 막스 에른스트는 무의식적인 콜라주를 제작했다. 그 이후에 에른스트는 프로타주(문지르기), 그라타주(긁어내기), 데칼코마니(물감을 눌러 복사하기)를 통해 우연한 질감을 만들어냈다. 그는 이러한 임의적인 이미지들을 알아볼 수 있는 것으로 해석했다. 미로, 마송, 아실 고르키(1904~1948) 같은 초현실주의자들은 자동기술법을 대개 무의식에 숨겨진 창조력을 표현할 수 있게 해주는 기법이라고 믿었고, 그것을 이용해 드로잉과 회화를 제작했다. 미로는 비몽사몽간에 만들어진 환각을 묘사하기 위해 일부러 굶었다고 말했다. 훗날 일부 추상표현주의 화가들과 앵포르멜 미술(Art Informel)로 알려진 추상 양식으로 작업했던 작가들도 자동기술법을 활용했다.

중요한 진전

에른스트는 정신의학과 철학을 공부한 후에 쾰른에서 다다 그룹을 만들었다. 1920년대 초, 그는 파리에서 초현실주의를 형성하는 데 한 역할을 했으며, 자신의 잠재의식을 자극하기 위해 프로타주, 그라타주, 데칼코마니를 이용했다. 〈도시 전체〉는 우연한 이미지를 만들어내기 위해 거친 도구를 이용해 물감 표면을 긁어내는 그라타주 기법으로 제작되었다.

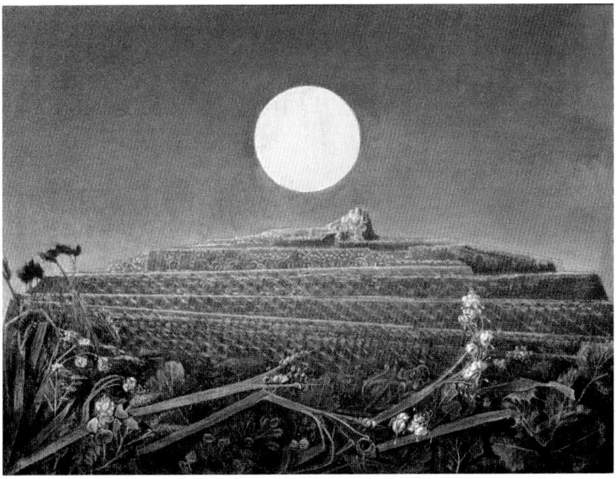

〈도시 전체〉, 막스 에른스트, 1935~1936, 캔버스에 유채물감, 60×81cm, 쿤스트하우스 취리히, 취리히, 스위스

다다 **p.28** 초현실주의 **p.32** 추상표현주의 **p.33** 개념미술 **p.43**

에나멜페인트 Enamel Paint

주요 작가: 파블로 피카소 • 잭슨 폴록 • 시드니 놀런 • 헤르만-폴

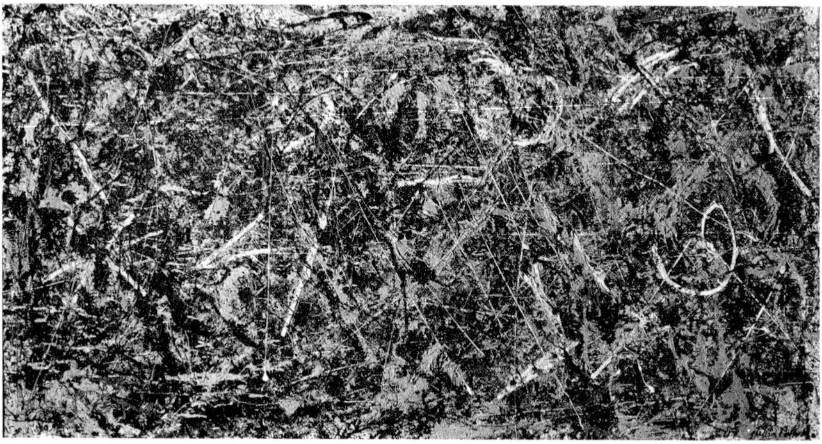

〈연금술〉, 잭슨 폴록, 1947, 모래, 자갈, 섬유와 유채물감, 알루미늄, 알키드 에나멜페인트, 그리고 커머셜 프린트 직물 위에 나무, 114.6×221.3cm, 솔로몬 R. 구겐하임 재단, 페기 구겐하임 컬렉션, 베네치아, 이탈리아 (작품 120쪽 참조)

하우스페인트나 상업 페인트로도 불리는 '에나멜페인트'는 20세기 초부터 화가들에 의해 사용되었다.

가마에서 굽는 법랑과 달리, 에나멜페인트는 바깥의 표면에 단단하고 불투명하며 반짝거리는 마무리를 하기 위해 만들어진 유성 페인트다. 에나멜페인트를 처음 사용한 화가들 중 한 명이 피카소다. 그는 1912년에 반짝이는 색채와 매끄러운 끝마무리를 위해 리폴린이라는 브랜드의 에나멜페인트를 사용했다. 훗날 그는 1931년의 대작 〈붉은 안락의자〉에서 그것을 사용했다.

에나멜페인트는 유채물감과 대조적으로 빨리 마르고, 대리석 무늬와 똑똑 떨어지기 같은 예측할 수 없는 효과를 남긴다. 오스트레일리아 출신의 작가 시드니 놀런(1917~1992)은 풍부한 색채의 에나멜페인트를 사용했고, 프랑스 작가이자 일러스트레이터인 르네 조르주 헤르만-폴(1864~1940)은 에나멜페인트와 함께 수채물감, 유채물감, 잉크 등의 다른 재료들을 이용해 밝게 채색된 작품을 제작했다. 에나멜페인트는 1930년대 미국과 1950년대 영국에서 상업적, 산업적 용도로 더 광범위하게 사용되었다.

중요한 진전

제2차 세계대전 동안에 에나멜페인트는 유채물감보다 더 저렴하고 구하기가 쉬웠다. 잭슨 폴록 같은 화가들이 에나멜페인트를 사용한 것도 그런 이유에서였다. 폴록이 바닥에 놓은 캔버스에 물감을 붓고 튀기면서 달성한 효과들은 에나멜페인트의 밀도와 특히 잘 어울렸다.

모더니즘 p.18 추상표현주의 p.33 연금술 p.120

납화 Encaustic

주요 작가: 로베르 들로네 • 디에고 리베라 • 리프카 앤젤 • 칼 저브 • 린다 벵글리스 • 재스퍼 존스

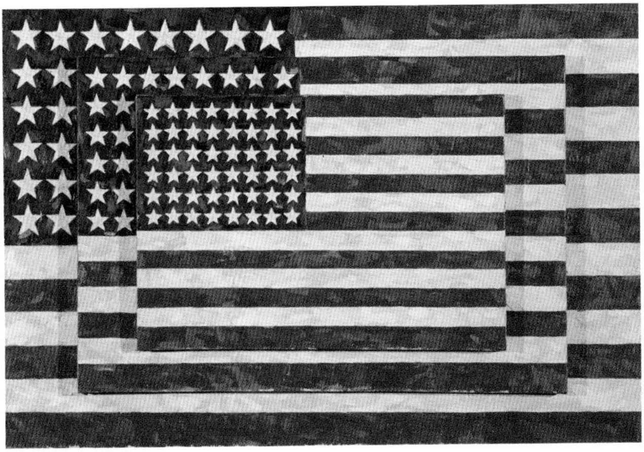

〈세 개의 깃발〉, 재스퍼 존스, 1958, 캔버스에 납화, 77.8×115.6×11.7cm, 휘트니 미술관, 뉴욕, 미국 (작품 128쪽 참조)

뜨겁게 하다 혹은 태우다를 의미하는 그리스어 'enkaustikos'에서 유래한 '납화(Encaustic)'는 채색 밀랍의 한 유형, 그리고 녹은 채색 밀랍을 표면에 바르는 과정을 지칭하는 용어다.

뜨거운 밀랍 회화(hot wax painting)라고도 알려진 납화는 기원전 5세기경에 그리스 화가들이 처음 사용했다. 원래 고대 그리스에서 배 만드는 사람들은 밀랍과 송진으로 선체에 방수처리를 했고, 물감으로 전함을 장식하기 시작했다. 79년에 폼페이와 헤르쿨라네움의 화가들은 녹은 채색 밀랍으로 빌라의 벽에 그림을 그렸다. 이 기법은 잊혀졌지만 20세기에 들어서면서 다시 사용되기 시작했다. 로베르 들로네는 1912~1913년에 '창문' 연작에서 납화를 사용했다. 1922년에 디에고 리베라는 첫 정부 주문 벽화를 납화로 그렸다. 1920년대에도 리프카 앤젤(1899~1988)은 소박한 양식으로 밝은색의 납화 작품을 제작했고, 1940년대에 보스턴 미술관 학교의 학과장이었던 칼 저브(1903~1972)는 1940년대 납화를 활용하기 시작하면서 수많은 제자들에게 영향을 미쳤다.

중요한 진전

1950년대에 재스퍼 존스는 미국 국기 그림에서 납화를 활용했다. 그는 녹은 밀랍에 담근 신문 조각들로 표면을 구축했다. 20세기 후반에 린다 벵글리스(1941~)와 낸시 그레이브스(1939~1995) 같은 작가들도 이 기법으로 독창적인 작품을 선보였다.

오르피즘 p.24 네오다다 p.36 개념미술 p.43 세 개의 깃발 p.128

스크린프린팅 Screen-Printing

주요 작가: 앤디 워홀 • 로버트 라우센버그 • 에두아르도 파올로치 • 리처드 해밀턴 • R.B. 기타이 • 리처드 에스테스

폴리에스테르 메쉬가 나오기 전에 실크를 '스크린프린팅'에 사용했다. 그래서 이 기법을 실크스크린 프린팅이라고도 한다.

첫 스크린프린트는 송나라 시대(960~1279)에 중국에서 생산되었지만, 1960년대에 대중화되었던 직물과 벽지에 인쇄하는 방법이 발명된 것은 1907년이었다. 나무 프레임 안에 성긴 짜임의 메쉬를 펼치고, 스텐실을 여기에 갖다 대고, 고무롤러(squeegee)로 아래의 종이나 직물에 두껍고 불투명한 잉크가 새어나오도록 하면, 스텐실이 있는 부분은 차단되고 그 주변 공간에 잉크가 채워진다. 스크린은 세척이 가능하며, 새로운 스텐실이 놓이고 다양한 색 잉크가 사용된다.

스크린프린팅은 1920년대에 상업적으로 이용되었고, 이 기법을 1930년대에 사용했던 미국의 일부 작가들은 작가의 판화임을 나타내기 위해 자신들의 판화를 세리그래프(serigraph)라 불렀다. 그러나 워홀이, 미셸 카자(1935~)의 도움을 받은, 그의 다양한 팝아트 판화들을 통해 스크린프린팅을 예술적 기법으로 대중화시켰던 것은 1960년대에 이르러서였다.

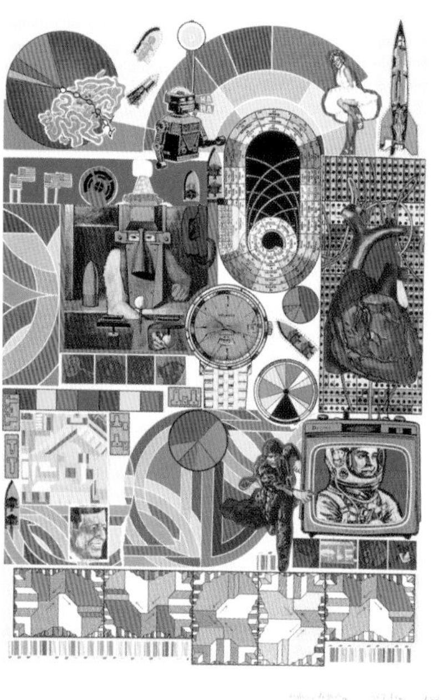

중요한 진전
스스로를 초현실주의자로 부르긴 했지만 에두아르도 파올로치(1924~2005)는 일반적으로 팝아트의 창시자 중 한 명으로 간주된다. 그는 1950년대에 이후에 등장하게 되는 팝아트를 예고하는 대담한 스크린프린트, 콜라주, 거친 '아르 브뤼(art brut)' 조각으로 유명해졌다. 라우센버그와 리히텐슈타인도 매우 창의적인 스크린프린트를 제작했다.

〈강타〉, 에두아르도 파올로치, 1971, 종이에 스크린프린트, 74.3×49.5cm, 포터리즈 박물관과 미술관, 스톡온트렌트, 영국

네오다다 **p.36** 팝아트 **p.38**

아크릴 Acrylic

주요 작가: 데이비드 호크니 • 척 클로스 • 앤디 워홀 • 헬렌 프랑켄탈러 • 로버트 마더웰 • 장-미셸 바스키아

아크릴 물감은 1930년대에 처음 나왔지만 1960년대까지 작가들이 사용하기에는 역부족이었다.

불투명하고 수용성이며 금방 마르는 아크릴 물감은 건조되면 물이 잘 스며들지 않는다. 다양한 색으로 제조되는 아크릴 물감은 다용도로 사용된다. 엷은 층이나 엷은 막으로 칠하거나 혹은 브러시, 롤러, 스틱, 나이프 등으로 짙게 바를 수 있고, 에어브러시로 뿌리거나, 붓거나 튀기고 떨어뜨릴 수도 있다. 아크릴 물감은 다양하게 제조된 젤, 풀, 그리고 경도나 질감을 변경할 수 있는 매체들로 수정이 가능하며, 모래나 밀랍 같은 물질을 첨가할 수 있다. 아크릴 물감은 수많은 다른 표면들에 점착되며, 유채물감과 달리 밑칠을 하지 않은 캔버스에 바로 사용할 수 있다. 잭슨 폴록이 참여한 뉴욕시의 1937년 워크숍에서 멕시코 벽화가 다비드 알파로 시케이로스(1896~1974)는 아크릴 물감을 실험했던 최초의 화가들 중 한 명이었다. 그 이후에 수많은 추상표현주의 화가들, 이를테면 프랑켄탈러, 마더웰, 모리스 루이스(1912~1962) 등도 아크릴 물감을 사용했다. 아크릴 물감은 이후에 훨씬 더 다용도로 사용되었다.

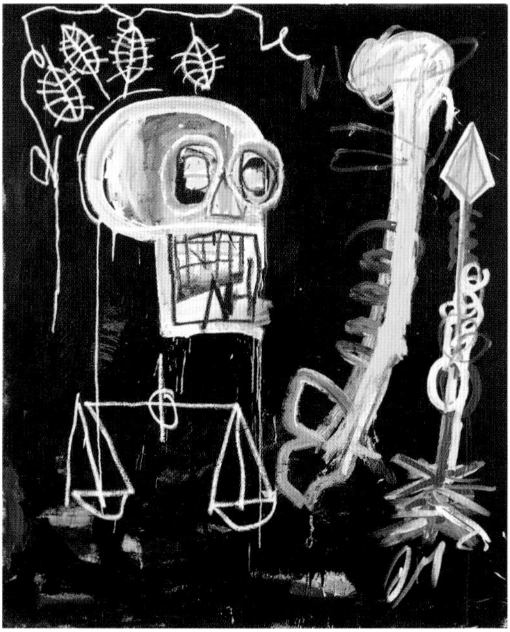

중요한 진전
로이 리히텐슈타인은 1960년대 초에 만화 같은 그의 작품에 아크릴페인트의 가장 초기 형태 중 하나인 마그나(Magna)를 사용했다. 아크릴물감의 품질이 개선됨에 따라, 라일리, 워홀, 에드워스 루샤(1937~), 데이비드 호크니(1937~), 척 클로스(1940~), 케네스 놀런드(1924~2010) 등의 작가들은 아크릴 물감을 광범위하게 사용했다.

〈무제(검은 해골)〉, 장-미셸 바스키아, 1982, 캔버스에 아크릴, 유색 오일 스틱과 스프레이 물감, 182.9×152cm, 개인소장 (작품 144쪽 참조)

추상표현주의 **p.33** 팝아트 **p.38** 옵아트 **p.37** 무제(검은 해골) **p.144**

산업재료 Industrial Materials

주요 작가: 마르셀 뒤샹 • 블라디미르 타틀린 • 에바 헤세 • 리처드 세라 • 댄 플래빈 • 도날드 저드

중요한 진전
에바 헤세(1936~1970)는 초기 추상표현주의 회화 이후에 다양한 재료로 미니멀리즘 오브제를 선보였다. 그녀는 1967년과 1968년에 기하학과 반복에 초점을 맞춘 '액세션(accession)' 시리즈를 제작했다. 이 작품은 금속 정육면체 5개 중에서 두 번째다. 각 정육면체에는 수천 개의 구멍이 뚫려 있고, 헤세는 고무나 플라스틱 튜브를 구멍에 꿰었다.

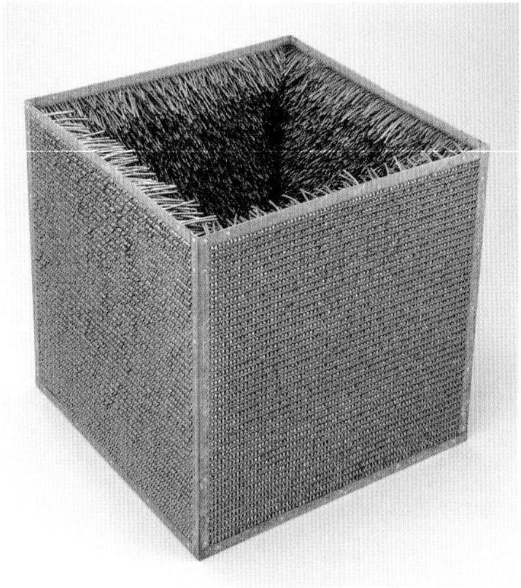

〈액세션 II〉. 에바 헤세. 1968(1969). 아연도금강철과 비닐. 78.1×78.1×78.1cm. 디트로이트 미술관. 디트로이트. 미시간 주. 미국

20세기의 일부 미술운동은 태도들을 바꾸었고 미술에 대한 전통적인 접근방식들을 넘어서려고 한 화가들에게 인정받게 되었다.

미술이 화가들의 개인적인 생각과 관점을 반영해야한다는 오랜 개념을 거부한 뒤샹은 분리감을 부여하는 기성품들로 레디메이드를 선보였다. 미니멀리스트들은 전통적인 미술재료를 피하고 산업재료와 제조기술을 이용해 '작가의 손'의 흔적과 주관성을 제거했다. 반복적인 요소들을 사용하는 이들의 작품에는 표면의 세부묘사나 명백한 내적인 의미는 거의 없으며, 개성에 대한 어떤 암시도 없다.

20세기 초, 거의 다다이스트와 동일한 시기에 러시아 구성주의자들은 전통적인 조각이 아니라 '산업재료'로 작업했다. 미술과 작가들에 관한 전통적인 기대들이 거부됨에 따라, 점차 많은 작가들이 상업적 혹은 산업적인 재료와 공정으로 작업했다. 이후의 미술 — 종종 설치의 형태로 — 은 환영적인 측면보다 재료에 내재된 특성들을 다시 고찰하게 했다.

구성주의 **p.26** 다다 **p.28** 개념미술 **p.43** 퍼포먼스 아트 **p.44** 미니멀리즘 **p.46** 시간의 문제 **p.152**

스프레이 페인트 Spray Paint

주요 작가: 제니 홀저 • 장-미셸 바스키아 • 키스 해링 • 뱅크시 • 셰퍼드 페어리

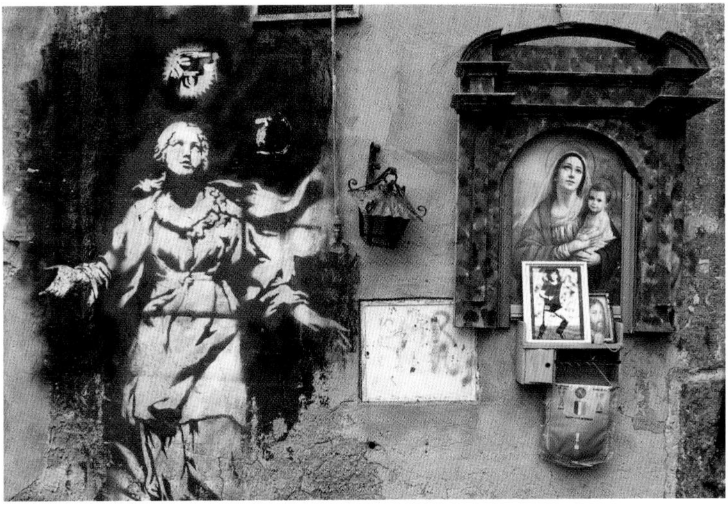

〈권총을 든 성모〉.
뱅크시, 2010.
벽에 스프레이 페인트.
베네데토 크로체 가,
나폴리, 이탈리아

라디에이터 페인트로 처음 사용되었던 스프레이 페인트는 1949년에 등장했고, 화가들이 통기성이 없는 표면에 그림을 그리기 위해 사용하면서 대중화되었다.

발명된 지 대략 30년 후, 북미와 멕시코의 화가들은 스프레이 페인트로 수많은 표면, 대개 거리의 벽이나 공공장소의 외부에 미술작품을 창조했다. 그래피티의 인기는 곧 전 세계로 퍼져나가며 거리미술의 일부가 되었다. 그래피티 화가들과 거리미술 화가들의 중요한 차이는 전자가 스프레이 페인트만을 사용하는 반면 후자는 다양한 매체를 사용한다는 점이다.

1980년대 말에 갤러리들은 스프레이 회화를 전시하기 시작했는데, 그때부터 그래피티 화가가 아닌 사람들도 종종 다른 재료와 기법으로 스프레이 페인트를 점점 더 많이 사용했다. 스프레이 회화 작가들은 다양한 양식으로 대중들에게 메시지를 전달하고, 그을리기, 흐리게 하기, 너울거리기, 색채의 층, 튀기기, 떨어뜨리기, 엷거나 두꺼운 얼룩과 선 등의 여러 기법을 활용한다.

중요한 진전

시간이 흐르면서 스프레이 페인트의 품질이 개선되었고 작가들은 진보된 기법들을 발전시켰다. 그라피티 작가들은 대부분 서명대신에 로고처럼 자신만의 태그(tag)를 개발했다. 뱅크시는 비판적이거나 풍자적인 메시지를 전달하기 위해 종종 스텐실이나 혼합매체와 함께 스프레이 페인트를 사용한다.

거리미술 p.48 무제(검은 해골) p.144

사진 Photography

주요 작가: 게르하르트 리히터 • 만 레이 • 신디 셔먼 • 안드레아스 거스키 • 아나 멘디에타

1839년에 발명된 사진은 얼마 후에 많은 화가들에게 중요해졌다. 그들은 사진을 이용해 그림을 그리는 데 도움을 받거나, 예술의 한 형태로 사진을 이용했다.

원래 영감을 얻거나 참조를 하고, 세상에 대해 기록하고 해석하기 위해 사용되었던 사진은 신디 셔먼, 안드레아스 거스키, 게르하르트 리히터, 볼프강 틸만스(1968~) 같은 작가들에 의해 그 자체로 폭넓게 활용되고 있다. 작가들이 이미지를 크게 변경하거나 과장할 수 있다고 생각하면서 사진은 시각적 재현에 중요하게 기여하게 되었다. '예술' 사진은 19세기 말에 처음으로 대중화되었고, 사진과 작업과정을 탐구하는 작가들이 늘어난 1960년대가 되면 훨씬 더 두각을 나타냈고 실험적으로 변했다. 사진은 특히 대지미술과 퍼포먼스 아트 작가들에게 중요해졌다. 이들은 일시적인 자신들의 작품을 사진으로 기록했다. 인터넷과 소셜미디어는 다른 이들에게 사진 예술을 위한 훨씬 더 큰 기회를 제공했다. 사진을 활용한 중요한 작가는 멘디에타, 리처드 롱, 질리언 웨어링, 소피 칼(1953~), 낸 골딘(1953~), 필립 로르카 디코르시아(1951~) 등이다.

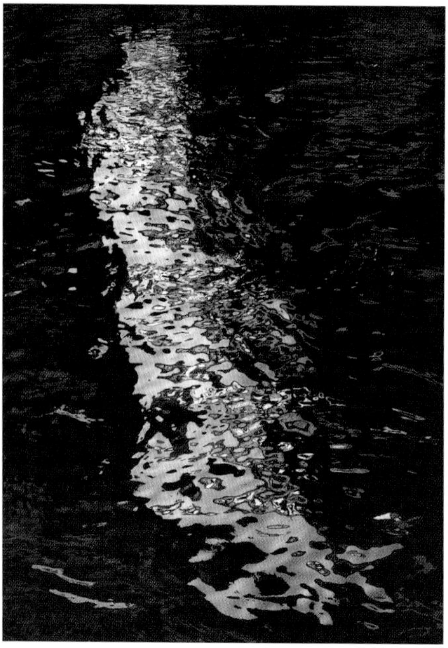

중요한 진전

사진이 미술에 미친 영향은 지대했다. 사진은 세계에 대한 인식을 바꾸어 놓았을 뿐 아니라 작가들에게 새로운 도구가 되었고 그들로 하여금 실험하고 탐구하게 만들었다. 디지털 사진은 사진의 능력을 훨씬 더 확장시켰다. 예컨대 안드레아스 거스키는 메시지를 전달하기 위해 종종 그의 대규모 파노라마적인 세계의 컬러사진을 디지털 방식으로 과장한다.

〈방콕 VI〉, 안드레아스 거스키, 2011, 잉크젯 프린트, 307×237cm (작품 156쪽 참조)

개념미술 **p.43** 퍼포먼스 아트 **p.44** 페미니즘 미술 **p.45** 대지미술 **p.47** 방콕 VI **p.156**

비디오아트 Video Art

주요 작가: 백남준 • 비토 아콘치 • 조앤 조나스 • 브루스 나우먼 • 빌 비올라

비디오아트는 적당한 가격의 비디오 장비를 처음으로 이용할 수 있게 된 1960년대에 등장했다.

비디오아트의 선구자로는 워홀, 빌 비올라(1951~), 백남준, 크리스찬 마클레이(1955~) 등이 있다. 이들과 다른 작가들은 방송, DVD, 혹은 갤러리나 온라인에서 재생되는 설치작품 등을 포함해 움직이는 이미지의 작품을 다양하게 탐구했다. 초기 비디오아트는 종종 선명하지 못하거나 흑백이었지만, 1990년대 디지털기술이 도래한 이후에는 다채롭고 대규모이며 여러 개의 스크린을 이용한다. 비디오아트는 실행 시간이 다를 수 있고, 소리가 들어가 있거나 아닐 수 있으며, 정지된 미술처럼 구상적이거나 추상적일 수 있지만, 대체로 실제 세계를 탐구한다. 수많은 비디오 아티스트들이 개념미술, 퍼포먼스아트, 페미니즘 미술 같은 다른 사조들과 관련돼 있다. 또 다른 비디오 아티스트로는 비토 아콘치(1940~2017), 존 발데사리(1931~), 조앤 조나스(1936~), 브루스 나우먼(1941~), 피터 캠퍼스(1937~), 시게코 구보타(1937~2015), 마사 로슬러(1943~) 등이 있다. 이들은 인식의 개념, 영화의 매혹적인 효과, 여성에 대한 사회의 태도 등을 다양하게 탐구했다.

중요한 진전
백남준은 비디오아트의 선구자로 널리 인정받는다. 이와 비슷하게 빌 비올라는 렘브란트를 참조했기 때문에 '비디오시대의 렘브란트'로 불리고 있다. 그는 탄생, 죽음, 사랑 같은 보편적인 테마를 탐구한다. 〈반전된 탄생〉은 인간 삶의 본질을 극적으로 묘사한다.

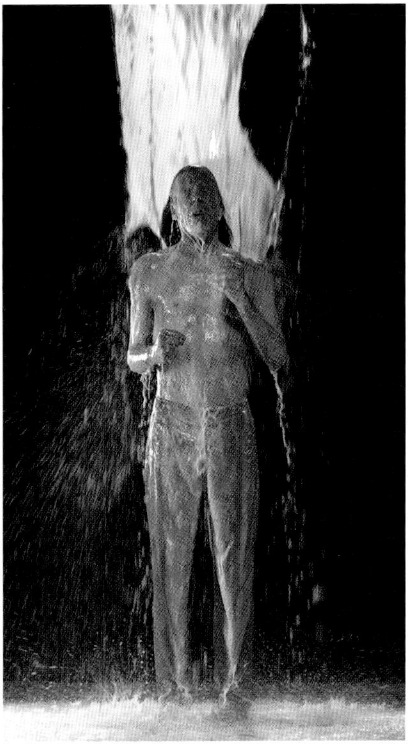

〈반전된 탄생〉, 빌 비올라, 2014,
암실 바닥에 직선으로 고정된 스크린에 고화질 컬러 비디오 투사; 서브우퍼가 있는 스테레오 사운드, 투사된 이미지 크기: 500×282cm, 8:22분, 퍼포머: 노먼 스캇

개념미술 p.43 퍼포먼스 아트 p.44 페미니즘 미술 p.45 대지미술 p.47 TV 첼로 p.142

인덱스

작품은 이탤릭, 주요 항목은 볼드 처리하였음

ㅇ

ㅌ

ㅍ

ㅎ

미술관

이 책에 수록된 작품을 소지하고 있는 미술관, 기관

노르웨이
국립미술관, 오슬로 | https://www.nasjonalmuseet.no/en/

네덜란드
반 고흐 미술관, 암스테르담 | https://www.vangoghmuseum.nl/

독일
사를란트 박물관, 자르브뤼켄
케스트너 게젤샤프트, 하노버 | https://kestnergesellschaft.de/en/
튀빙겐 미술관, 튀빙겐 | https://kunsthalle-tuebingen.de/
함부르크 미술관, 함부르크 | http://www.hamburger-kunsthalle.de/ |

러시아
트레티야코프 미술관, 모스크바 | https://www.tretyakovgallery.ru/en/

미국
J. 폴 게티 미술관, 로스앤젤레스, 캘리포니아 주 | https://www.getty.edu/museum/
국립미술관, 워싱턴 DC. | https://www.nga.gov/
노이에 갤러리, 뉴욕 | https://www.neuegalerie.org/
데이비스 박물관과 문화센터, 웰즐리, 매사추세츠 주 | https://www.wellesley.edu/davismuseum
디모인 아트센터, 디모인, 아이오와 주 | https://www.desmoinesartcenter.org/
디트로이트 미술관, 디트로이트, 미시건 주 | https://www.dia.org/
로스엔젤레스 카운티 미술관, 캘리포니아 주 | https://www.lacma.org/
메트로폴리탄 미술관, 뉴욕 | https://www.metmuseum.org/
브룩클린 미술관, 뉴욕 | https://www.brooklynmuseum.org/
샌프란시스코 현대미술관, 캘리포니아 주 | https://www.sfmoma.org/museumfromhome/
세인트루이스 미술관, 미주리 주 | https://www.slam.org/
솔로몬 R. 구겐하임 미술관, 뉴욕 | https://www.guggenheim.org/
시카고 아트 인스티튜트, 시카고, 일리노이 주 | https://www.artic.edu/
필라델피아 미술관, 펜실베니아 주 | https://philamuseum.org/
해리 랜섬 센터, 텍사스 대학교, 오스틴 주 | https://www.hrc.utexas.edu/
현대미술관, 뉴욕 | https://www.moma.org/
휘트니 미술관, 뉴욕 | https://whitney.org/
휴스턴 미술관, 휴스턴, 텍사스 주 | https://www.mfah.org/

벨기에
현대미술관, 브뤼셀 | https://www.fine-arts-museum.be/en

스위스
바젤 미술관, 바젤 | https://www.kunstmuseumbasel.ch/
쿤스트하우스, 취리히 | https://www.kunsthaus.ch/

스웨덴
현대미술관, 스톡홀름 | https://www.modernamuseet.se/stockholm/en/

스페인
구겐하임 미술관, 빌바오 | https://www.guggenheim-bilbao.eus/
티센-보르네미사 미술관, 마드리드 | https://www.museothyssen.org/en

영국
내셔널 갤러리, 런던 | https://www.nationalgallery.org.uk/
스코틀랜드 국립미술관, 에든버러 | https://www.nationalgalleries.org/
코톨드 갤러리, 런던 | https://courtauld.ac.uk/gallery
테이트 브리튼, 런던 | https://www.tate.org.uk/visit/tate-britain
테이트 모던, 런던 | https://www.tate.org.uk/visit/tate-britain
포터리즈 박물관과 미술관, 스톡온트렌트

오스트레일리아
뉴사우스웨일스 미술관, 시드니 | http://www.artgallery.nsw.gov.au/
오스트레일리아 국립미술관, 캔버라 | https://nga.gov.au/

우즈베키스탄
누쿠즈 미술관, 누쿠즈

이스라엘
이스라엘 박물관, 예루살렘 | https://www.imj.org.il/en

이탈리아
20세기 미술관, 밀라노 | https://www.museodelnovecento.org/
갤러리 픽토그라마, 로마
아티코 갤러리, 로마
페기 구겐하임 컬렉션, 베네치아 | https://www.guggenheim.org/

프랑스
국립현대미술관, 조르주 퐁피두 센터, 파리 | https://www.centrepompidou.fr/
로제르 채플, 방스 | http://chapellematisse.com/
오르세 미술관, 파리 | https://m.musee-orsay.fr/

이미지 출처

10 The Art Institute of Chicago, IL, USA/Joseph Winterbotham Collection/Bridgeman Images. **12** Gift of Cornelius Vanderbilt, 1887. Metropolitan Museum of Art, New York. **13** Collection of Mr. and Mrs. Paul Mellon. National Gallery of Art, Washington, DC. **14** Bequest of Sam A. Lewisohn, 1951. Metropolitan Museum of Art, New York. **15** Robert Lehman Collection, 1975. Metropolitan Museum of Art, New York. **16** Gift of A. J. Kobler, 1920. Metropolitan Museum of Art, New York. **17** Des Moines Art Center, Des Moines, Iowa, USA/De Agostini Picture Library/Bridgeman Images. **18** Musée d'Art Moderne, Brussels, Belgium/Bridgeman Images. **19** Museum of Fine Arts, Houston, Texas, USA/Museum purchase funded by Audrey Jones Beck/Bridgeman Images/© ADAGP, Paris and DACS London 2018. **20** Photo © Christie's Images/Bridgeman Images. **21** National Gallery, London, UK/Bridgeman Images. **22** © ADAGP, Paris and DACS, London 2018/Kunstmuseum, Basel, Switzerland/Bridgeman Images. **23** Bequest of Lydia Winston Malbin, 1989. Metropolitan Museum of Art. **24** The Art Institute of Chicago, IL, USA/Joseph Winterbotham Collection/Bridgeman Images. **25** © DACS 2018/Museum of Modern Art, New York, USA/Photo © Boltin Picture Library/Bridgeman Images. **26** © Estate of Vladimir Tatlin. **27** Tretyakov Gallery, Moscow, Russia/Bridgeman Images. **28** © Association Marcel Duchamp/ADAGP, Paris and DACS, London 2018/The Israel Museum, Jerusalem, Israel/Vera & Arturo Schwarz Collection of Dada and Surrealist Art/Bridgeman Images. **29** Jacques and Natasha Gelman Collection, 1998. Metropolitan Museum of Art, New York. **30** Thyssen-Bornemisza Collection, Madrid, Spain/Bridgeman Images. **31** The Metropolitan Museum of Art, George A. Hearn Fund, 1956. © Estate of George Tooker. Courtesy of DC Moore Gallery, New York/Bridgeman Images. **32** © ADAGP, Paris and DACS, London 2018/Museum Associates/LACMA/Art Resource NY/Scala, Florence. **33** © Estate of Joan Mitchell/The Art Institute of Chicago, IL, USA/Gift of Society for Contemporary American Art/Bridgeman Images. **34** © 1998 Kate Rothko Prizel & Christopher Rothko ARS, NY and DACS, London 2018/National Gallery of Australia, Canberra/Purchased 1978/Bridgeman Images. **35** © Lucio Fontana/SIAE/DACS, London, 2018/ Museo del Novecento, Milan, Italy/Mondadori Portfolio/Electa/Luca Carrà/Bridgeman Images. **36** © Robert Rauschenberg Foundation/VAGA at ARS, NY and DACS, London 2018/Moderna Museet, Stockholm, Sweden/Bridgeman Images. **37** © ADAGP, Paris and DACS, London 2018/Davis Museum and Cultural Center, Wellesley College, MA, USA/Bequest of Dr. Ruth Boschwitz Benedict/Bridgeman Images **38** © 2018 The Andy Warhol Foundation for the Visual Arts, Inc./Licensed by DACS, London 2018/Hamburger Kunsthalle, Hamburg, Germany/Bridgeman Images. **39** © Ellsworth Kelly Foundation/Detroit Institute of Arts, USA/Founders Society purchase, W. Hawkins Ferry fund/Bridgeman Images. **40** Art Gallery of New South Wales, Sydney, Australia. Gift of the John Kaldor Family Collection 2011. Donated through the Australian Government's Cultural Gifts Program. © Nam June Paik Estate. **41** © DACS 2018/Bridgeman Images. **42** © the artist. Courtesy White Cube, London. **43** © Jenny Holzer, ARS, NY and DACS, London 2018/Hamburger Kunsthalle, Hamburg, Germany/Bridgeman Images. **44** © Marina Abramovic. Courtesy of Marina Abramovic and Sean Kelly Gallery, New York, DACS 2018/Museum of Modern Art, New York. Photography by Marco Anelli. Courtesy of the Marina Abramovic Archives. **45** © Judy Chicago ARS, NY and DACS, London 2018/The Brooklyn Museum of Art, New York. Gift of the Elizabeth A. Sackler Foundation (2002.10). Photo Donald Woodman. **46** © ARS, NY and DACS, London 2018/Richard Serra, Exhibition Selecciones de la Coleccion, Guggenheim Museum, Bilbao, Spain, 2013 (photo)/© SZ Photo/Jose Giribas/ Bridgeman Images. **47** Library of Congress, USA. **48** Keith Haring artwork © Keith Haring Foundation. **49** © Georg Baselitz 2018/Hamburger Kunsthalle, Hamburg, Germany/Bridgeman Images. **50** © The Lucian Freud Archive/Bridgeman Images. **51** © Damien Hirst and Science Ltd. All rights reserved, DACS 2018/Artimage 2018. Photo: Prudence Cuming Associates Ltd. **52** © Association Marcel Duchamp/ADAGP, Paris and DACS, London 2018/The Israel Museum, Jerusalem, Israel/Vera & Arturo Schwarz Collection of Dada and Surrealist Art/Bridgeman Images. **54–55** © Photo Josse, Paris. **56–57** Musée d'Orsay, Paris, France/Bridgeman Images. **59** National Gallery of Art, Washington, DC, USA. Gift of Mrs. John Simpson. **60–61** Samuel Courtauld Trust, The Courtauld Gallery, London, UK/Bridgeman Images. **63** Van Gogh Museum, Amsterdam, The Netherlands/Bridgeman Images. **64–67** Metropolitan Museum of Art, New York, USA. Purchase, The Annenberg Foundation Gift, 1993. **70–71** National Gallery, London, UK/Bridgeman Images. **72–73** Musée d'Orsay, Paris, France/ Bridgeman Images. **74–75** © Photo Josse, Paris. **77** Nasjonalmuseet, The Fine Art Collections, Oslo, Norway. **78–79** © ADAGP, Paris and DACS, London 2018/Museum of Fine Arts, Houston, Texas, USA/Museum purchase funded by Audrey Jones Beck/Bridgeman Images/© ADAGP, Paris and DACS London 2018. **80–83** Neue Galerie, New York, USA/De Agostini Picture Library/E. Lessing/Bridgeman Images. **85** © Succession Picasso/DACS, London 2018. Museum of Modern Art, New York, USA/Bridgeman Images. **87** © Succession Brancusi. All rights reserved, ADAGP, Paris and DACS, London 2018/ Philadelphia Museum of Art, Pennsylvania, PA, USA/Gift of Mrs. Rodolphe Meyer de Schauensee, 1933/Bridgeman Images. **89** © Association Marcel Duchamp/ADAGP, Paris and DACS, London 2018/The Israel Museum, Jerusalem, Israel/Vera & Arturo Schwarz Collection of Dada and Surrealist Art/Bridgeman Images. **91** Neue Galerie, New York, USA/Bridgeman Images. **93** © Pracusa/Peter Horree/Alamy Stock Photo. **95** © DACS 2018. Museum of Modern Art, New York, USA/Photo © Boltin Picture Library/Bridgeman Images. **97** © ADAGP, Paris and DACS, London 2018/Richard S. Zeisler Collection, New York, USA/Bridgeman Images. **99** Tretyakov Gallery, Moscow, Russia/Bridgeman Images. **101** © Estate of Vladimir Tatlin. **102–103** © Successió Miró/ADAGP, Paris, ARS, NY and DACS, London 2018/The Solomon R. Guggenheim Museum, New York, NY, USA. **105** Thyssen-Bornemisza Collection, Madrid, Spain/Bridgeman Images. **106–109** Des Moines Art Center,

Des Moines, Iowa, USA/De Agostini Picture Library/Bridgeman Images. **111** © ADAGP, Paris and DACS, London 2018/ Museum Associates/LACMA/Art Resource NY/Scala, Florence. **113** © Georgia O'Keeffe Museum/DACS 2018/Board of Trustees, National Gallery of Art, Washington. **115** Los Angeles County Museum of Art, USA. **117** © Banco de México Diego Rivera Frida Kahlo Museums Trust, Mexico, D.F./DACS 2018/Harry Ransom Center, University of Texas at Austin, Austin, USA/© Leemage/Bridgeman Images. **119** © Bowness. **120–121** © The Pollock-Krasner Foundation ARS, NY and DACS, London 2018/Peggy Guggenheim Foundation, Venice, Italy/Bridgeman Images. **123** © Succession H. Matisse/DACS/ Bridgeman Images. **125** © R. Hamilton. All rights reserved, DACS 2018/Kunsthalle, Tubingen, Germany/Bridgeman Images. **127** © 1998 Kate Rothko Prizel & Christopher Rothko ARS, NY and DACS, London 2018/National Gallery of Australia, Canberra/Purchased 1978/Bridgeman Images. **128–129** © Jasper Johns/VAGA at ARS, NY and DACS, London 2018/Whitney Museum of American Art, New York, USA/Bridgeman Images. **131** © Lucio Fontana/SIAE/DACS, London 2018/ Museo del Novecento, Milan, Italy/Mondadori Portfolio/Electa/Luca Carrà/Bridgeman Images. **132–135** © 2018 The Andy Warhol Foundation for the Visual Arts, Inc./Licenced by DACS, London 2018/Digital image: The Museum of Modern Art, New York/ Scala, Florence. **137** © Bridget Riley 2018. All rights reserved/Photo © Christie's Images/Bridgeman Images. **138–139** © DACS 2018/Bridgeman Images. **141** © The Estate of Ana Mendieta Collection, LLC/Courtesy Galerie Lelong & Co. **143** Gift of the John Kaldor Family Collection 2011. Donated through the Australian Government's Cultural Gifts Program. © Nam June Paik Estate. **145** © The Estate of Jean-Michel Basquiat/ADAGP, Paris and DACS, London 2018/Photo: © Christie's Images/Bridgeman Images. **147** © Jeff Koons. **149** © The Lucian Freud Archive/Bridgeman Images. **150–151** © Damien Hirst and Science Ltd. All rights reserved, DACS 2018/Artimage 2018. Photo: Prudence Cuming Associates Ltd. **152–153** © ARS, NY and DACS, London 2018/Richard Serra, Exhibition Selecciones de la Coleccion, Guggenheim Museum, Bilbao, Spain, 2013 (photo)/© SZ Photo/Jose Giribas /Bridgeman Images. **155** © The Easton Foundation/VAGA at ARS, NY and DACS, London 2018/Mark Thomas/Design Pics/Bridgeman Images. **157** © Andreas Gursky, Courtesy Sprüth Magers Berlin London/DACS 2018. Courtesy Gagosian Gallery. **158–159** Library of Congress, USA. **160–161** © Yayoi Kusama. Courtesy Ota Fine Arts, Tokyo/Singapore/Shanghai; David Zwirner, New York and Victoria Miro, London/Venice (Photography Thierry Bal). **162** Metropolitan Museum of Art, New York, USA. **164** Metropolitan Museum of Art, New York, USA. **165** Musée d'Orsay, Paris, France/Bridgeman Images. **166** Metropolitan Museum of Art, New York, USA. **167** © Successió Miró/ ADAGP, Paris, ARS, NY and DACS, London 2018/The Solomon R. Guggenheim Museum, New York, NY, USA. 168 Metropolitan Museum of Art, New York, USA. 169 © Lisa Milroy/Tate, London 2018. **170** Regional Art Museum, Nukuz/ Bridgeman Images. **171** © ADAGP, Paris and DACS, London 2018/Richard S. Zeisler Collection, New York, USA/Bridgeman Images. **172** © DACS 2018/Kestner Gesellschaft, Hanover, Germany/Wolfgang Neeb/Bridgeman Images. **173** Saarland Museum, Saarbrucken, Germany/Bridgeman Images. **174** The Israel Museum, Jerusalem, Israel/Bequest of Miriam Gabo, lent by Mrs. Miriam Gabo, London/Bridgeman Images. **175** © Saloua Raouda Choucair Foundation/Tate, London 2018. **176** © The Estate of Magdalena Abakanowicz, courtesy Marlborough Gallery, New York. **177** Metropolitan Museum of Art, New York, USA. **178** Musée d'Orsay, Paris, France/Bridgeman Images. **179** Metropolitan Museum of Art, New York, USA. **180** © Frank Auerbach, courtesy Marlborough Fine Art/Bridgeman Images. **181** National Gallery of Art, Washington, DC, USA. **182** © Anselm Kiefer/Bridgeman Images. **183** © Maurizio Cattelan/Photo © Christie's Images/Bridgeman Images. **184** © Tate, London 2018/Presented by the Tate Americas Foundation, courtesy of the Latin American Acquisitions Committee 2015. **185** © R. Hamilton. All rights reserved, DACS 2018/Kunsthalle, Tubingen, Germany/Bridgeman Images. **186** © DACS 2018/Saint Louis Art Museum, Missouri, USA/Museum Shop Fund/Bridgeman Images. **187** © Ron Mueck. Courtesy the artist, Anthony d'Offay, London and Hauser & Wirth. **188** Artwork © Kara Walker, courtesy of Sikkema Jenkins & Co., New York/The Museum of Modern Art, New York/Scala, Florence. **189** © Grayson Perry. Courtesy the artist and Victoria Miro, London/ Venice. **190** © DACS 2018/Bridgeman Images. **192** Metropolitan Museum of Art, NY, USA. **193** Metropolitan Museum of Art, NY, USA. **194** Samuel Courtauld Trust, The Courtauld Gallery, London, UK/Bridgeman Images. **195** J. Paul Getty Museum, California, USA. **196** National Gallery of Art, Washington, DC, USA. **197** National Gallery of Art, Washington, DC, USA. **198** Metropolitan Museum of Art, NY, USA. **199** Metropolitan Museum of Art, NY, USA. **200** © Succession Brancusi. All rights reserved, ADAGP, Paris and DACS, London 2018/Philadelphia Museum of Art, Pennsylvania, PA, USA/Gift of Mrs. Rodolphe Meyer de Schauensee, 1933/Bridgeman Images. **201** © Bowness. **202** © DACS 2018/Bridgeman Images. **203** Metropolitan Museum of Art, NY, USA. **204** © Association Marcel Duchamp/ADAGP, Paris and DACS, London 2018/ Galleria Pictogramma, Rome, Italy/Bridgeman Images. **205** © The Joseph and Robert Cornell Memorial Foundation/VAGA at ARS, NY and DACS, London 2018/Photo © Christie's Images/Bridgeman Images. **206** Metropolitan Museum of Art, NY, USA. **207** © ADAGP, Paris and DACS, London 2018/Bridgeman Images. **208** © The Pollock-Krasner Foundation ARS, NY and DACS, London 2018/Peggy Guggenheim Foundation, Venice, Italy/Bridgeman Images. **209** © Jasper Johns/VAGA at ARS, NY and DACS, London 2018/Whitney Museum of American Art, New York, USA/Bridgeman Images. **210** © Trustees of the Paolozzi Foundation, Licensed by DACS 2018/The Potteries Museum and Art Gallery, Stoke-on-Trent, UK/Bridgeman Images. **211** © The Estate of Jean-Michel Basquiat/ADAGP, Paris and DACS, London 2018/Photo: © Christie's Images/ Bridgeman Images. **212** © The Estate of Eva Hesse. Courtesy Hauser & Wirth/Bridgeman Images. **213** © 2018 AGF/Scala, Florence. **214** © Andreas Gursky. Courtesy Sprüth Magers Berlin London/DACS 2018. Courtesy Gagosian Gallery. **215** Courtesy Bill Viola Studio/Photo: Kira Perov.